U0572615

国家社科基金项目成果 经管文库

Statistical Research on Macroeconomic Effects of China's Informal Economy

中国非正规经济的宏观效应统计研究

刘　波／著

中国财经出版传媒集团
经济科学出版社
Economic Science Press

图书在版编目（CIP）数据

中国非正规经济的宏观效应统计研究/刘波著．--北京：经济科学出版社，2023.4

ISBN 978－7－5218－4678－2

Ⅰ.①中…　Ⅱ.①刘…　Ⅲ.①中国经济－研究　Ⅳ.①F12

中国国家版本馆CIP数据核字（2023）第060779号

责任编辑：崔新艳
责任校对：齐　杰
责任印制：范　艳

中国非正规经济的宏观效应统计研究
刘　波　著
经济科学出版社出版、发行　新华书店经销
社址：北京市海淀区阜成路甲28号　邮编：100142
经管中心电话：010－88191335　发行部电话：010－88191522
网址：www.esp.com.cn
电子邮箱：expcxy@126.com
天猫网店：经济科学出版社旗舰店
网址：http：//jjkxcbs.tmall.com
北京季蜂印刷有限公司印装
710×1000　16开　14.75印张　240000字
2023年5月第1版　2023年5月第1次印刷
ISBN 978－7－5218－4678－2　定价：66.00元

国家社科基金项目成果经管文库

出版说明

经济科学出版社自1983年建社以来一直重视集纳国内外优秀学术成果予以出版。诞生于改革开放发轫时期的经济科学出版社，天然地与改革开放脉搏相通，天然地具有密切关注经济领域前沿成果、倾心展示学界翘楚深刻思想的基因。

2018年恰逢改革开放40周年，40年中，我国不仅在经济建设领域取得了举世瞩目的成就，而且在经济学、管理学相关研究领域也有了长足发展。国家社会科学基金项目无疑在引领各学科向纵深研究方面起到重要作用。国家社会科学基金项目自1991年设立以来，不断征集、遴选优秀的前瞻性课题予以资助，经济科学出版社出版了其中经济学科相关的诸多成果，但这些成果过去仅以单行本出版发行，难见系统。为更加体系化地展示经济、管理学界多年来躬耕的成果，在改革开放40周年之际，我们推出“国家社科基金项目成果经管文库”，将组织一批国家社科基金经济类、管理类及其他相关或交叉学科的成果纳入，以期各成果相得益彰，蔚为大观，既有利于学科成果积累传承，又有利于研究者研读查考。

本文库中的图书将陆续与读者见面，欢迎相关领域研究者的成果在此文库中呈现，亦仰赖学界前辈、专家学者大力推荐，并敬请经济学界、管理学界给予我们批评、建议，帮助我们出好这套文库。

经济科学出版社经管编辑中心

2018年12月

本书是国家社会科学基金青年项目“基于 SAM 框架的非正规经济宏观效应统计研究”（17CTJ001）的最终成果。本书出版同时受浙江省一流学科 A 类（浙江财经大学统计学)、文化名家暨“四个一批”人才自主选题项目“政府统计相关问题研究”和“浙江省域现代化监测与评价实验室”联合资助。

前言

Preface

本书遵循“理论→方法→应用”的研究思路，系统构建中国非正规经济 SAM 表，全面考察中国非正规经济的关联效应、产出效应、就业效应与收入效应，为政府制定非正规经济发展政策、引导非正规经济合理发展提供依据，为学界开展非正规经济问题统计研究与社会核算矩阵应用研究提供思路。

本书主要研究了 6 个方面的内容。第一，非正规经济的理论基础与非正规经济 SAM 表的基本框架研究；第二，中国非正规经济 SAM 表的编制方法与实际编制研究；第三，中国非正规经济的关联效应研究；第四，中国非正规经济的产出效应研究；第五，中国非正规经济的就业效应研究；第六，中国非正规经济的收入效应研究。本书注重方法的可复制性与数据的可获得性，对从事非正规经济问题相关研究的人员具有重要参考价值。

目　录

Contents

第一章　导　　论

一、研究背景

非正规经济在全球范围内普遍存在，在发展中国家尤为突出。中国非正规经济增加值占 GDP 比重由 1990 年的 9.55% 上升至 2020 年的 33.29%[①]，对我国经济增长起到了巨大作用（黄宗智，2021）。随着经济由高速增长向高质量发展转型，正规经济创造的就业岗位持续减少，而非正规经济由于准入门槛低、灵活性强、劳动密集度高，有效缓解了就业压力，吸纳的就业人数占非农就业比重由 2005 年的 40% 上升至 2017 年的 60%（Rozelle and Boswell，2021）。然而，非正规就业的工作稳定性差、劳动报酬不高、社保覆盖率低（蔡昉，2022），给居民收入分配和社会保障工作带来一定挑战。

作为宏观经济的重要组成部分，非正规经济与正规经济之间存在着千丝万缕的联系。非正规经济或通过购买、销售正规经济部门的商品，或通过外包、转包正规经济部门的生产环节，或通过与正规经济部门合理竞争，对经济产出、劳动就业和收入分配带来影响。研究显示，非正规经济主要集中于制造业、建筑业、批发零售住宿餐饮业、交通运输仓储邮政业、居民服务业等行业（薛进军和高文书，2012；刘波，2021），在数字技术快速发展的背景下，非正规经济也开始向形态更丰富、服务更高级的方向演化。非正规经济的行业异质性决定了不同行业非正规部门与正规部

① 胡鞍钢和马伟（2012）根据相关统计数据测算了我国 1978～2009 年非正规经济增加值，本书采用其方法对 1990～2020 年非正规经济增加值占 GDP 比重进行了测算。

门之间的联系存在差异，在不同时期对宏观经济的影响效应也会呈现阶段性特征。学界关于非正规经济的相关研究汗牛充栋，但既有研究或基于理论模型分析非正规经济的作用机制、或基于计量模型考察非正规经济的直接效应，忽视了非正规经济与正规经济之间的关联以及非正规经济的异质性，从而低估了非正规经济的宏观效应及其行业差异。

基于此，本书以《国民账户体系 2008》为蓝本，结合中国实际提出非正规经济的操作概念；设计非正规经济社会核算矩阵（social accounting matrix，SAM）的基本框架与编制方法；给出中国非正规经济 SAM 表的编制过程与编制结果；在此基础上，全面分析制造业、建筑业、批发零售住宿餐饮业、交通运输仓储邮政业、居民服务和其他服务业非正规经济的关联效应、产出效应、就业效应与收入效应。本书具有重要的学术价值和应用价值。

二、研究价值

（一）学术价值

第一，本书构建了一个以非正规经济 SAM 表为主体，以结构分解技术、需求引致模型和供给限制模型、账户乘数和结构化路径分析等方法为多翼的分析框架，为非正规经济宏观效应研究提供了新颖的方法论。不同于已有基于计量经济模型的结构分析，本书将非正规经济置于宏观经济整体，能够较为全面地研究非正规经济的地位和作用，也可为数字经济的宏观效应研究提供借鉴。

第二，本书编制了 2002 ~ 2017 年 42 × 42 阶的中国非正规经济 SAM 表，为全方位考察非正规经济宏观效应的异质性和阶段性特征提供了丰富的数据集。非正规经济 SAM 表蕴含丰富的产业关联信息，将基于 SAM 表的非正规经济宏观效应测算结果与基于计量经济模型的测算结果进行比较，能够互为补充。

（二）应用价值

第一，本书探讨非正规经济的理论基础，阐释中国非正规经济的概念内涵，以《国民账户体系 2008》为蓝本，结合宏观经济统计数据给出中国非正规经济的操作概念，有助于正确理解中国社会经济多元化结构，有助于政府制定经济政策时做到统筹兼顾。中国经济已经从过去的城乡二元结构转化为当今的三元、四元结构，政策制定既要考虑城乡差异，更要考虑正规经济与非正规经济之间差异，这对于引导政府和社会正视非正规经济的合理性与必要性，具有重要意义。

第二，本书研究制造业、建筑业、批发零售住宿餐饮业、交通运输仓储邮政业、居民服务和其他服务业 5 个行业非正规部门关联效应、产出效应、就业效应与收入效应的异质性及阶段性特征，有助于客观分析非正规经济与正规经济之间的协调关系，有助于准确判断各行业非正规经济的就业创造能力和生产率差异，有助于客观判断非正规经济对城乡居民收入的影响效应与传导路径，为政府制定针对性的“保增长”“促就业”“提收入”政策提供依据。

第三，本书设计非正规经济 SAM 表的编制方法与非正规经济 SAM 表的应用方法，能够在统一框架下综合考察我国非正规经济的宏观效应，有助于权衡利弊及时调整政策。同时，本书针对非正规经济设计的研究方法可以进一步推广到其他领域，比如可以尝试编制数字经济 SAM 表，为研究数字经济产业对经济增长、劳动就业与收入分配的影响效应提供可复制的方法与经验。

三、研究目标与整体框架

（一）研究目标

本书的研究目标主要有两个。

第一，设计一套符合中国实际的非正规经济 SAM 表编制方法，为实现 SAM 表在非正规经济等领域中的应用研究提供可复制、可借鉴经验。

第二，从关联、产出、就业、收入等多个角度系统考察非正规经济在国民经济中的异质性作用及其动态变化，为明确供给侧结构性改革背景下非正规经济的角色定位提供政策建议。

（二）整体框架

本书的整体研究框架如图 1 – 1 所示。

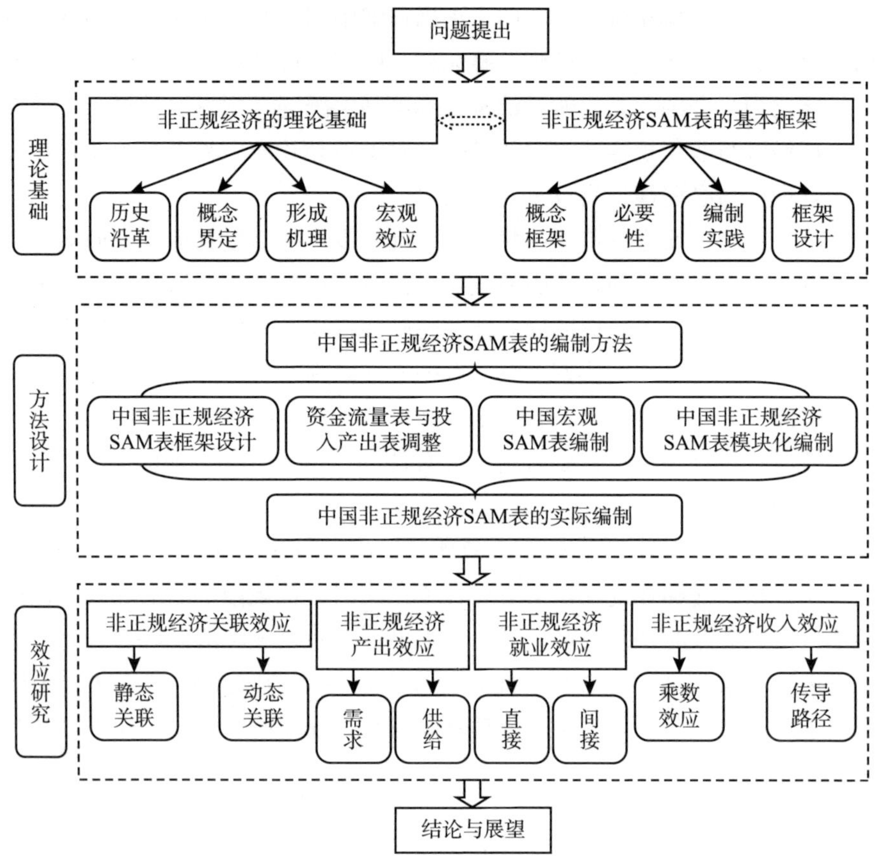

图1-1　本书的整体研究框架

四、主要研究内容

第一章，导论。本章主要阐释了问题的研究背景、研究价值、研究目标与整体框架、研究内容，以及本书的创新之处。

第二章，非正规经济的理论基础。本章为全书研究的理论基础。首先，梳理了非正规经济历史沿革。其次，概述了国际劳工组织和国民账户体系关于非正规经济的概念界定，并从非正规部门和非正规就业两个维度界定了我国非正规经济的操作概念。再次，基于二元分离主义、结构关联主义和新自由主义经济学三个角度阐释了非正规经济的形成机理。最后，从增长、就业和收入角度分析了非正规经济对宏观经济的作用机制。

第三章，非正规经济 SAM 表的基本框架。本章为非正规经济 SAM 表提供理论框架。首先，概述了 SAM 表的相关概念、蕴含的经济联系与编制方法。其次，探讨了运用 SAM 表研究非正规经济问题的必要性。再次，展示了一些国家非正规经济 SAM 表的具体编制实践。最后，在分析非正规经济与正规经济之间作用机制的基础上，给出了非正规经济 SAM 表的账户安排及基本框架。

第四章，中国非正规经济 SAM 表的编制方法。本章结合中国实际设计非正规经济 SAM 表的编制方法，为中国非正规经济 SAM 表的实际编制提供方法基础。首先，针对编制 SAM 表的基础数据，设计了基于未被观测经济（Non-observed Economy，NOE）视角的资金流量表调整方法与基于矩阵转换技术的投入产出表预测方法。其次，设计了中国宏观 SAM 表的编制方法，主要包括 9 大账户的设置方法和中间转移矩阵的推算方法。再次，基于非正规经济 SAM 表的基本框架，设计了中国非正规经济 SAM 表的基本账户（主要包括 23 个活动账户、4 个要素账户、10 个居民账户、1 个企业账户、1 个政府账户、1 个国外账户、1 个投资 - 储蓄账户和 1 个汇总账户）。最后，设计了中国非正规经济 SAM 表的模块化编制方法，包括中间使用、最初投入、最终使用、资金流量等模块的编制方法与居民账户的细化方法。

第五章，中国非正规经济 SAM 表的实际编制。本章基于中国非正规经济 SAM 表的编制方法，系统编制了 2002 ~ 2017 年连续 16 年的中国非正规经济 SAM 表，为非正规经济的宏观效应研究奠定数据基础。首先，调整了 2002 ~ 2017 年资金流量表，编制了 2002 ~ 2017 年投入产出表，并以调整后的资金流量表对投入产出表进行调整。其次，对中国宏观 SAM 表各账户数值的确定方法和步骤进行逐项说明，为其他年份宏观 SAM 表的编制提供技术指导。再次，对 2002 ~ 2017 年中国非正规经济的整体规模与行业分布进行系统测算。最后，在测算三种权重的基础上，采用模块化编制方法分别编制出中间使用模块、最初投入模块、最终使用模块、资金流量模块，并对居民账户进行细化和拆分，从而得到连续 16 年 42 × 42 阶的非正规经济 SAM 表。

第六章，中国非正规经济的关联效应研究。本章基于 2002 ~ 2017 年非正规经济 SAM 表的投入产出模块，研究了 5 个行业非正规部门的关联效应。首先，介绍了产业关联特征识别模型与产业关联效应分解模型。其次，展示了制造业、建筑业、批发零售住宿餐饮业、交通运输仓储邮政业、居民服务和其他服务业5个行业非正规部门与正规部门的关联系数及其变化趋势。再次，利用静态结构分解模型考察了5个行业非正规部门的乘数效应、反馈效应和溢出效应。最后，采用动态结构分解模型考察了5个行业非正规部门的动态乘数效应、动态反馈效应和动态溢出效应。

第七章，中国非正规经济的产出效应研究。本章基于2002～2017年非正规经济SAM表的投入产出模块，研究了非正规经济的产出效应。首先，介绍了需求驱动和供给推动模型的拓展形式。其次，采用需求驱动型投入产出模型分析了制造业、建筑业、批发零售住宿餐饮业、交通运输仓储邮政业、居民服务和其他服务业5个行业非正规部门产出效应的异质性。最后，采用供给推动型投入产出模型分析了制造业、建筑业、批发零售住宿餐饮业、交通运输仓储邮政业、居民服务和其他服务业5个行业非正规部门产出效应的异质性。

第八章，中国非正规经济的就业效应研究。本章基于2002～2017年中国非正规经济SAM表的投入产出模块和就业数据，研究了5个行业非正规部门的直接就业效应与间接就业效应。首先，介绍了运用投入产出模型分析就业效应的基本思路。其次，分析了5个行业非正规部门的直接就业效应，并与同行业正规部门的直接就业效应进行对比。最后，基于投入产出模型分析了5个行业非正规部门的间接就业效应，并与直接就业效应进行对比。

第九章，中国非正规经济的收入效应研究。本章基于2002～2017年非正规经济SAM表，研究了5个行业非正规部门的收入效应。首先，简要说明了SAM账户乘数分析方法与SAM结构化路径分析方法。其次，利用SAM账户乘数分析方法研究了制造业、建筑业、批发零售住宿餐饮业、交通运输仓储邮政业、居民服务和其他服务业5个行业非正规部门对城镇和农村居民收入的乘数效应。最后，采用SAM结构化路径分析方法研究了制造业、建筑业、批发零售住宿餐饮业、交通运输仓储邮政业、居民服务和其他服务业5个行业非正规部门对城镇和农村居民收入的传导路径。

第十章，结论与展望。本章总结了全书的主要研究结论，提出了非正规经济研究的未来展望。

五、本书的创新之处

第一，创新性地设计了中国非正规经济 SAM 表的编制方法，并实际编制了 2002 ~ 2017 年 42 × 42 阶的非正规经济 SAM 表，实现了方法和数据上的创新。具体而言：（1）本书设计了基于 NOE[①] 视角的资金流量表调整方法与基于矩阵转换技术的投入产出表预测方法；（2）设计了中国非正规经济 SAM 表的模块化编制方法，提出多种权重方法并编制了 2002 ~ 2017 年 42 × 42 阶的非正规经济 SAM 表。

第二，系统性地研究了制造业、建筑业、批发零售住宿餐饮业、交通运输仓储邮政业、居民服务和其他服务业 5 个行业非正规部门的关联效应、产出效应、就业效应与收入效应的行业异质性和发展阶段性，实现了内容上的创新。具体而言：（1）利用静态和动态结构分解技术，分析了 5 个行业非正规部门的关联效应其变化规律；（2）采用需求驱动和供给推动模型，探究了 5 个行业非正规部门的需求引致效应和供给短缺效应；（3）采用投入产出模型，研究了 5 个行业非正规部门的直接就业效应与间接就业效应；（4）借助 SAM 账户乘数与结构化路径分析方法，考察了 5 个行业非正规部门对城镇和农村居民收入的影响效应与传导路径演化。

① Non-observed Economy，未被观测经济。

第二章　非正规经济的理论基础

第一节　非正规经济的历史沿革

一、非正规部门的缘起

20 世纪五六十年代，人们普遍认为只要采取合理的经济政策和资源配置方式，以收入低下为主要特征的传统经济终将转化为现代经济。在此过程中，以小额贸易、小规模生产及各种临时工为代表的传统部门（traditional sector）将会被现代部门（modern sector）或正规部门（formal sector）吸纳而逐渐消失。诺贝尔经济学奖得主威廉·阿瑟·刘易斯（William Arthur Lewis，1954）通过理论研究认为，随着现代部门的发展，传统部门的劳动力将会被完全吸纳，最终导致“刘易斯转折点”的产生。第二次世界大战后，欧洲和日本的恢复重建与五六十年代欧洲和北美的大规模生产都佐证了他的观点。然而，70 年代初期，诸多发展中国家并非预料的繁荣发展，反而产生了大规模失业现象。桑热（H. W. Singer，1970）把发展中国家没有出现“刘易斯转折点”归因于资本密集型技术进步引起的工作岗位减少与医疗技术进步引起的人口数量增加，并预测居高不下的临时性就业、间歇性就业和公开性失业的劳动力市场极其危险。

国际劳工组织在发展中国家进行了大型的多学科就业任务考察。一项对肯尼亚的考察发现，传统部门不仅包括高效率、高利润的企业，而且存在许多边缘性的生产活动。为强调这一事实，他们决定用“非正规部门”

(informal sector) 代替传统部门。虽然 20 世纪 60 年代约翰·哈里斯 (John R. Harris) 和迈克尔·托达罗 (Michael Todaro) 在考察非洲国家城市就业时已经发现无法顺利进入城市正规部门的迁移者会选择非正规部门就业或选择失业，但并没有真正关注非正规部门。凯斯·哈特 (Keith Hart) 在考察加纳低收入活动时形成的研究报告中使用非正规部门一词，用于描述加纳北部居民向首都阿克拉 (Accra) 移民时因技能水平低而从事的低收入自我就业活动。

尽管 20 世纪六七十年代学界开始对非正规部门开展研究，但关于非正规部门的定义未达成一致，主要是根据各国或区域情况进行操作性界定，不具有系统性 (Ordonez，2014)。例如，凯斯·哈特 (1971) 在观察加纳城市就业状况时列举了一些提供非正规收入机会的经济活动[①]。国际劳工组织在进行就业任务考察时也没有给出非正规部门的具体定义，只是认为应该将具有“进入相对容易、使用本地资源、家庭主导、规模较小、劳动密集型、生产技术低、工人无正规技能培训和不受管制”等特征的“企业”视为非正规部门。

非正规部门在发展政策和就业政策方面发挥的作用迅速引起关注。为量化非正规部门对 GDP 的贡献及在国民经济中的地位和作用，系统搜集非正规部门相关数据显得格外重要。1982 年第 13 届国际劳工统计学家大会 (International Conference of Labour Statisticians) 和 1987 年第 14 届国际劳工统计学家大会分别就非正规部门就业和非正规收入问题展开讨论。1991 年国际劳工局局长在《非正规部门困境》(*The Dilemma of The Informal Sector*) 的报告中把非正规部门定义为从事产品或服务的生产和流通的非常小规模的单位，包括发展中国家城市地区的大部分独立自营就业者 (有些还雇用家庭劳动力或少数工人、学徒) 以及经营资本非常少、使用低级的技术和技能、生产力低水平运作、为工人提供较低且不固定收入的小规模单位。因生产规模小、未登记注册特征使得对非正规部门的界定和统计较为困难，导致国民经济核算和就业统计存在一定的遗漏。

① 哈特在其文章中从活动或职业角度把城市的收入机会分为 3 类：正规收入机会、合法的非正规收入机会和非法的非正规收入机会。

二、从非正规部门到非正规经济

20 世纪 90 年代末，发达国家非正规的、不安全的劳动力数量持续增加，导致非典型工资就业和自我雇佣等“非标准就业”的产生；发展中国家的非正规部门就业也发生了新的变化。国际劳工组织意识到，将经济活动区分为正规经济与非正规经济来提高信息的完整性，不仅要考虑生产，同样也涉及就业。因此，国际劳工组织重新审视非正规部门就业、扩展非正规部门概念，用非正规就业替代非正规部门就业，从而合理解释现实生活中的就业类型。这一理念体现于 2002 年第 90 届国际劳工大会报告《体面劳动与非正规经济》（*Decent Work and the Informal Economy*）之中。报告认为，非正规经济现象并非特定的产业类型或经济类型上的部门，非正规部门无法全面反映动态、多样、复杂的非正规经济活动。

非正规部门以单位作为观察单元，非正规就业以工作作为观察单元。何谓非正规经济？亚历杭德罗·波特斯、曼纽尔·卡斯特尔和劳伦·本顿（Alejandro Portes，Manuel Castells and Lauren A. Benton，1989）批判地继承了哈特的定义，并给出一个经典的解释：非正规经济是一种过程，不是一个客体，即非正规经济不是一种个人状态，而是产生收入的过程，不是一种边缘现象或贫困的同义词，而是一种特殊的生产方式。非正规经济与正规经济的根本区别在于，生产和分配的过程是否合法，不是最终产品是否合法。萨斯基雅·萨森（Saskia Sassen，1994）认为，非正规经济是一个无法清晰界定的部门，它与正规经济并非截然对立而是相辅相成。2002 年的国际劳工大会报告把非正规经济定义为“所有工人和单位从事的经济活动，它们在法律或实践上没有被或没有完全被正规安排覆盖，体现为非正规部门就业人员的经济活动和非正规部门之外非正规就业人员的经济活动”。哈佛大学肯尼迪学院玛莎·阿尔特·陈（Martha Alter Chen，2012）认为，非正规经济是非正规部门单位、活动、产出与其他非正规就业活动、产出共同构成的集合，即非正规就业人员的经济活动总和。

第二节　非正规经济的概念界定

为确保国民经济核算数据的全面性与可比性，1993 年第 15 届国际劳工统计学家大会在《关于非正规部门就业统计的决议》（*Resolution Concerning Statistics of Employment in the Informal Sector*）中详细阐述了非正规部门的统计定义、操作定义、部门分类、判断标准，以及特殊情况的处理建议。同年 7 月，《国民账户体系 1993》采纳了国际劳工组织关于非正规部门的定义。在经合组织（Organization for Economic Co-operation and Development，OECD）2002 年的《未被观测经济测算手册》（*Measurement of the Non-observed Economy：a Handbook*）中，非正规部门被纳入一个更为广泛的空间。2003 年第 17 届国际劳工统计学家大会对非正规部门的构成部分稍做调整。为统一国际劳工组织和国民账户体系之间的分歧，《国民账户体系 2008》专门设置“经济的非正规方面”（informal aspects of the economy）一章内容，系统探讨未被观测经济、非正规部门、非正规就业相关概念及其内在联系。2013 年第 19 届国际劳工统计学家大会进一步关注了非正规部门和非正规就业等非正规经济现象。随着经济社会的发展，新型就业形式不断涌现，2023 年即将举行的第 21 届国际劳工统计学家大会将对非正规就业测度标准进行更新和讨论。本部分系统梳理和总结国际组织对于非正规经济的统计界定以及各国的操作概念，为厘清中国非正规经济的概念界定提供依据。

一、国际劳工组织和国民账户体系对非正规经济的统计界定

（一）国际劳工组织对非正规经济的统计界定

1993 年，第 15 届国际劳工统计学家大会基于单位的视角考察了非正规经济，即非正规部门，将非正规部门的内涵归纳为“以为有关人员提供就业机会和创造收入为主要目的而从事市场性生产活动的单位，通常他们的组织水平低、经营规模小、劳动要素和资本要素区分度小，劳动关系建立在个人社会关系之上”。从统计角度看，非正规部门是住户非法人企业

(households with no unincorporated enterprises) 的一部分，包括非正规自雇型企业（informal own account enterprise）和非正规雇主型企业（enterprises of informal employers）。

2003 年，第 17 届国际劳工统计学家大会从工作视角考察非正规经济，即非正规就业。国际劳工组织根据单位性质将生产单位划分为正规部门企业、非正规部门企业和一般住户，并以就业状况为依据，判断各单位中的工作性质是否属于非正规。如表 2－1 所示，从单位性质和就业状况维度，可以区分不同的就业类型，即非正规部门就业（3＋4＋5＋6＋8）、非正规部门之外的非正规就业（1＋2＋9＋10）与非正规就业（1＋2＋3＋4＋5＋6＋8＋9＋10）。

表 2－1　　第 17 届国际劳工统计学家大会对非正规就业的分类

按单位性质分组	按就业状况分组								
	自有账户工人		雇主		家庭工人	雇员		与生产者合作的人员	
	非正规	正规	非正规	正规	非正规	非正规	正规	非正规	正规
正规部门企业					1	2			
非正规部门企业[a]	3		4		5	6	7	8	
一般住户[b]	9					10			

注：a 指不包括雇用有酬家务劳动人员的住户，b 指为自身最终使用从事货物生产的住户、雇用有酬家务劳动人员的住户；浅灰色表示正规就业，深灰色表示不存在此类就业。

因此，识别非正规就业的关键在于，识别非正规部门之外的非正规就业。国际劳工组织认为，带有相关福利条款（如带薪休假和养老金权益）的就业属于正规就业，其他就业形式都是非正规就业。国际劳工组织解释了非正规就业形成原因，如岗位或雇员未申报、临时工、低收入的小时工、外包工，以及其他未严格遵守劳动法规的工作，其共同特点是非正式的工作安排。各国经济、政治、社会、文化、法律制度差别导致非正规就业表现迥异，国际劳工组织建议根据国情处理。

（二）国民账户体系对非正规经济的统计界定

作为国际通用语言，《国民账户体系 1993》在第 4 章“机构单位和部门”中首次引入非正规部门，将其视为住户子部门，并在附录中转载了第15届国际劳工统计学家大会的相关决议。然而，《国民账户体系1993》与第15届国际劳工统计学家大会在市场生产范围与基本单位界定、住户部门分类等问题上存在分歧。因此，化解相关分歧进而将非正规部门纳入国民账户体系，便成为修订《国民账户体系1993》的重要议题。时隔15年，《国民账户体系2008》确立了非正规经济在国民经济中的地位。

《国民账户体系2008》将国民经济划分成5个机构部门：一般政府（general government）、非金融及金融公司（non-financial and financial corporations）、住户（households）、为住户服务的非营利机构（NPISHs）。非正规部门可以从住户部门中识别。首先，将非法人企业住户直接归为非正规部门，即出售全部或大部分产出的非正规自雇型企业（表2-2中Ⅰ）和出售全部或大部分产出的非正规雇主型企业（表2-2中Ⅲ）；其次，剔

表2-2　国民账户体系中识别国际劳工统计学家大会界定的非正规部门

<table>
<tr><td>一般政府</td><td colspan="2">非金融及金融公司</td><td colspan="8">住户</td><td>为住户服务的非营利机构</td></tr>
<tr><td rowspan="4"></td><td rowspan="3">已注册或者雇员大于一定数量的公司</td><td rowspan="3">未注册或者雇员小于一定数量的公司</td><td rowspan="4">已注册或者雇员大于一定数量的公司</td><td colspan="3">非正规自雇型企业</td><td colspan="3">非正规雇主型企业</td><td rowspan="4">一般住户（从事自身最终使用生产的住户，包括自有住房）</td><td rowspan="4"></td></tr>
<tr><td>市场生产</td><td colspan="2">自给性生产</td><td>市场生产</td><td colspan="2">自给性生产</td></tr>
<tr><td>出售全部或大部分产出</td><td>出售部分产出</td><td>不出售产出</td><td>出售全部或大部分产出</td><td>出售部分产出</td><td>不出售产出</td></tr>
<tr><td></td><td>Ⅴ</td><td>Ⅰ</td><td>Ⅱ</td><td></td><td>Ⅲ</td><td>Ⅳ</td><td></td></tr>
</table>

注：作者根据《国民账户体系2008》整理得到。

除自然人住户、机构住户和非法人企业住户中生产自用住房服务和雇用家庭工人的住户；最后，根据产出自用程度识别其他住户非法人企业，其中销售部分产出的非正规企业归为非正规部门（表2－2中Ⅱ和Ⅳ）。如此一来，住户部门按照登记注册、雇员规模、生产目的和市场行为的差异进行重新划分，与国际劳工组织的非正规部门实现对接。需要注意的是，非金融及金融公司部门中未注册以及雇员少于一定数量的企业也应归为非正规部门（表2－2中Ⅴ），而住户部门中已注册或雇用人数大于一定数量的住户非法人企业则归为正规部门。

二、各国非正规经济的操作概念

在国际组织试图为非正规经济寻找权威概念的同时，各国政府也在国际组织的框架下，探究适合本国国情的操作概念，并开展非正规经济的数据搜集与研究工作。表2－3和表2－4汇总了部分国家对非正规部门与非正规就业的操作概念及数据获取途径。

表2－3　非正规部门的操作概念

国家	数据来源	操作概念
巴西	城镇非正规经济调查	雇用人数低于6人并且没有独立核算账户的住户非法人企业（不含农业）
墨西哥	全国职业就业调查	没有独立核算账户且没有登记注册的住户非法人企业（不含农业）
巴拿马	住户调查	雇用人数低于5人的住户非法人企业（不含农业）
埃塞俄比亚	城镇就业/失业调查	雇用人数低于11人或没有营业执照，同时没有核算账户的住户非法人企业（不含农业）
马里	劳动力调查	没有账户核算资料，没有在社会保障部门登记，且工作人数少于11人的私营企业（不含农业）
坦桑尼亚	综合劳动力调查	雇用人数低于10人，且没有完整账户核算资料的住户非法人企业（不含农业）
摩尔多瓦	劳动力调查	没有登记注册的住户非法人企业（不含农业）
俄罗斯	针对就业问题的人口调查	没有登记注册、或没有法律地位的住户非法人企业（不含农业）

续表

国家	数据来源	操作概念
土耳其	住户劳动力调查	支付定额税或不支付任何税收，且雇用人数少于10人的住户非法人企业（不含农业）
印度	全国抽样调查	雇用人数低于10人的住户非法人企业（不含农业）
巴基斯坦	劳动力调查	住户非法人企业：雇主为自我核算工人，或者雇员少于10人（不含农业）

注：关于农业是否需要区分出非正规部门，第15届国际劳工统计学家大会认为，只要符合标准就可区分。但发展中国家农业生产规模较大，如果进行定期调查，会因调查业务扩张而增加调查成本，何况许多国家都有专门的农业调查。另外，农业生产很难区分市场生产还是最终使用生产。从就业角度分析，非正规部门应该包括各种经济活动，当然也包括农业。第15届国际劳工统计学家大会认为应该将农村非正规就业纳入非正规经济范畴，但各国政府在调查时没有包含农村样本框。

表2-4　　非正规就业的操作概念

国家	数据来源	操作概念
巴西	全国住户抽样调查	没有正规合同的雇员
墨西哥	全国职业就业调查	无法通过自己的工作获得公共或私人健康服务的雇员
巴拿马	住户调查	没有就业合同的雇员、有就业合同但没有缴纳社会保障费的雇员（作为直接投保人），不包括退休人员
马里	劳动力调查	雇主没有为其缴纳社会保障缴款，并且没有年假和病假的雇员
南非	季度劳动力调查	没有书面合同的雇员、雇主没有缴纳养老金、退休金及医疗补助的雇员
赞比亚	劳动力调查	没有年假和其他社会保障福利的雇员
摩尔多瓦	劳动力调查	没有社会保障缴款、没有年假和病假的雇员
俄罗斯	人口调查	没有劳动合同的雇员
斯里兰卡	劳动力调查	没有养老金和公积金的雇员
土耳其	住户劳动力调查	没有任何社会保障福利登记的员工
印度	全国抽样调查	没有社会保障缴款、没有年假和病假的雇员
越南	劳动力调查	没有书面合同、社会保险及年假和公共假日的雇员

注：作者根据相关文献整理得到。

各国政府对非正规经济的界定大都从非正规部门和非正规就业角度展开。而且对于非正规部门的定义往往侧重于单位是否注册、雇用人数是否达到上限、员工是否登记等，对于非正规就业的定义则侧重于员工是否有年假、病假、合同及社会缴款等。正如蒋萍（2005）指出的，虽然各国对非正规部门的统计具有较强的“属国特色”，但这种变动是国际标准框架下的变动，只是操作概念的具体差异，而非基本概念的本质差别。

三、中国非正规经济的概念框架设计

（一）非正规经济概念的引入与界定

1996 年 7 月，上海市再就业工程领导小组办公室在其颁布的《关于实施再就业工程试点工作的若干政策》中首次提出“非正规就业”概念[①]。同年 10 月专门出台文件，对非正规就业和非正规劳动组织的操作概念进行界定，认为非正规就业是指下岗人员个人或组织起来通过参与社区便民利民服务、市容环境建设中的公益性劳动，为企事业单位提供各种临时性劳务，以及以家庭手工业等形式进行生产自救，无法建立或暂时无条件建立稳定劳动关系的一种就业形式（丁金宏、冷熙亮和宋秀坤，2001）。在相关政策的大力推动下，上海非正规组织迅速发展，在缓解就业压力方面具有显著成效。随后，浙江、安徽等地纷纷效仿，2001 年全国有 17 个省、自治区、直辖市出台了促进非正规就业发展的政策。

自非正规就业进入国人视野，便引起了广泛关注，有关非正规就业的研究文献迅速涌现。金一虹（2000），李强和唐壮（2002），张兴华（2002），张华初（2002），黄乾和原新（2002），黄乾（2003），彭希哲和姚宇（2004），胡鞍钢和赵黎（2006），尹晓颖等（2007，2009），刘社建（2007），姚宇（2008），万向东（2008），张彦（2009，2010），李恩平和王莫寒（2009），吴要武（2009），张国英（2012）等学者从非正规就业的概念与特点，非正规就业的分类，非正规就业的主体来源，非正规就业的部门归宿（正规部门还是非正规部门），非正规就业的作用（积极还是消极），非正规就业的应对策略（鼓励还是取缔），以及非正规就业的发

① https：//rsj. sh. gov. cn/txgszfgz_17262/20200617/t0035_1388481. html.

展趋势等多个角度展开了多视角、多层次的研究。

与国外研究类似，我国学者对于非正规经济基本范畴的理解同样存在各种分歧。一方面，国内研究非正规经济问题的学者来自经济学、社会学、人口学、地理学、统计学等多个学科，不同学科的学者有不同出发点和侧重点，会选择不同的操作概念；另一方面，由于我国非正规经济基础数据较为缺乏，学者通常根据手头数据进行研究，而数据来源的不一致性必然会导致非正规经济操作概念的差异。表 2－5 列示了我国部分学者对非正规经济的界定情况。

表 2－5　　我国学者对非正规就业的操作概念

文献来源	非正规经济活动的典型分类
胡鞍钢和杨韵新（2001）	（1）非正规部门里的各种就业门类 （2）正规部门里的短期临时性就业、非全日制就业、劳务派遣就业、分包生产或服务项目的外部工人等
李强和唐壮（2002）	（1）被旧体制抛出的失业下岗工人 （2）流入城市的农民工 （3）重返劳动力市场的阶段性就业女性职工和老年“补差”职工等
张兴华（2002）	（1）个体经济就业 （2）私营独资企业和私营合伙企业，约占私营企业就业人数的 46%
谭琳和李军锋（2003）	（1）从各类学校毕业后不能实现正规就业的待业青年 （2）城乡流动和迁移的劳动力 （3）城镇的各类再就业劳动者 （4）主动选择以非正规方式进行创业或就业的其他劳动者
蔡昉和王美艳（2004）	单位核算范围外的就业或未统计就业，即城镇总就业人数，减八类单位就业人数，再减个体私营就业人数
吴要武和蔡昉（2006）	（1）受雇于人，没有正式合同，且不是单位的正式职工 （2）社区的家政钟点工，为居民家庭服务的人员、劳务派遣工、小时工和临时工 （3）没有正式合同的公益服务人员 （4）家庭帮工、自营劳动者 （5）受雇于人且工作单位为“个体经济性质”的劳动者 （6）在正规部门工作，但就业形式为“劳务派遣工、小时工和临时工”者 （7）个体工商户就业人员

续表

文献来源	非正规经济活动的典型分类
胡鞍钢和马伟（2012）；黄苏萍、王雅林和朱咏（2009）；闫海波、陈敬良和孟媛（2013）	（1）个体经济就业 （2）私营经济就业 （3）未统计就业
刘妍和李岳云（2007）	（1）受雇于加工制造业企业和建筑工地的非正式职工，包括临时工、季节工、小时工以及其他弹性就业人员 （2）从事个体商贩者 （3）家政保洁人员 （4）其他打零工者
吴要武（2009）	（1）自营劳动者或者家庭帮工 （2）未与雇主签订劳动合同的雇员
黎煦和高文书（2010）	（1）个体工商户就业 （2）在国有、企事业单位和私营企业等正规部门就业但没有签订劳动合同的劳动力
常进雄和王丹枫（2010）	（1）有雇工的个体经营者 （2）无雇工的个体经营者 （3）临时工 （4）领取工资的家庭工人 （5）在事业单位、国有或集体企业的合同工（私营企业的合同工为正规就业）
屈小博（2011）	（1）个体就业 （2）私营企业雇员（20 人以下） （3）自营劳动者 （4）正规就业部门中的临时工以及有工资收入的家庭帮工
魏下海和余玲铮（2012）；李雅楠、孙业亮和朱镜德（2013）	（1）有雇工的个体经营者 （2）无雇工的个体经营者 （3）临时工 （4）领取工资的家庭工人 （5）无报酬的家庭帮工 （6）政府机关、国有企事业单位或集体企业的合同工
薛进军和高文书（2012）	（1）家庭帮工 （2）非正规部门和家庭部门中的自营劳动者 （3）非正规部门中的雇主 （4）非正规雇员，即作为受雇者未能签订劳动合同，或签订了劳动合同但没有基本的养老和医疗保险

续表

文献来源	非正规经济活动的典型分类
黄宗智（2009，2013）	（1）城镇私营企业就业 （2）城镇个体工商户就业 （3）城镇未统计就业 （4）农村乡镇企业就业 （5）农村私营企业就业 （6）农村个体户就业 （7）农村农业生产人员
都阳和万广华（2014）	（1）以帮工形式工作的家庭工人 （2）没有雇佣关系的自我雇佣者 （3）一些非正规部门的雇主和雇员
张抗私、丁述磊和刘翠花（2016）；张抗私、刘翠花和丁述磊（2018）	（1）无雇工的个体经营者 （2）临时工 （3）领取工资的家庭工人以及政府机关 （4）国有企事业单位和集体企业中的短期临时工 （5）非全日制就业 （6）劳务派遣就业
杨凡和潘越（2019）	（1）受他人雇用、没有签订劳动合同的流动人口 （2）从事个体经营或家庭劳动经营，但没有取得营业资质和营业执照的流动人口
陈佳莹、赵佩玉和赵勇（2022）	（1）劳动者是否同工作单位签署劳动合同并享受基本保险保障 （2）雇主为私营企业/个体工商户、个人/家庭 （3）其他类型的雇主 （4）非农散工
刘铠豪、臧旭恒和王雪芳（2022）	（1）城镇个体就业 （2）城镇私营就业 （3）离退休再就业人员 （4）其他就业者划分为非正规就业

注：作者根据相关文献整理得到。

我国学者对非正规经济的理解有共性也有差异。绝大部分学者赞同将个体经营户和私营企业就业视为非正规就业，主要是因为个体经营户与国际组织界定的非正规部门概念极为相似，而非正规部门内部的就业人员基本上为非正规就业人员。我国私营企业规模较小，主要以微型企业为主。2006 年全国有 500 万家登记注册的私营企业，其中在城镇登记的员工数量为 0.395 亿人，每个企业平均雇用 13 个员工。2005 年抽样调查发现，雇用员工超过100人的企业仅占私营企业总数的1.13%。当然，私营企业中也有高技术的高薪人员，但绝大多数是普通员工，也是待遇较差的非正规就业人员（黄宗智，2009，2013）。

（二）非正规经济的概念框架设计

根据国际劳工组织和国民账户体系的统计标准，非正规经济由非正规部门就业与非正规部门之外非正规就业的经济活动构成。作为典型的城乡二元经济体，我国非正规经济应该包括城镇非正规经济与农村非正规经济。为清楚识别我国经济总体中的非正规经济，本书设计了一个非正规经济概念框架图。

如图2－1所示，我国非正规经济由4部分构成。A代表城镇非正规部门经济，C代表农村非正规部门经济，B代表城镇正规部门中非正规就业人员的经济活动，D代表农村正规部门中非正规就业人员的经济活动。需要指出的是，农村还有一部分不需要区分正规/非正规的农业经济部门，所以农村经济活动包括农业经济、非正规经济和正规经济三种类型。

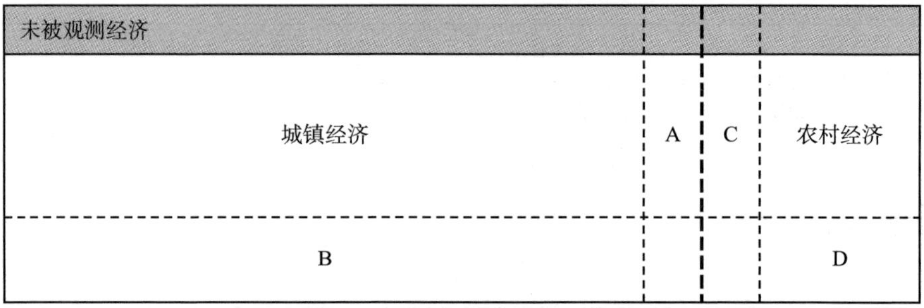

未被观测经济

城镇经济 | A | C | 农村经济

B | D

图2－1　中国非正规经济的概念框架

注：黑色方框代表经济总体，纵向粗虚线将经济总体划分为两部分，左侧为城镇经济、右侧为农村经济；细虚线围成的倒“T”型区域为非正规经济，上方的灰色区域为未被观测经济。

根据国际劳工组织和《国民账户体系2008》建议的企业规模、企业性质和劳动合同三种准则，结合我国法律法规和经济统计数据，下面从“单位”和“就业”两个角度对我国非正规经济活动进行统计界定。

1. 对非正规部门就业的界定

国际劳工组织对非正规部门判断标准概括为三点：企业未达到一定规模、企业未注册、员工未登记。《国民账户体系 2008》认为识别非正规部门应该从注册、法人、规模、统计调查范围、非法活动、地点、雇佣条款等角度进行。尽管不同组织关于非正规部门应该遵循的标准存在不同判断，但“非正规部门应该由符合小规模企业、非法人企业、雇佣合同松散等特征的单位组成”不存争议。下面基于这 3 个标准对我国非正规部门进行识别。

（1）“企业”规模准则。根据《国民账户体系 2008》对非正规部门的阐释，可直接用企业规模（营业额或雇用数量）进行识别，但其并未提及具体标准。国际劳工组织建议，非正规部门是雇用员工少于 5 人的企业。实际上各国也均采用就业人数作为判断标准。例如，马里和埃塞俄比亚的标准为 11 人，土耳其、巴基斯坦、印度、坦桑尼亚的标准为 10 人，巴西的标准为 6 人，墨西哥、秘鲁、乌克兰、巴拿马的标准为 5 人。根据 2011 年 6 月 18 日工业和信息化部、国家统计局、国家发展和改革委员会和财政部联合发布的《关于印发中小企业划型标准规定的通知》和《城乡个体工商户管理暂行条例》，从业人数不超过 7 人的个体工商户，可作为我国非正规部门的基本单位。

根据《关于印发中小企业划型标准规定的通知》，我国大量小型企业、微型企业也符合非正规部门的规模准则。比如，从业人员 20 人以下的工业企业、交通运输业企业、仓储业企业、邮政业企业、批发业企业等，从业人员 10 人以下的零售业企业、信息传输业企业、软件和信息技术服务业企业、租赁和商务服务业企业等，这些企业的雇用人数平均为 10.4 人。第三次全国经济普查数据显示，小微企业吸纳的就业人数为 14 730.4 万人，占全部企业法人单位从业人数的 50.4%[①]。就规模准则而言，我国非正规部门由个体工商户和部分私营企业构成。

（2）“企业”性质准则。非法人企业是企业构成非正规部门的必要条件，国际劳工组织核定，非正规部门生产单位不具法人资格。根据《中华人民共和国民法通则》（简称《民法通则》）第三十七条，法人是具有民

① http：//finance. people. com. cn/n/2014/1217/c1004 -26220894. html.

事权利能力和民事行为能力，依法独立享有民事权利和承担民事义务的组织，须满足4个条件：依法成立，有必要的财产或经费，有自己的名称、组织机构和场所，能够独立承担民事责任。中国的法人分为企业法人、机关事业单位法人和社会团体法人。对于介于自然人和法人之间的非法人企业，《民法通则》没有做出详细规定。根据《中华人民共和国合同法》《中华人民共和国合伙企业法》《中华人民共和国民事诉讼法》等法律文件，经济主体一般被分为自然人、法人和其他组织。可以判断，其他组织应该是介于自然人和法人之间的非法人企业。最高人民法院关于适用《中华人民共和国民事诉讼法》若干问题的意见指出，非法人企业是合法成立、有一定的组织机构和财产、但又不具备法人资格的组织，包括依法登记领取营业执照的私营独资企业、合伙组织；依法登记领取营业执照的合伙型联营企业；依法登记领取我国营业执照的中外合作经营企业、外资企业；经民政部门核准登记领取社会团体登记证的社会团体；法人依法设立并领取营业执照的分支机构；中国人民银行、各专业银行设在各地的分支机构；中国人民保险公司设在各地的分支机构；经核准登记领取营业执照的乡镇、街道、村办企业；符合本条规定条件的其他组织。据此，我国非正规部门应该由自然人和非法人企业构成。如果按注册类型划分的话，我国非正规部门应该包括个体工商户、部分私营企业（私营独资企业和私营合伙企业）与乡镇企业。然而，乡镇企业的所有制性质也有差异，比如国有企业、集体企业、外商投资企业，个体企业、其他企业等。为此，我们认为乡镇企业不能全部归为非正规部门，其中的个体企业和其他企业更为符合非正规部门的判断标准。

（3）“企业”劳动合同准则。《国民账户体系2008》认为，正规就业是指带有相关福利条款（如带薪休假及养老金权益）的就业，除此之外的其他就业都是非正规就业。既然非正规部门作为非正规就业的核心，非正规部门应该由不与雇员签订劳动合同的单位组成。《中华人民共和国劳动合同法》第十七条规定，劳动合同应具备以下条款：（a）用人单位的名称、住所和法定代表人或者主要负责人；（b）劳动者的姓名、住址和居民身份证或者其他有效身份证件号码；（c）劳动合同期限；（d）工作内容和工作地点；（e）工作时间和休息休假；（f）劳动报酬；（g）社会保险；（h）劳动保护、劳动条件和职业危害防护；（i）法律、法规规定应当纳入劳动合同的其他事项。一般而言，较小规模的私营企业，即便在政府统计范围之内，并不具备法人身份，不被认为是正规单位，很难严格遵守国家劳动法规。为节省费用、降低成本，他们会雇用临时工或非全日制工人，毋宁说个体经营户。他们签订的合同充其量属于“劳务合同”或“雇佣合同”，附带的福利和真正意义上的劳动合同相去甚远（黄宗智，2013）。从单位注册类型角度看，个体工商户和私营企业相较于国有企业、集体企业和新兴部门与雇员的劳动合同较为松散。基于此，可将非正规部门就业定义为在个体经营户、私营企业中的小微企业中的就业。

2. 对非正规部门之外非正规就业的界定

与非正规部门不同，非正规就业是以工作性质作为观察单元。我国最初引入的概念便是非正规就业，并非非正规部门。非正规就业在我国主要表现为：非正规部门内各种就业类型，正规部门内部的低收入、临时性、季节性的就业类型，主要由城镇下岗职工、农村转移劳动力、失业待业人员和离退休人员构成。基于对我国非正规部门的诠释，个体工商户就业属于非正规就业，关于私营企业就业是否属于非正规就业，学界存在不同看法（蔡昉和王美艳，2004；黄宗智，2013）。

根据《中华人民共和国私营企业暂行条例》第十一条规定，私营企业是指企业资产属于私人所有、雇工 8 人以上的营利性经济组织，主要由农村村民、城镇待业人员、个体工商户经营者、辞退职人员，以及国家法律法规和政策允许的离休退休和其他人员。中国私营企业研究课题组研究报告显示，我国仅有 1.13% 私营企业的雇员数量大于 100 人，绝大多数为小型和微型企业。2013 年年末，全国共有第二产业和第三产业的小微企业法人单位 785 万个，占全部企业法人单位 95.6%①。就此而言，不仅部分私营企业符合非正规部门的界定标准，私营企业内部的就业也基本属于非正规就业。国有企业、集体企业、股份合作单位、联营单位、有限责任公司、股份有限公司、港澳台投资单位及外商投资单位 8 类单位也存在规模可观的非正规就业，他们虽然在相对正规的单位从事就业，但其工资、福利待遇与正式员工存在明显差距。

---

① http://finance.people.com.cn/n/2014/1217/c1004-26220894.html.

需要指出的是，我国农村存在大量的乡镇企业，在吸纳农村非农就业人口方面起到至关重要的作用。根据《中华人民共和国乡镇企业法》，乡镇企业是指农村集体经济组织或者农民投资为主，在乡镇（包括所辖村）举办的承担支援农业义务的各类企业。应该说，乡镇企业主要是为农村、农民和农业服务。那么乡镇企业就业究竟是正规就业还是非正规就业？1978 年之前，我国劳动政策的潜在目标是，通过直接分配工作、政府控制工资、限制劳动力迁移方式确保人人就业。在农村地区，劳动力要么在生产队从事农业工作，要么在人民公社从事非农工作。直接分配工作、限制劳动力迁移等政策有效避免了公开性失业的发生，但也导致了生产单位剩余劳动力的不断积累和扩张，引起了劳动力工作努力程度、劳动生产率和产出水平的下降。始于 1978 年的改革为渐进重组创造了条件。在农村地区，家庭联产承包责任制的引入改变了农业生产方式。人民公社改为乡镇企业，可以依据合同招收劳动力，并且可以决定工资多少。1990 年之前，我国农村非农就业只有一种，即乡镇企业就业；同期城镇地区就业中的国有企业和集体企业占据 99% 之多。可以说，20 世纪 90 年代之前的农村乡镇企业和城镇国有企业、集体企业中的就业均为正规就业。尽管近年来乡镇企业的性质逐渐发生变化，但在农村地区，与个体私营企业相比还是属于正规部门的，尤其是乡镇企业中的国有企业、集体企业、有限责任公司和股份有限公司。

综上，我国非正规经济由城镇个体私营企业，8 类单位内的临时工、季节工，以及农村个体私营企业的经济活动构成。由于学界关于私营企业是否完全属于非正规经济存有争论，可进一步定义窄口径的非正规经济，即城镇个体经营者，城镇 8 类单位内部的临时工、季节工，农村个体经营者构成的经济活动。

第三节　非正规经济的形成机理

本部分从二元分离主义、结构关联主义和新自由主义经济学三个角度详细诠释非正规经济的形成机理。

一、基于二元分离主义的形成机理诠释

（一）二元分离主义学派产生的历史背景

二元分离主义学派起源于刘易斯（1954）古典劳动力流动理论，后经哈里斯和托达罗（1970）和菲尔兹（G. S. Fields，1975）改进而成。根据二元分离主义观点，发展中国家存在典型的二元经济结构：一是大规模的经济单位，利用资本密集型的生产方式从事各种经济活动；二是小规模的经济单位，利用劳动密集型的生产方式从事各种经济活动。在发展经济学家眼中，前者往往指城镇现代部门，后者指农村传统部门，并且假设农村劳动力可以无限供给、城镇地区可以提供足够的正规就业岗位。然而，城镇地区小规模、低收入的经济活动引起了发展经济学家的关注，开始对二元经济结构理论、模型及其假设产生质疑。为将小规模、低收入的经济现象反映到经济模型中，一些学者对哈里斯－托达罗模型进行了修正（Fields，1975；Mazumdar，1976），主要是把小规模、低收入及分散的非正规经济活动以"第三部门"形式引入模型，形成三元经济模型。

（二）二元分离主义学派对非正规经济形成机理的阐释

二元分离主义学派认为，非正规经济现象是由于经济发展水平较低以致无法将所有劳动力吸纳到正规就业岗位。本质上讲，非正规经济部门相当于哈里斯－托达罗模型中的农村传统部门。类似于经济总体中"农村－城镇"二元经济结构的划分，发展中国家的城镇地区也存在"正规经济－非正规经济"的二元经济结构。正如发展经济学家的预测，随着经济发展水平的提高，农村居民收入终将和城镇居民收入保持相当水平。在城镇经济发展到一定程度时，非正规经济活动终将会消失。需要指出的是，在非正规经济消失之前，非正规经济与正规经济分别以各自独特的方式进行生产，保持一定的独立性。非正规经济生产的商品主要用于满足低收入居民的消费需求，正规经济生产的商品主要用于满足中高收入居民的消费和投资需求。该学派认为，非正规经济与正规经济之间基本没有交集，随着经济的增长，正规经济会逐渐取代非正规经济。根据二元分离主义观点，我们绘制了非正规经济的演化路径，如图2－2所示。

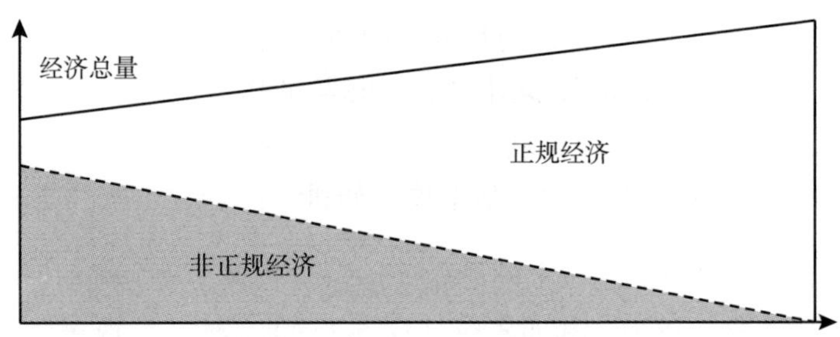

图 2-2　基于二元分离主义学派的非正规经济演化路径

在非正规经济研究的早期阶段，二元分离主义学派的分析框架一直主导非正规经济问题的理论研究和实证研究（Weeks，1975；Mazumder，1976；Thomas，1992）。研究结果一致承认，虽然非正规经济是一种低级的生产方式，是经济欠发达的象征，但它是经济发展的必经阶段，最终会逐渐消失。

二、基于结构关联主义的形成机理阐释

（一）结构关联主义学派的基本观点

结构关联主义学派，也称寄生主义学派，由二元分离主义批判者雷·布罗姆利（Ray Bromley，1979）提出，起源于进化论马克思主义的生产方式链接理论①。结构关联主义学派认为，简单地将经济活动划分为正规经济与非正规经济，并假设正规经济与非正规经济之间没有任何经济联系是极为粗糙的。他们反对经济结构的二元化，认为各种经济活动之间应该是相互作用的，各经济单位之间也应该具有连续性。发展中国家城镇地区的生产方式由大企业（正规经济）的生产方式和小企业（非正规经济）的生产方式共同组成，两种生产方式在统一的系统中相互促进、相互制约，并且正规经济的生产方式占据主导地位，非正规经济的生产方式依附于正规经济。也就是说，现实社会中存在正规经济、非正规经济、半正规经济

① 依照进化论马克思主义生产方式链接理论，一个社会并非仅存在一种单一生产方式，而是存在传统、现代和未来多种生产方式的链接，并且生产方式之间存在此消彼长的合作与竞争关系。

等一系列程度不同的正规经济与程度不同的非正规经济。

然而，现代城市发展经验对“非正规经济是否依附于正规经济”的观点提出质疑，认为结构关联主义学派的分析框架需要调整（Moser，1978；Forbes，1981）。由此，学术界开始进一步探索正规经济与非正规经济之间的复杂联系，发现二者之间除了具有“良性”关系和“从属”关系之外，还存在其他多种联系，比如转包关系、外包关系、“代理人”分销关系等。托马斯（J. J. Thomas，1995）认为非正规经济与正规经济之间具有一定的前向关联和后向关联。非正规经济与正规经济之间的复杂关系对于提高生产、降低成本和增加利润都起到了积极作用。正如费尔南德斯和沙夫纳（Fernandez-Kelly and Shefner，2006）指出的，非正规经济并非经济发展早期阶段的必经过程，而是经济走向现代化的有机组成部分。萨森（2003）认为，非正规经济俨然成为正规经济发展不可分割的一部分，如果没有非正规经济，正规经济部门会想方设法“发明”或“创造”非正规经济。

（二）结构关联主义学派对非正规经济形成原因的说明

结构关联主义学派认为，政府对工人就业和工人福利干预过少（比如缺少社会保护、社会转移和劳动力市场干预）是非正规经济形成的主要原因。也就是说，在多种生产方式并存的情况下，政府重点对某种生产方式进行合理干预，忽视对另外一种或几种生产方式干预的话，必然会导致生产方式的“差别待遇”。如此一来，待遇较差的一方就被迫成为所谓的非正规经济。比如，筹建过程中，非正规企业享受不到政府的税收优惠政策；经营过程中，非正规劳动者享受不到应有的社会保障福利。总而言之，非正规经济在生产、分配、使用和积累环节对内部员工的待遇都与正规经济相去甚远。如果政府出台一系列促进创业就业、支持技术进步、缩小不平等和限制剥削政策，非正规经济与正规经济之间的关系也许会更加协调，非正规经济也有望转化为正规经济，从而助推宏观经济持续稳定增长。

三、基于新自由主义经济学的形成机理阐释

（一）新自由主义学派的基本观点

新自由主义学派，也称法律主义学派或浪漫主义学派，由德·索托（De Soto，1989）提出，起源于道格拉斯·诺斯（Douglass C. North）和曼库尔·奥尔森（Mancur Olson）的制度理论。该学派认为，非正规经济是由有勇气的微型企业家构成，是孕育企业家的重要摇篮，具有重要的人力资本积累功能。同时，非正规经济可以提供商品，改善交通、住房和市场建设，为创造财富、减少进口和缩小债务做出贡献，为国家通向富强奠定基础。新自由主义学派将非正规经济视为处于正规经济与非法经济之间的一种经济活动，通常从是否登记注册，是否缴税，员工是否享受社会保险、最低工资和休假福利，其他法律约束 4 个方面界定其内涵。

（二）新自由主义学派对非正规经济形成机理的阐释

新自由主义学派认为，从事非正规经济活动是个人和企业面对外部制度环境做出的理性选择，并非一个国家或地区经济落后的象征。外部制度环境主要指不合理的政府规章制度，比如企业登记注册制度、税收制度和最低工资制度。非正规经济是因政府无法满足大量贫困人口基本需求条件，人们反对官僚和不公正的一种自发、自助的收入获取活动。只要不合理的政府规章制度没有改善，小微企业家们就会选择从事非正规经济活动（Rauch，1991；De Soto，2000；Maloney，2004）。

德·索托（1989）认为，非正规经济应该具有自主性、灵活性和不受政府管制的特征，非但不会导致社会秩序恶化，反而有利于增强经济活力、促进经济增长。因此，新自由主义学派主张简化非正规经济正规化程序，减少对经济行为的过度干预，使各经济主体真正融入市场经济氛围之中。政府过度管制和成本歧视只会使非正规经济变得更加贫困，并可能演化为非法活动，从而使强大的利益集团在与无法获得财产权利和进入信贷市场的非正规经济竞争过程中受益颇多。政策干预方面，新自由主义学派认为，放任非正规经济自由发展、消除官僚资本主义、消除一切政府限制措施（特别是税收和劳动法带来的限制），以及降低经济合法化成本，是

发挥非正规经济潜在竞争力、促进经济增长的重要手段。对于具体干预方式，他们认为政府可以通过促进小企业发展、机构改革、技能培训、减少信贷约束及完善法律法规等方式。

在放松管制的全球化时代，新自由主义学派已经成为世界银行、国际货币基金组织等研究非正规经济形成机理的主流分析框架，也是诸多国家制定非正规经济发展政策（降低税收、打击腐败、减少国家对工人和福利安排的干预等）的理论依据。尽管如此，鲜有实证研究支持新自由主义学派对非正规经济形成机理的解释力。比如，英国谢菲尔德大学威廉姆斯教授对欧洲和欧洲之外转型经济国家的经验研究都无法为新自由主义学派的非正规经济形成机理提供证据支撑（Kus，2014；Williams，2013；Williams，2014）。

四、非正规经济形成机理比较及对中国的适用性考察

二元分离主义学派强调经济发展阶段的必然性，认为经济发展到一定阶段非正规经济终将会消失。结构关联主义学派强调政府合理干预的重要性，认为非正规经济与正规经济之间相辅相成、互相促进、共同发展。新自由主义学派强调政府不合理干预的破坏性，认为只要政府减少不合理的干预行为，非正规经济会显现出促进经济增长的巨大潜力。

尽管结构关联主义学派和二元分离主义学派都关注生产方式划分，但前者对正规经济与非正规经济的划分界线是模糊的，关于“非正规经济和贫困存在联系，非正规经济由资本主义发展不平衡所致”，二者看法基本一致。而且，结构关联主义学派更加注重非正规经济活动对工人福利的作用。与结构关联主义学派强调政府干预不足相反，新自由主义学派认为，政府干预过多导致非正规经济的产生。

图 2－3 描绘了三种学派非正规经济与正规经济之间的关系。非正规经济 C 与正规经济之间具有“竞争或替代”关系，非正规经济 B 与正规经济之间具有“协同或互补”关系，而非正规经济 A 与正规经济之间的关系较为微弱，会伴随经济的发展而趋于消失。事实上，三种类型的非正规经济在不同国家或在同一国家的不同阶段会有不同的表现。

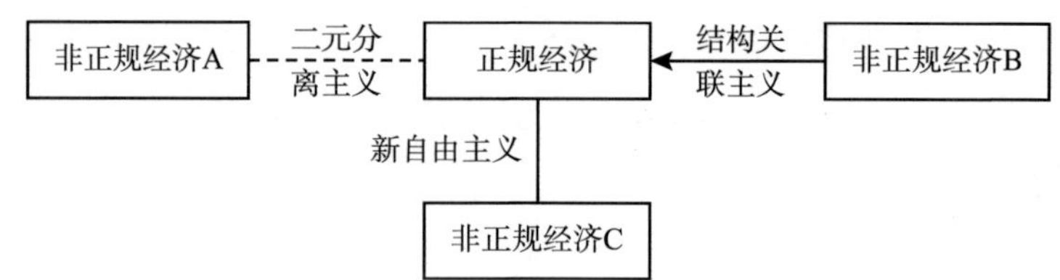

图2－3　非正规经济与正规经济内在关系逻辑

发展经济学认为，农村劳动力进入城镇就业需要分为两个过程。迁移劳动力首先在城镇非正规部门找到工作；时机成熟后，非正规就业者再进入正规部门。现实社会中，由于我国农民工的受教育水平和职业技能相对较低，主要就业于非正规部门，或者就业于正规部门的临时性、间歇性工作岗位。某种程度上，第一阶段的非正规就业基本属于二元分离主义范畴，因为他们主要目的在于摆脱贫困、维持生存。然而，二元分离主义认为“农村剩余劳动力向城镇地区转移是发展中国家经济发展过程必须经历的阶段，最终将趋于消失”似乎不符合我国现实。就此而言，单独依靠二元分离主义无法完全解释我国非正规经济形成机理。

计划经济时期，我国的经济制度如同一张“隐性的渔网”，将所有经济活动囊括在内，制度边缘的经济活动非常少，就连农村的工副业、自由的农产品贸易业都被视为“资本主义的尾巴”加以割除，非正规经济活动几乎不存在。20世纪80年代以后，改革的一个重要内容是减少政府对经济行为的直接干预，制度边缘的经济活动开始逐渐滋生。由于非正规经济部门经营的项目一般规模小，机制灵活，设备、管理、工资等方面的成本较低，并且多数置身于政府管理体制之外，很少或者根本不需要承担税收负担。

转型时期，在重构劳资关系中，非正规就业人员无法得到应有的劳动保障，沦为“降级的劳动力”，非正规化被视为转型经济下资本支配劳动、削弱工会力量、重构阶层博弈关系的机制。近年来，政府出台一系列法律法规约束企业对雇员的社会保障福利及对环境保护的力度。企业反而通过规避管制、降低成本的方式进行生产，主要表现为订单生产，即将相对低级的生产环节转包或外包给小规模企业。这符合新自由主义学派对我国非正规经济形成机理的解释。

第四节 非正规经济对宏观经济的作用机制

作为一类特定的经济活动，非正规经济在国民经济运行中究竟发挥何种作用？其对各宏观经济变量的作用机理如何？本节深入考察非正规经济对经济增长、劳动就业与居民收入的作用机理，为非正规经济宏观效应研究奠定理论基础。

一、非正规经济对经济增长的作用机制

（1）非正规经济产出是经济总产出的重要组成部分。与正规经济部门类似，非正规经济部门同样存在生产、分配、使用和积累的循环过程。除经营规模小、投资水平低下、进退相对自由等特征外，非正规经济部门生产出来的产品同样符合社会经济发展需要，可以满足经济主体的各类需求，有助于推动经济增长。联合国研究表明，平均而言，非正规部门产出占总产出的比例为27.2%。其中，撒哈拉以南非洲地区的贝宁为61.8%、多哥为56.4%、尼日尔为51.5%、塞内加尔为48.8%；亚洲地区的印度为46.3%、危地马拉为34.0%；转型经济体的亚美尼亚为19.1%、哈萨克斯坦为20.0%、相对较低的俄罗斯也高达8.6%（国际劳工组织，2013）。如果进一步考虑正规部门内非正规就业者的经济活动，非正规经济产出比例会更高。墨西哥非正规经济的官方统计和学术研究处于世界前列，2014年7月30日，墨西哥国家统计和地理研究所基于《国民账户体系2008》对2003~2012年非正规经济规模及其对GDP贡献进行测算，发现10多年来非正规经济对GDP的贡献份额基本稳定在25.0%左右，其中非正规部门的贡献为11.0%，非正规部门之外非正规经济的贡献为14.0%①。

按照二元分离主义学派的观点，非正规经济活动具有反周期性，即经济繁荣时，非正规经济规模会缩减，经济衰退时，非正规经济规模会扩张。经济衰退直接表现为GDP下降，而官方无法精确掌握的非正规经济

① http://www3.inegi.org.mx/sistemas/tabuladosbasicos/tabniveles.aspx?c=33680.

活动却在“暗地发展”，20 世纪 70 年代的滞胀现象就是例证。经济下滑时，非正规经济扩张会起到缓解 GDP 下降的功能，某种程度上可以将非正规经济活动视为宏观经济的缓冲器。事实上，一些避开管制的经济活动更加有利于非正规生产率的提高（Portes，Castells and Benton，1989），更何况部分正规的民营企业是由非正规部门慢慢发展而来。就此而言，非正规经济具有直接的增长效应。

（2）非正规经济部门为正规经济部门提供中间产品或服务。根据结构关联主义学派的观点，非正规经济部门与正规经济部门相辅相成。一方面，非正规经济部门可以为正规经济部门提供中间产品。研究表明，为提高产品市场的竞争力，正规经济部门会把附加值较低的生产环节转移到非正规经济部门。非正规经济部门的生产灵活、经营成本低，正规经济部门与非正规经济部门合作必将使得正规经济部门受益，有利于正规经济的发展，从而促进经济增长。另一方面，非正规经济部门需要消费和销售正规经济部门的产品或服务。非正规经济本身特征决定其生产的产品或服务是有限的，而且具有很强的竞争性，当非正规经济生产过程中需要消耗其本身不生产的产品或服务时，唯有从正规经济部门“进口”。另外，现实生活中存在着大量非正规经济，它们作为正规经济部门的经销商或零售商，销售着正规经济部门的产品或服务，疏通了正规经济产品或服务的销售渠道，拓宽了正规经济产品或服务的市场范围。简而言之，非正规经济与正规经济前向关联和后向关联的双重渠道有助于充分释放两部门的产出潜力，进而促进经济增长。

（3）非正规经济部门通过提升消费需求促进经济增长。非正规经济部门提升消费需求，主要体现在两个方面。从生产角度来看，非正规经济特性决定其生产的产品质量较为低端、价格较为低廉，符合低收入居民的消费倾向。在发展中国家，尤其是贫困地区，低收入和贫困群体较为普遍，微薄的收入无法满足到高档正规大型超市消费的要求。按照恩格尔定律，他们更多地选择在小型超市、街头小贩购买生活必需品。一旦市场缺乏符合低收入群体消费档次的商品，他们也许会减少当期消费，将更多收入用于储蓄，不利于扩大消费和促进增长。非正规经济部门的存在恰好满足了这类群体的消费需求。就此而言，与低收入居民保持相当关系的非正规经济活动有助于促进经济平稳增长。

从消费角度来看，非正规经济就业人数的增加和收入水平的提高有助于促进消费和经济增长。发展中国家经验表明，非正规经济就业人员由失业下岗人员和低收入群体构成，随着非正规经济规模的扩张，它雇用的就业人数会增加，用于消费的收入也会增加。这意味着，经济总体中有消费能力的群体在扩张，居民的购买力水平在提高。这种双重扩张不仅可以提升人们对非正规经济产品或服务的需求，而且可以提升人们对正规经济产品或服务的需求。也就是说，非正规经济扩张会通过消费渠道促进经济增长。

二、非正规经济对就业的作用机制

（1）非正规经济对就业的直接作用机制。撇开非正规经济部门创造就业岗位的优劣不谈，非正规经济直接创造的就业岗位数在绝大多数发展中国家已经占据了非农就业的“半壁江山”。各国从不同层面对非正规就业规模进行一定的统计估算，但缺乏相对一致的统计口径。作为研究非正规经济的重要机构，国际劳工组织、WIEGO[①] 对发展中国家的非正规就业规模进行定期估算。最新数据显示，非正规就业人数占非农就业人数的比例在非洲为 85.8%、阿拉伯国家为 68.6%、亚洲及太平洋地区为 68.2%、美洲为 40%、欧洲和中亚为 25.1%（国际劳工组织，2018）。

尽管按照发展中国家定义的非正规就业不会对发达国家劳动力市场带来影响，但发达国家同样存在大量福利和社会保护较为有限的就业安排，比如自我核算就业、临时就业和兼职就业。由于发达国家与发展中国家的制度和法律存在较大差异，无法按照非正规就业的标准寻找统一口径下的发达国家“非正规就业”，一个不错的选择便是分别考察发达国家的三类非典型性就业。以兼职就业为例，虽然 2010 ~ 2021 年经合组织国家兼职就业人数占总就业人数的比重由 15.8% 下降至 15.1%，但仍有很多国家的比重相对较高。比如，新西兰、奥地利、挪威、丹麦、加拿大、意大利、比利时、墨西哥、冰岛、哥斯达黎加、智利和哥伦比亚为 15% ~ 20%，瑞士、澳大利亚、英国、爱尔兰、德国和日本为 20% ~ 35%，荷兰

① 全称为“Women in Informal Employment：Globalizing and Organizing”，即女性非正规就业：全球和组织。

更是高达36.6%①。

不同形成机理下的非正规经济在创造就业岗位的过程具有一定差异。二元分离主义学派认为非正规经济创造就业岗位以正规经济无法吸纳就业岗位为前提。正规经济萎缩时，非正规经济可以充当就业缓冲器，因而此类非正规就业其实是一种变相的失业，具有“逆周期”效应。结构关联主义学派认为非正规经济与正规经济之间具有直接经济关联。正规经济增长时，非正规经济也会增长，从而助推非正规就业扩张；正规经济萎缩时，非正规经济也会萎缩，不利于非正规就业增长。因此，非正规就业具有“顺周期”效应。对于新自由主义学派的非正规经济，在创造就业岗位方面无法勾勒出统一的发展规律，因为新自由主义学派的非正规就业是人们理性选择的结果。研究表明，他们的就业选择行为并非局限于收入因素，更多出于就业灵活性考虑，部分劳动力宁愿以低收入换取自由的工作，部分为了获得高收入而摆脱正规约束。就此而言，非正规经济创造的就业岗位具有异质性，存在“高层非正规就业”“低层非正规就业”之分。

（2）非正规经济对就业的间接作用机制。作为经济活动的重要组成部分，非正规经济活动并非独立存在，而是与正规经济之间存在密切关联。这种关联效应也间接地对正规经济的就业创造能力产生影响。

从生产环节来看，非正规经济生产过程中可能需要消耗正规经济部门的产品。非正规经济部门扩张时，其对正规经济部门的商品消耗会增加，正规经济部门在外部需求的刺激下会扩大生产，从而带动正规经济部门就业水平的提升。这一传导路径在结构关联主义学派非正规经济中表现得尤为突出。从消费环节来看，非正规经济部门扩张意味着非正规就业人数的增加，非正规就业人员消费结构保持不变的条件下，非正规就业人员对正规经济部门的商品消费会增加，从而促进正规经济部门就业人数的增加。从分配环节来看，非正规经济部门扩张意味着经济总体中非正规经济比重提升，而非正规经济部门与中低收入居民具有密切关系，当全社会中低收入居民的收入上升时，他们对各种商品的消费需求会增加，对正规经济的商品也不例外。如此一来，正规经济部门同样会因消费需求的刺激而扩大生产，从而促进正规经济部门就业人数的增加。另外，从非正规经济的生

① https：//stats. oecd. org/Index. aspx？ DataSetCode = FTPTC_I.

产特性和非正规就业人员的特征来看，非正规经济生产扩张不仅会间接促进就业总量提升，也会对就业结构产生影响。非正规部门规模较小，主要集中在劳动密集型的服务业，非正规经济扩张会提升服务业就业比重。而非正规就业人员消费的商品集中在低端零售品，非正规就业人员增加也会提高零售行业就业人数比重。按照产业关联理论，非正规经济会引起其他行业乃至经济总体就业水平的变化。

与直接就业效应类似，非正规经济的间接就业效应也因非正规经济的形成机理存在差异。一般而言，二元分离主义学派的非正规经济主要在消费环节间接带动正规就业，结构关联主义学派的非正规经济主要在生产环节带动正规就业，而新自由主义学派的非正规经济带动正规就业渠道具有异质性，会同时在生产和消费等多个环节发挥作用。

三、非正规经济对居民收入的作用机制

非正规经济对居民收入的影响途径是多重的。一方面，作为生产部门，非正规经济是居民工资性收入和经营净收入的来源之一，其生产扩张会直接提升居民的收入水平；另一方面，非正规经济与正规经济的生产关联、非正规经济城镇化和非正规经济产业结构调整都会间接影响居民收入。

（1）非正规经济对居民收入的直接作用机制。非正规经济不仅对农村居民家庭的生计策略发挥重要作用，也构成城镇居民收入的主要源泉。居民收入的直接来源分为工资性收入、经营净收入、财产性收入、转移性收入。从与生产活动的关系来看，工资性收入、经营性收入和财产收入与生产活动直接相关。其中，工资性收入仅涉及劳动要素，是对参与生产活动的劳动要素的货币支付；经营性收入往往同时涉及劳动要素和资本要素，是对参与生产经营活动的劳动要素及资本要素的货币支付；当然，财产性收入也与生产活动存在一定关联，是对参与生产活动的土地、房屋等生产要素的货币支付。比较而言，转移性收入与生产活动的关联则相对较弱，一般并不涉及生产要素。

非正规经济主要与工资性收入和经营净收入密切相关。一方面，非正规经济创造了众多工作岗位，使劳动力通过非正规就业形式获取工资性收

入；另一方面，由大量住户非法人企业构成的非正规部门也是劳动者的创业之源，这些住户非法人企业的经营者（也包括自我雇佣者）既是生产资料所有者，又是生产活动参与者，其获得的经营净收入既是对其提供劳动要素的货币支付，也是对其提供其他生产资料的报酬，具有劳动收入和资本收入的双重属性。

据此，非正规经济影响居民收入的直接途径分为两条：一是工资性收入途径，即劳动者通过非正规经济部门就业形式获得工资性收入，提高居民收入；二是混合收入途径，也称经营净收入途径，即劳动者通过自我雇佣或经营家庭企业的形式获得经营净收入，增加居民收入。区分两条途径的标准是对劳动者就业身份的判断：如果就业身份是非正规雇员，非正规经济对其收入水平的影响依赖工资性收入途径；如果就业身份是非正规雇主、非正规企业合伙人或自我雇佣就业者，非正规经济对其收入水平的影响取决于经营净收入途径。

（2）非正规经济对居民收入的间接作用机制。非正规经济对居民收入的间接机制可从三个角度阐述。第一，与正规经济部门关联视角，即非正规经济部门通过与正规经济部门的生产关联，影响两部门就业者的收入水平，我们称这种影响为“生产关联效应”。研究表明，作为一个生产部门，非正规经济部门的发展并非孤立，其与正规经济存在多种形式的生产关联。比如，当非正规经济部门为正规经济部门生产中间投入产品时，当非正规经济部门接受正规经济部门外包业务而完成正规经济部门要求的产品时，非正规经济部门与正规经济部门的生产关联就体现为典型的“后向生产关联效应”。非正规经济部门的发展不仅直接影响非正规经济部门内部就业者的收入水平，还将通过生产关联效应把这种效应传递至正规经济部门，从而影响正规就业者的收入水平。第二，内部城镇化视角，即非正规经济部门通过内部城镇化途径影响其部门就业者的收入水平，我们称之为“城镇化效应”。在非正规经济部门就业人数不断扩展的同时还体现出由农村向城镇转移的性质，本书将非正规经济部门就业人员向城镇不断聚集，城镇非正规部门规模不断扩大的过程称为“非正规经济城镇化过程”。无论对城镇居民还是农村居民，非正规经济部门城镇化既是城镇化的有力推手，又是提升居民收入水平的主要途径。第三，产业结构调整视角，即非正规经济通过内部产业结构的不断优化影响就业人员的收入水平，我们称之为“产业结构调整效应”。各国实践表明，产业结构的调整和升级是影响居民收入分配的重要因素。从生产要素构成来看，非正规经济部门产业结构升级往往表现为非正规经济部门单位从劳动密集型产业向资本技术密集型产业的转化，这必将改变社会对不同生产要素的需求，影响不同生产要素所有者的收入，从而改善居民收入分配状况。

第三章　非正规经济 SAM 表的基本框架

第一节　SAM 表的概念与框架

一、SAM 表的历史沿革与概念

（一）SAM 表的历史沿革

第二次世界大战以后，经济统计学界在国民经济核算领域的探索没有出现突破性进展，他们的研究焦点在于对第二次世界大战之前已经成型的国民收入核算和投入产出理论进行系统整合。《国民账户体系 1968》便是整合过程中的一个重大突破。作为国民收入核算领域的另一重要方向，收入分配问题在社会和人口统计体系发布后引发较多关注。在宏观经济背景下研究收入分配问题，往往因数据不足而受到极大限制。投入产出表的扩展和 SAM 表的构建对此类研究的重要性日益凸显。

早在《国民账户体系 1968》面世之前，理查德·斯通（Richard Stone）带领的研究团队为剑桥增长项目提供基础数据而编制的英国 SAM 表是世界上第一张 SAM 表，他还基于其他国家的宏观经济统计资料开展大量研究工作。斯通因在国民经济核算领域做出的重大贡献及在 SAM 领域的开创性工作，于 1984 年获得诺贝尔经济学奖，并被称为“伟大的 SAM 建筑师”。

编制 SAM 表的目的在于分析社会经济问题。20 世纪 70 年代，学界继承和发展了斯通的思想，开始将 SAM 表应用于贫困和收入分配问题的分析（Pyatt and Thorbecke，1976）。一时间，针对各国 SAM 表进行分析的研究成果迅速涌现，如斯里兰卡、博茨瓦纳、斯威士兰、朝鲜、越南、印度。这些研究旨在考察经济体中某一部门受到外生冲击后如何对其他部门产生影响，关注最多的是收入分配问题（Pyatt and Round，1979；Hayden and Round，1982；Defourny and Thorbecke，1984；Tarp、Roland-Holst and Rand，2003）。近年来，关于 SAM 表的研究逐渐在表式设计和应用领域方面得到拓展。学界通过扩展或细化 SAM 表探究资源、环境（Morilla and Diaz-Salazar，2007；Gallardo and Mardones，2013；Cristian and Claudio，2021），产业、行业发展（Nakamura，2004；Jones，2010；Akkemik，2012；Francesca et al.，2020），金融市场（Emini and Fofack，2003；Hernandez，2008；Herry et al.，2017），以及区域经济关联（Lewis and Thorbecke，1992；Seung，2014）等问题。

1985 年世界银行出版的《社会核算矩阵》一书，较为全面地总结了国际社会关于 SAM 表应用研究的系列成果，标志着 SAM 表的基本方法逐渐趋于成熟。该书是 1978 年剑桥会议收录的论文集，学界对于 SAM 表的基本方法达成了四点共识。第一，量化分析必然面临数据质量引起的资料不完整问题，而 SAM 表是组织数据、量化描述经济状况的重要研究工具。第二，需要更加注重 SAM 表中机构部门账户的划分，否则会降级为国民账户体系的一种简化表示。第三，对 SAM 表账户的分类至关重要。第四，尽管 SAM 表并非模型，但为模型构建奠定了基础。这些共识成为 SAM 表研究的基本规范（Pyatt and Round，1985）。

（二）SAM 表的概念

对于 SAM 的概念，学界存在不同解释。杰弗里·朗德（Jeffery I. Round，1981）对 SAM 表的定义为，SAM 是一个单式记账的核算体系，矩阵中的每一行和对应的列，代表一个宏观经济账户，行记录收入，列记录支出。泰勒等（Taylor et al.，1980）对 SAM 表的定义侧重于其内在机制，他们将 SAM 表看作社会经济核算恒等式的表式刻画，对一个均衡状态的经济体及其中的各部门而言，收入和支出必然相等，这恰好与 SAM“行列必相等”的内在平衡机制相呼应。格雷厄姆·皮亚特（Graham Pyatt，1985）指出，SAM 以单式记账方式将不同经济主体之间的交易活动呈现于方阵之中。

表3-1展示了SAM表的表现形式。t_{ij}为矩阵元素，其中i为账户行代码，j为账户列代码。每个元素具有双重含义：从行的角度看是i账户的收入，从列的角度看是j账户的支出。这种交叉记录以单式记账方式体现了复式记账原则。SAM表内在一致性确保了每个账户的收入和支出相等。根据瓦尔拉斯定律，如果有$n-1$个账户实现平衡，那么剩余1个账户自然实现平衡。

表3-1　SAM表的表现形式

账户代码	1	…	k	…	n	合计
1	t_{11}	…	t_{1k}	…	t_{1n}	$\sum_{j=1}^{n} t_{1j}$
…	…	…	…	…	…	…
k	t_{k1}	…	t_{kk}	…	t_{kn}	$\sum_{j=1}^{n} t_{kj}$
…	…	…	…	…	…	…
n	t_{n1}	…	t_{nk}	…	t_{nn}	$\sum_{j=1}^{n} t_{nj}$
合计	$\sum_{i=1}^{n} t_{i1}$	…	$\sum_{i=1}^{n} t_{ik}$	…	$\sum_{i=1}^{n} t_{in}$	

资料来源：Pyatt G，Round J I. Social accounting matrices：A basis for planning［M］. The World Bank，1985. Pyatt G. A SAM approach to modeling［J］. Journal of Policy Modeling，1988，10（3）：327－352. Emini C A. Designing the financial social accounting matrix underlying the integrated macroeconomic model for poverty analysis：The Cameroon country-case［R］. Third draft，University of Yaounde II，Cameroon，2002.

《国民账户体系1993》将SAM表定义为“用一个矩阵表述国民账户体系，该矩阵详细展示供给表、使用表和机构部门账户之间的关系，特别注重对住户部门的划分和劳动力市场的分类描述（区分各种类型就业人员），意味着SAM表通常关注人类在经济活动中的作用”。

特杰德·杰勒马、史蒂芬·科宁、皮特·麦卡丹和雷蒙德·明克（Tjeerd Jellema，Steven Keuning，Peter McAdam and Reimund Mink，2006）认为，SAM表是以矩阵形式对一系列账户和平衡表进行综合描述，用于说明供给表、使用表和各机构部门账户之间的详细关系。它通过将投入产出表、资金流量表、国际收支平衡表有机结合在一个囊括所有国民经济核算账户数据的框架内，形成一张综合反映国民经济运行状况的矩阵表。与 T 型账户不同，SAM 表把不同经济主体及其账户置于统一框架，并保持一定的独立性和整体性。以 SAM 表形式将一个国家或地区的社会经济数据整合在一起，就好比为一国或地区绘制了一幅静态图景，从而窥见其经济结构信息。

二、SAM 表蕴含的经济联系与基本框架

（一）SAM 表蕴含的内在经济联系

为进行社会经济方面的分析，发现其中的社会经济联系，就必须解决 SAM 表的账户设置问题。也就是说，需要将 SAM 表的行和列分别赋予一定经济含义的账户。一般而言，完整的 SAM 表需要包括实体经济账户和金融经济账户。实体经济账户用于描绘经济体的真实经济流量循环，包括部门和机构间的经济交易和相互转移。根据国民账户体系建议，实体经济账户应该包括活动账户、商品账户、要素账户、机构部门账户、投资 - 储蓄账户和国外账户。如果将这些账户按照表 3 - 1 的形式进行安排，其蕴含图 3 - 1 所描绘的经济联系。

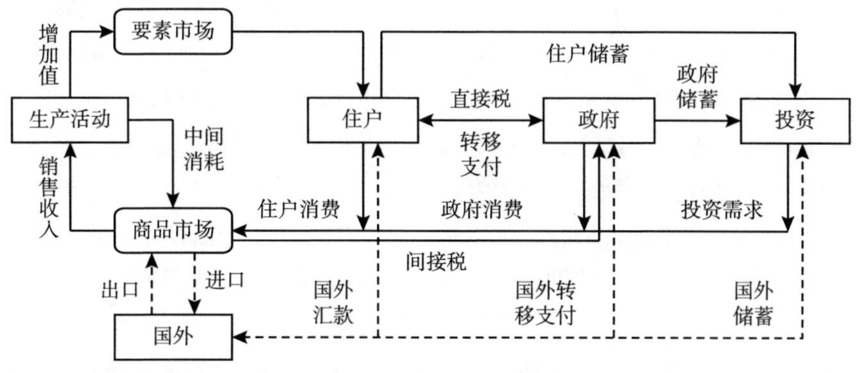

图 3 - 1　SAM 描绘的经济联系

注：图中每个箭头代表一种特定的经济联系，对应表 3 - 1 中的一个非空元素。实线表示国内机构部门间的经济流量，虚线表示国内机构部门与国外部门之间的经济流量。

图 3 -1 展示了经济体中生产、分配再分配、使用和积累的循环过程。在一个封闭的经济体中，生产部门通过在商品市场上购买中间投入品，在要素市场上雇用劳动力和资本要素进行生产。对中间投入品的需求称为中间投入，对生产要素的投入构成最初投入，中间投入和最初投入共同构成商品总投入或总产出。总产出按如下方式被消耗：住户部门购买，形成居民消费；政府部门购买，形成政府消费；用于固定资本形成或存货变化，形成总投资。居民购买商品的支出来源于其提供劳动而获得的劳动要素收入和政府的转移性支付。政府购买商品的支出主要来源于生产过程中的间接税，以及住户部门和企业部门缴纳的直接税。机构部门（住户部门、政府部门和企业部门）支出和收入不平衡情形下，就会形成部门间的借贷关系。当机构部门收入大于支出时，多余的收入形成储蓄，反之，机构部门要从金融市场借款来追加投资。在一个完全封闭的经济循环中，储蓄之和应该等于投资之和，体现为 SAM 表中储蓄 - 投资账户的平衡。

在一个开放的经济体中还要考虑国外部门。如图 3 - 1 下半部分所描绘的，国外部门通过以下渠道与国内机构部门发生经济关联：生产部门在生产商品过程中，需从国外购买商品作为中间投入，同时其生产的商品也有一部分出口到国外；国内住户在国外获得的劳动要素收入汇入国内，形成国外汇款；国外政府和国内政府间的相互转移，形成国外转移支付；国外收入和支出的差额形成国外储蓄。

然而，SAM 表描绘的经济关联远不止于此。对活动账户、商品账户、要素账户、机构部门账户、投资 - 储蓄账户和国外账户中任一个或多个进行符合经济意义的分解或合并，可以获取更多的经济关联信息。比如，将生产活动按行业、生产方式进行划分，可以得到不同行业或不同生产方式下的生产活动在经济循环过程中发挥的作用。将要素市场尤其是劳动力市场按照劳动力类型进行划分，可以进一步分析不同生产活动如何对不同类型的劳动力产生影响。特别是，SAM 表弥补了投入产出表没有考虑增加值和最终使用之间关系的不足，其最重要的功能在于研究收入分配问题。如果将住户部门按照地区、性别、收入进行划分，可详细考察生产活动成果在不同居民之间的分配状况，以及不同居民在经济增长过程中发挥的作用。《国民账户体系 2008》也指出，住户部门的分解可以显示收入形成和消费的关系，以及经济政策如何影响不同类型住户的收入和消费，对劳动力账户的分解可以考察就业、失业的水平和结构。

（二）SAM 表的基本框架

把活动账户、商品账户、要素账户、机构部门账户、投资 - 储蓄账户和国外账户等实体经济账户按照表 3 - 1 的方式排列，就可以得到一个简明宏观 SAM 表的基本框架，如表 3 - 2 所示。该框架就是对图 3 - 1 中各经济流量的矩阵式刻画。当然，SAM 表的框架可进行多方面的拓展，比如，考虑金融交易账户的拓展、考虑环境账户的拓展等。

表 3 - 2　　　　简明宏观 SAM 表的基本框架

账户名称		商品	活动	劳动	资本	居民	企业	政府	国外	投资	合计
		1	2	3	4	5	6	7	8	9	
商品	1		中间投入 HL（1，2）			居民消费 HL（1，5）		政府消费 HL（1，7）	出口 HL（1，8）	资本形成 HL（1，9）	总需求
活动	2	国内总产出 HL（2，1）									总产出
劳动	3		劳动者报酬 HL（3，2）						国外劳动需求 HL（3，8）		劳动需求
资本	4		资本报酬 HL（4，2）								资本需求
居民	5			劳动收益 HL（5，3）	居民资本收益 HL（5，4）		企业对居民转移支付 HL（5，6）	政府对居民转移 HL（5，7）	国外对居民转移 HL（5，8）		居民收入

续表

账户名称		商品	活动	劳动	资本	居民	企业	政府	国外	投资	合计
		1	2	3	4	5	6	7	8	9	
企业	6				企业资本收益 HL（6，4）	居民对企业转移支付 HL（6，5）		政府对企业转移 HL（6，7）	国外对企业转移 HL（6，8）		企业收入
政府	7	关税 HL（7，1）	生产税净额 HL（7，2）		政府资本收益 HL（7，4）	个人所得税 HL（7，5）	企业直接税 HL（7，6）		国外对政府转移 HL（7，8）		政府收入
国外	8	进口 HL（8，1）			国外资本收益 HL（8，4）			政府对国外转移 HL（8，7）			外汇支出
储蓄	9					居民储蓄 HL（9，5）	企业储蓄 HL（9，6）	政府储蓄 HL（9，7）	国外储蓄 HL（9，8）		总储蓄
合计		总供给	总投入	劳动供给	资本供给	居民支出	企业支出	政府支出	外汇收入	总投资	
误差											

注：表中 1 ~ 9 表示账户代码；HL( ) 表示 SAM 表各元素的位置，比如 HL(3，2) 表示账户 3 从账户 2 得到的收入或表示账户 2 向账户 3 的支出。

三、SAM 表的编制方法与平衡方法

（一）SAM 表的编制方法

（1）先综合后分解方法。先综合后分解方法，也称自上而下法。首

先，根据国民经济核算的汇总资料，比如资金流量表、投入产出表、国民经济核算账户数据等，编制出宏观 SAM 表；其次，根据研究目的，将需要特别处理的账户进行不同程度的分解或合并，形成细化 SAM 表。该方法更加强调数据一致性，国民经济核算资料较为完备时，可以采取先综合后分解方法。一些学者在编制美国 SAM 表时便采用先综合后分解方法（Reinert and Roland-Holst，1992；Hanson and Robinson，1991；Roland-Holst and Sancho，1992）。

（2）先分解后综合方法。先分解后综合方法，也称自下而上法。是指充分利用现有微观统计资料，对其进行分类汇总，直接编制出指定的 SAM 表。这种方法更加强调数据的准确性，汇总得到的资料可以和现有的宏观资料进行对比，从而修正现有的宏观经济统计数据。学界认为，国民经济核算资料在年末尚可使用，远远满足不了 SAM 表的编制需要。因此，从分解数据资料开始，不仅可以校正现有宏观统计资料，还可以将汇总得到资料和宏观数据间的差距反映到统计机构，促进国民经济核算基础数据的改进和完善（Keuning and De Ruijter，1988）。冈比亚 SAM 表的编制就采用先分解后综合方法（Jabara，Lendberg and Jallow，1992）。

（3）编制方法的选择与思考。先综合后分解方法可视为演绎推断法，而先分解后综合方法可视为归纳推断法。不能撇开实际问题而直接对这两种方法的优良性加以评判。我们认为，编制 SAM 表的过程中，究竟选择先综合后分解方法还是先分解后综合方法，需要根据国家、地区统计资料的完整性和可得性进行确定，没有一个放之四海而皆准的方法。对于核算资料比较完整的地区，采用先综合后分解方法可能比较有利；而对于核算资料较为缺乏的地区，应当在仔细收集各方面资料的基础上，汇总出需要的数据。某种程度上讲，SAM 表编制方法的选择需要兼顾“需要”与“可能”，需要处理好数据准确性和一致性之间的关系。

（二）SAM 表的平衡方法

（1）RAS 平衡方法。RAS 平衡方法，也称“双比例法”（biproportional method），由斯通及其助手于 20 世纪 60 年代提出，起初被应用于投入产出表直接消耗系数的修正，现在成为一种广泛采用的 SAM 平衡技术。

RAS 方法是在已知矩阵 A 行和与列和的情况下，对矩阵 A 左乘一个对

角矩阵 R，右乘一个对角矩阵 S，得到一个和矩阵 A 相同维度的矩阵 A^1。通过按比例的行列运算，把矩阵从最初的非平衡状态调整为最终的平衡状态。

设 T 是 SAM 表的交易矩阵，i 行 j 列的元素为 t_{ij}，表示 j 账户到 i 账户的支出，$t_{.j}$ 为 j 列的汇总值。根据复式记账原则，每个账户的收入和支出必须相等，即行和等于列和：

$$Y_i = \sum_j t_{ij} = \sum_i t_{ji} \tag{3-1}$$

其中，SAM 表的系数矩阵 A 产生于交易矩阵 T，用交易矩阵 T 的每一个元素除以其对应的列和，则系数矩阵 A 的元素 a_{ij} 为：

$$a_{ij} = \frac{t_{ij}}{t_{.j}} \tag{3-2}$$

经过以上标准化，求解对角矩阵 R 和对角矩阵 S 相当于对矩阵行与矩阵列的“双比例调整”，从初始矩阵 A 出发到目标矩阵 A^1，用代数形式可以表示为：

$$a_{ij}^1 = r_i a_{ij}^0 s_j \tag{3-3}$$

写成矩阵形式：

$$A^1 = \hat{R} A \hat{S} \tag{3-4}$$

其中，$\hat{R} = diag(r_1, r_2, r_3, \cdots, r_n)$ 和 $\hat{S} = diag(s_1, s_2, s_3, \cdots, s_n)$ 为对角矩阵。巴卡拉克（Bacharach，1970）给出了具体求解方式：

$$\min \sum_{i,j=1}^{n} a_{ij}^1 \log\left(\frac{a_{ij}^1}{a_{ij}}\right) \tag{3-5}$$

最终结果需通过迭代进行求解。接下来描述具体迭代步骤，推导过程中，上标0、1 到 t 表示迭代步骤，上标“ ~ ”表示给定行和与列和的汇总值。

第 1 步，

$$a_i^1 = \frac{\tilde{x}_{i.}}{\sum_j x_{ij}^0} \Rightarrow x_{ij}^1 = a_i^1 x_{ij}^0 \Rightarrow b_j^1 = \frac{\tilde{x}_{.j}}{\sum_i x_{ij}^1} \Rightarrow x_{ij}^2 = b_i^1 x_{ij}^1$$

第 2 步，

$$a_i^2 = \frac{\tilde{x}_{i.}}{\sum_j x_{ij}^2} \Rightarrow x_{ij}^3 = a_i^2 x_{ij}^2 \Rightarrow b_j^2 = \frac{\tilde{x}_{.j}}{\sum_i x_{ij}^3} \Rightarrow x_{ij}^4 = b_i^2 x_{ij}^3$$

…

第 t 步，

$$a_i^t = \frac{\tilde{x}_{i.}}{\sum_j x_{ij}^{2t-2}} \Rightarrow x_{ij}^{2t-1} = a_i^t x_{ij}^{2t-2} \Rightarrow b_j^t = \frac{\tilde{x}_{.j}}{\sum_i x_{ij}^{2t-1}} \Rightarrow x_{ij}^{2t} = b_i^t x_{ij}^{2t-1}$$

上述步骤能够收敛以保证有解的情况下，通过 RAS 方法就可以求解出最终的平衡矩阵。RAS 方法具有三个优点：一是易于求解，无须借助优化方法，仅需简单的迭代过程，利用 EXCEL 的 VBA 程序便可实现；二是保证目标矩阵和初始矩阵各元素的符号相同，如果初始矩阵某个元素为零，目标矩阵相同位置的元素也为零，不需要添加任何边界条件；三是利用 RAS 方法得到的 SAM 表确保了各账户要素投入密度顺序的一致性。当然 RAS 方法也存在缺点：一是假定元素系数的变动，受替代影响和制造影响；二是依据数学上的同比例平衡得到的数据可能缺乏经济意义；三是无法考虑其他已知相关信息，导致目标矩阵与事实相符性受到影响。

（2）CE 平衡方法。CE 平衡方法，即交叉熵方法，基于克劳德·艾尔伍德·香农（Claude Elwood Shannon，1948）信息理论提出，开始被杰恩斯（Jaynes E T，1957）应用于统计学领域的参数估计和统计推断问题，后来被泰尔（Theil，1967）引入经济学领域。直到 1998 年，谢尔曼·罗宾逊（Sherman Robinson）及其同事首次将 CE 方法应用于经济统计学领域的 SAM 表平衡。自此以后，很多 SAM 表的编制者纷纷采用该方法进行平衡或更新。

CE 平衡方法的思想是，将 Kullback-Leibler 交叉熵的测度值最小化，这一熵值刻画了新概率与初始估计概率之间的差距。也就是说，新的数据集 X^1 和原始数据集 X^0 相比会新增一些信息，CE 方法就是将额外的信息集最小化。

假定初始 SAM 系数矩阵元素为 t_{ij}^0，且矩阵各列的汇总值已知确定，其他信息保持不变条件下，新 SAM 系数矩阵的求解可以借助概率的表达形式：

$$\min H = \sum_i \sum_j t_{ij}^1 \ln\left(\frac{t_{ij}^1}{t_{ij}^0}\right) = \sum_i \sum_j t_{ij}^1 \ln t_{ij}^1 - \sum_i \sum_j t_{ij}^1 \ln t_{ij}^0$$

$$\text{s.t.} \sum_j t_{ij}^1 X_j = X_i, \sum_i t_{ij}^1 = 1 \qquad (3-6)$$

其中，t_{ij}^1为新矩阵的元素，X_i、X_j 分别表示目标矩阵的行和、列和。求解上述问题可借助拉格朗日函数：

$$t_{ij}^{1} = \frac{t_{ij}^{0}\exp(\lambda_i X_j)}{\sum_{ij} t_{ij}^{0}\exp(\lambda_i X_j)} \tag{3-7}$$

其中，λ_i 为拉格朗日乘数，它包含行和与列和有关的重要信息，分母相当于一个标准化因子，把相对概率转化为绝对概率。

（3）其他平衡方法。事实上，SAM 表平衡方法远不止于此。手动平衡方法、OLS 方法、LP－L_1 方法、LP－L_∞ 方法和 Stone-Byron 方法也在研究文献中得到实际应用。比如 OLS 方法基本思想是，寻找一个目标矩阵，使得目标矩阵的系数和原始矩阵的系数变化百分比最小。

假设原始矩阵和目标矩阵 i 行 j 列的系数分别为 t_{ij} 和 t_{ij}^*，OLS 方法求解的问题是：

$$\min \sum_{i,j=1}^{n}\left(\frac{t_{ij} - t_{ij}^*}{t_{ij}^*}\right)^2$$

$$\text{s. t.} \quad \sum_{i=1}^{n} t_{ij}^* = \sum_{j=1}^{n} t_{ij}^* \tag{3-8}$$

不难发现，OLS 方法假定 t_{ij} 和 t_{ij}^* 之间具有线性关系。

再比如 LP－L_1 方法，假设 d_{ij}^- 为 t_{ij} 和 t_{ij}^* 负差（negative difference），d_{ij}^+ 为 t_{ij} 和 t_{ij}^* 正差（positive difference），即 $d_{ij}^+ = \max[(t_{ij} - t_{ij}^*), 0]$，$d_{ij}^- = \max[-(t_{ij} - t_{ij}^*), 0]$。LP－$L_1$ 方法求解的问题是：

$$\min \sum_{i,j=1}^{n}[(d_{ij}^+ + d_{ij}^-)/t_{ij}]$$

$$\text{s. t.} \quad \sum_{j=1}^{n} t_{ij}^* = \sum_{i=1}^{n} t_{ij}^*,\ d_{ij}^+ - d_{ij}^- = t_{ij} - t_{ij}^* \tag{3-9}$$

（4）平衡方法的选择与思考。通过对 RAS 平衡方法和 CE 平衡方法的推导，发现在已知矩阵行和与列和信息的情况下，两种方法得到的目标矩阵极为相近。研究表明，将列系数交叉熵的加权和最大化，同 RAS 方法本质也是等价的，权重就是行或列的汇总值（McDougal，1999）。某种程度上讲，RAS 方法可视为 CE 方法的特例，只不过对行系数和列系数做了对称处理。比较而言，CE 方法不仅可以固定矩阵行和与列和，也可以固定原始矩阵任何元素，而且计算过程较为简洁，这对于确保重要数据的经济意义尤为重要。

那么，对于一个特定 SAM 表，存在最好的平衡方法吗？尽管罗宾逊、卡特尔和萨伊德（Robinson，Cattaneo and El-Said，2001）借助蒙特卡洛模拟方法对不同平衡方法的优良性进行了系统比较。但任何比较都建立在既定标准之上，而标准的选择却难以摆脱“选择性偏见”。比如，有研究者以残差平方和作为评价标准，得到 $RSS_{ols} < RSS_{lp-l\infty} < RSS_{ce} < RSS_{lp-l1} < RSS_{ras}$ 的结论。经验研究表明，在矩阵调整幅度不大的情况下，诸方法间的差异并不明显。实际上，编制 SAM 表往往需要多种方法相结合。比如，由于投入产出表的发布和出版往往滞后若干年，当 SAM 表的编制年份没有相应的投入产出表时，RAS 方法可以作为一种有效的更新方法。本书认为，任何矩阵平衡或更新技术在实际问题面前只能充当辅助性角色，绝不能完全取代对现有数据资料的详细搜集和整理工作。矩阵平衡过程中，如果过分强调“数字”的机械平衡，忽视“数据”的真正含义，往往会本末倒置，从而导致分析结论也不准确。SAM 表的平衡既是一种技术，也是一种艺术，平衡过程中对数据的感性判断比理性计算更重要，要尽量避免更多“精确的错误”。

第二节　编制非正规经济 SAM 表的必要性

一、识别非正规经济的复杂运行机理亟须系统性方法

作为宏观经济的组成部分，非正规经济创造的增加值已经占据部分国家 GDP 或地区生产总值的“半壁江山”，成为经济增长的重要源泉。非正规经济活动集中在制造业、批发零售业、住宿餐饮业等劳动密集型行业，决定着劳动密集型行业的发展。非正规经济与正规经济之间存在复杂的经济关联，会通过多种渠道间接作用于宏观经济的发展。不同行业的非正规经济活动会通过前向关联或后向关联，为正规经济提供必要的中间产品来源以及最终产品或服务的销售，非正规经济的发展会直接影响正规经济的发展，进一步影响宏观经济的稳定与协调。非正规经济的生产需雇用大量的非正规劳动力，同时，正规经济无法吸纳的经济活动人口由失业状态转换为非正规就业状态，在一定程度上缓解了就业压力、降低了失业率。如此一来，劳动要素收入和居民可支配收入就会提高，贫困率下降、居民收

入分配差距得到缓解。而且，非正规居民（指收入主要来源于非正规就业的居民）对正规经济部门与非正规经济部门的产品或服务的消费，会提升消费需求，一定程度上能促进经济增长、改善需求结构。SAM表作为一种系统性分析框架，能够满足在统一框架下探究非正规经济宏观效应的要求。

二、编制非正规经济SAM表是《国民账户体系2008》应有之义

面临非正规经济的不断扩张，《国民账户体系2008》确立了非正规经济在国民经济中的地位。《国民账户体系2008》明确指出，只要按照惯例确保SAM表各流量使用和来源之间的平衡，对现有流量或新流量进行细化分解，便可实现SAM表的扩展，无须严格按照标准SAM表的账户顺序和分类进行扩展。这些论述可以为设计非正规经济SAM表提供理论支撑。虽然关于如何将非正规经济纳入国民账户体系，《国民账户体系2008》未给出详细框架与编制思路，但其建议在编制一个国家或地区SAM表时最好编制两张补充表：一张涵盖非正规经济生产以及收入形成，另一张涵盖非正规就业。《国民账户体系2008》指出，各国应该努力为非正规经济提供生产、中间消耗、增加值、雇员报酬、总混合收入、固定资本消耗及净混合收入等信息。关于如何划分经济总体中的非正规经济与正规经济，《国民账户体系2008》建议根据活动类型分解各行业的非正规经济活动。这为编制非正规经济SAM表提供了技术指导。受非正规经济收入、消费和资本形成数据的限制，虽然《国民账户体系2008》未明确要求各国编制非正规经济SAM表，但相关论述蕴含将非正规经济纳入国民账户体系之义。作为对《国民账户体系2008》的回应，本书将设计非正规经济SAM表的基本框架，为非正规经济问题研究提供新的思路。

三、基于SAM表探究非正规经济问题的思想早已有之

早在20世纪80年代有关SAM表应用的文献中，已有学者提出采用SAM表探究非正规经济问题的思想。他们认为，许多国家会采用多种生产方式供给相同的产品或服务，其中最典型的例证就是正规生产方式与非正

规生产方式。借助 SAM 表探究非正规经济问题，对于评估非正规经济的就业效应和收入效应至关重要，对于考察非正规经济与其他经济部门之间的经济联系、反映非正规经济与正规经济之间的收支关系、探索政府政策如何作用于非正规经济活动都十分必要。虽然非正规经济的重要性因地而异，但在市场化生产和货币经济活动不断增加的国家更易凸显。唯有将非正规经济与正规经济置于统一的分析框架，才能正确评估非正规经济在宏观经济运行中的地位，而较为可行的办法就是建立包含非正规经济的 SAM 表或社会人口矩阵。另外，哈特在 1973 年提出“非正规经济”概念之时就曾指出，可以采用类似于投入产出表的矩阵框架来研究非正规经济问题。因此，基于 SAM 表的相关理论来设计非正规经济 SAM 表，有利于拓展和深化非正规经济问题研究。

第三节　非正规经济 SAM 表的编制实践

非正规就业占总就业的比重在东南亚国家占 30% ~50%，非洲国家接近 50%，南亚国家高于 50%，拉美和加勒比国家更是高达 55%（Mandal and Chaudhuri，2011）。因此，关于非正规经济 SAM 表的编制与应用研究也主要集中于这些国家。

（1）拉美和加勒比国家的编制实践。为考察非正规经济发展与经济增长之间关系，布鲁斯·凯利（Bruce Kelley，1994）编制了秘鲁 1985 年非正规经济 SAM 表，并构建可计算一般均衡（Computable General Equilibrium，CGE）模型进行模拟，发现非正规经济破坏了微观主体的决策行为，不能视为促进经济增长和提高居民福利的关键部门。丹尼尔·蒂勒和莱纳·帕索洛（Daniel Thiele and Rainer Piazolo，2003）编制了玻利维亚 1997 年非正规经济 SAM 表，分析各行业发展对要素收入分配和居民收入分配的影响。比尔·吉普森（Bill Gibson，2005）编制了巴拉圭 1988 年非正规经济 SAM 表，通过建立 CGE 模型研究贸易自由化对经济增长和收入分配的影响。亨利克·莫罗内（Henrique Morrone，2015）通过合并供给表、使用表和资金流量表，构建宏观 SAM 表，在此基础上，利用“增加值份额”编制了巴西 2006 年非正规经济 SAM 表，并利用 SAM 账户乘数分析方法研究非正规部门与正规部门之间的经济技术关联。详见表3-3。

表3-3　　拉美和加勒比国家的典型研究

研究者	编制对象及数据年份	拆分方法	非正规经济 SAM 表的主要账户结构
布鲁斯·凯利（1994）	秘鲁 1985	增加值份额	活动：18 个行业，其中 6 个行业（轻工业、纺织业、建筑业、交通运输业、商业以及其他服务业）区分了正规部门和非正规部门 要素：工资、非正规收入、利润 机构：正规工人、非正规生产者、资本家
丹尼尔·蒂勒和莱纳·帕索洛（2003）	玻利维亚 1997	增加值份额	活动：35 个行业汇总为 13 个行业，其中 4 个农业合并为正规农业和非正规农业，9 个服务业合并为正规服务业和非正规服务业 要素：熟练劳动力、非熟练劳动力、法人资本、分配利润、混合收入 机构：小农、农业工人、雇员、非农工人、城镇非正规工人、雇主，私营企业、公有企业、政府
比尔·吉普森（2005）	巴拉圭 1988	—	活动：农业（正规/非正规）、工业（正规/非正规）、商业（正规/非正规）、服务业（正规/非正规）、公共事业、建筑业、运输业、金融业 要素：劳动（熟练工/非熟练工）、资本（正规资本/非正规资本） 机构：农村、城镇、政府（直接税/间接税/政府利润）、国外
亨利克·莫罗内（2015）	巴西 2006	增加值份额	活动：13 个行业（农业、采掘业、能源业、制造业、建筑业、零售业、交通运输业、信息服务业、金融保险业、房地产业、其他服务业、电力业及公共管理业）都区分了正规部门和非正规部门 要素：正规劳动、正规资本、非正规劳动 机构：正规居民、非正规居民、企业、政府、国外

注：作者根据相关文献整理而得。

（2）亚洲国家的编制实践。阿奴希·辛哈、库尔拉姆·西迪基和桑吉塔（Anushree Sinha，Khurram Siddiqui and N. Sangeeta，2000）编制了印度

1993 年非正规经济 SAM 表，并采用 SAM 账户乘数分析方法研究不同行业非正规部门扩张对居民收入水平的影响。研究发现，多数劳动力从事不同类型的非正规就业，多数行业非正规就业人数都高于正规就业人数，并且农业、食品制造业、纺织业、木业、皮革业及建筑业具有较高的收入乘数效应。科迪娜·拉达和冯·阿尔尼姆（Codrina Rada and von Arnim，2014）构建了印度 2003 年非正规经济 SAM 表作为校准三部门一般均衡模型的基础数据，研究了印度结构转型及其在世界经济中的作用。杜丹·萨拉吉奥卢（Dürdane Şirin Saracğlu，2008）通过编制土耳其 2000 年非正规经济 SAM 表对其建立的动态一般均衡（dynamic general equilibrium，DGE）模型进行校准，研究非正规部门、正规部门与农业经济之间的关系，并分析资本积累过程中非正规部门的作用。科迪娜·拉达（Codrina Rada，2010）分别利用工资份额和要素收入份额作为拆分权重，编制了中国 2000 年非正规经济 SAM 表与印度 1998 年非正规经济 SAM 表，对两个国家的非正规劳动生产率以及非正规部门与正规部门之间的关联程度进行了比较分析。刘波、徐蔼婷和李金昌（2014）提出了中国非正规经济 SAM 表的基本架构，基于 2017 年投入产出表和相关统计资料编制了 15 行业细化 SAM 表，最后以工资份额为权重构建了中国非正规经济 SAM 表。刘波和李金昌（2017）基于 1992 年、1997 年、2002 年、2007 年、2012 年非正规经济 SAM 表，分析了非正规经济对城镇居民收入的影响效应与传导路径。详见表 3－4。

表 3－4　　亚洲国家的典型研究

研究者	编制对象及数据年份	拆分方法	非正规经济 SAM 表的主要账户结构
科迪娜·拉达和冯·阿尔尼姆（2014）	印度 2003	—	活动：农业部门、正规部门、非正规部门 要素：农业工资、正规工资、非正规工资、利润 机构：正规居民、农业居民、非正规居民、资本家、政府

续表

研究者	编制对象及数据年份	拆分方法	非正规经济 SAM 表的主要账户结构
科迪娜·拉达（2010）	印度 1998	要素收入份额 & 产出份额	活动：所有行业（第一产业、第二产业、交通运输业及其他服务业）都区分了正规部门和非正规部门 要素：正规劳动、非正规劳动和资本、正规资本 机构：正规居民、非正规居民、正规企业、政府、国外
阿奴希·辛哈、库尔拉姆·西迪基和桑吉塔（2010）	印度 1993	产出份额	活动：115 个行业汇总为 24 个行业，每个行业都区分了正规部门和非正规部门 要素：正规劳动、非正规劳动、正规资本、非正规资本 机构：正规居民、非正规居民
杜丹·萨拉吉奥卢（2008）	土耳其 2000	—	活动：农业部门、正规部门和非正规部门 要素：土地、劳动、资本 机构：代表性住户
科迪娜·拉达（2010）	中国 2000	工资份额	活动：5 个行业（制造业、电力燃气水的生产和供应业、政府服务业、金融保险业及房地产业）不含非正规部门，而农业、建筑业、采矿业及其他服务业区分了正规部门和非正规部门 要素：正规劳动、非正规劳动资本、正规资本 机构：正规居民、非正规居民、正规企业、政府、国外
刘波和李金昌（2017）	中国 1992，1997，2002，2017，2012	工资份额、资本份额	活动：农业经济部门、正规经济部门、非正规经济部门 要素：正规劳动、非正规劳动、资本 机构：居民（10 组）、企业、政府、国外

注：作者根据相关文献整理而得。

（3）非洲国家的编制实践。基于农业部门产出和非正规部门产出具有恩格尔效应的假设前提，罗伯·戴维斯和詹姆斯·瑟罗（Rob Davies and James Thurlow，2010）基于南非 2002 年非正规经济 SAM 表，通过建立 CGE 模型分析不同类型非正规经济与正规经济之间的联系，模拟了三种政策对非正规产出与非正规就业的作用。此外，比尔·吉普森和丹尼尔·弗莱厄蒂（Bill Gibson and Diane Flaherty，2020）构建一个假设的非正规经济 SAM 表，基于 CGE 模型研究，发现非正规经济创造了 GDP，刺激了正规部门产出和就业，从而提高了经济福利。详见表 3 –5。

表 3 –5　　非洲国家的典型研究

研究者	编制对象及数据年份	拆分方法	非正规经济 SAM 表的主要账户结构
罗伯·戴维斯和詹姆斯·瑟罗（2010）	南非 2002	劳动收入份额	活动：农业、制造业、建筑业、服务业，区分了正规部门和非正规部门 要素：正规工人、非正规工人、非正规交易者、非正规生产者 机构：正规住户、非正规住户
比尔·吉普森和丹尼尔·弗莱厄蒂（2020）	假设	—	活动：正规部门、非正规部门 机构：正规住户、非正规住户

注：作者根据相关文献整理而得。

第四节 非正规经济 SAM 表的框架设计

一、非正规经济与正规经济之间的关联框架

罗伯·戴维斯和詹姆斯·瑟罗（2010）从理论上给出了非正规经济与正规经济之间的作用机制，如图 3 –2 所示。本部分采用该框架对非正规经济与正规经济之间的多重关系进行系统阐释。

假设经济总体由非正规经济与正规经济两大经济系统构成，各系统内都存在商品的生产和消费。正规经济系统自由地生产多种商品，一部分用于国内需求，另一部分用于出口到国外。正规厂商和正规住户向政府缴纳各种税收，通过正规金融机构进行投资和储蓄。非正规经济系统中生产的商品较为有限，且不与世界其他地区直接产生联系。当非正规经济系统内的商品满足不了非正规厂商和非正规住户的需求时，需要从正规经济系统中购买或“进口”。这意味着，非正规经济系统中非正规住户的支出大于收入，导致非正规经济系统的供给和需求不平衡。从图 3 –2 中可识别出非正规经济和正规经济两大系统之间的 4 条作用路径。

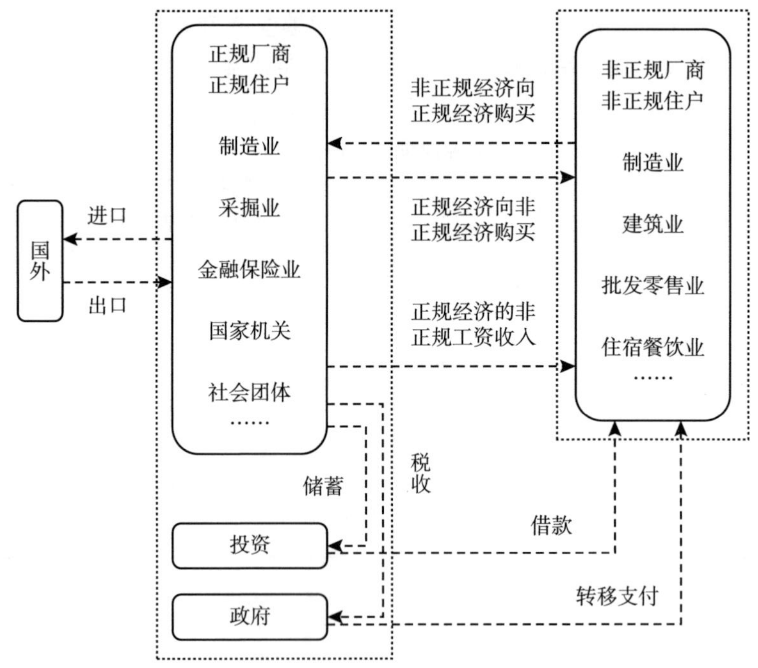

图 3-2　非正规经济与正规经济之间的作用路径

资料来源：Davies R，Thurlow J. Formal-informal economy linkages and unemployment in South Africa [J]. South African Journal of Economics，2010，78（4）：437-459.

第 1 条路径反映非正规经济与正规经济在商品市场上的关联。主要体现为正规经济系统的正规厂商和正规住户向非正规经济系统的非正规厂商和非正规住户“进口”或“出口”商品。生产过程中，当正规厂商对非正规厂商的商品产生中间需求时，非正规经济系统就会从正规经济系统得到相应收入。反之，当非正规住户对正规厂商的商品产生消费需求时，正规经济系统会从非正规经济系统获得相应收入。

第 2 条路径反映非正规经济与正规经济在劳动力市场上的关联。体现为正规厂商雇用非正规劳动力。随着经济全球化的发展，为降低生产成本、提高产品竞争力，许多企业的生产方式逐渐发生变化。他们不再倾向于雇用正规劳动力，转而采用灵活的生产方式，或雇用非正规劳动力，或把附加值低的生产环节转移到非正规部门。如此一来，正规经济系统便向非正规经济系统支付一部分资金作为非正规劳动者报酬，非正规经济系统与正规经济系统便通过劳动力市场发生关联。

第 3 条路径反映非正规经济与正规经济在资本市场上的关联。由于非正规经济系统中生产的产品或服务有限，当非正规厂商或非正规住户需要消费非正规经济系统本身不生产的产品或服务时，非正规经济系统会产生一部分“漏出”，导致系统内部收支不平衡。当非正规经济系统的收入无法满足支出时，非正规经济系统便会通过金融机构借入资金。当然，如果非正规厂商或非正规住户的收入大于支出，非正规经济系统会有一部分资金流入正规经济系统的金融机构。以上就是资本市场上非正规经济与正规经济之间的作用机制。

第 4 条路径反映政府对非正规厂商或非正规住户的转移支付，该项资金的净收入方为非正规经济系统。尽管非正规厂商或非正规住户可能无须向政府缴纳各种税收，但是非正规厂商或非正规住户因从正规经济系统购买各种商品而支付的间接税却无法被扣除。

图 3 -2 蕴含了 4 种类型的非正规经济活动。第 1 种是生产和销售正规厂商的产品并在商品市场上与正规厂商形成竞争的非正规厂商；第 2 种是生产和销售正规厂商没有生产的产品的非正规厂商；第 3 种是从正规厂商购买产品用于销售的非正规厂商；第 4 种是受雇于正规厂商的非正规就业者。

二、非正规经济 SAM 表的账户设置

通过对非正规经济与正规经济之间关联机制的理论阐释，本书认为“经济的非正规方面”包含非正规活动、非正规商品、非正规劳动、非正规资本、非正规企业和非正规住户。如果非正规经济 SAM 表中设置金融账户的话，“经济的非正规方面”还应涵盖非正规金融。理论上讲，一个完整非正规经济 SAM 表在活动账户、商品账户、要素账户和机构部门账户均应做出区分或分解。而且《国民账户体系 2008》也明确指出，如果一个国家或地区国民经济核算资料允许的话，上述账户最好都能够设置。接下来依次对非正规经济 SAM 表的账户设置进行详细说明。

（一）非正规活动账户

与常规的 SAM 表不同，非正规经济 SAM 表需要区分活动账户中的非

正规活动。非正规活动是非正规单位和人员从事的生产活动，其典型特征是经营单位规模较小、资本－劳动比普遍较低、技能含量不高、处于政府管理范围之外等，非正规劳动者的工作环境、工作场所、社会保障等与正规劳动者也相去甚远。

非正规活动账户主要核算国内非正规厂商的总投入和总产出。从收入角度来看，非正规活动账户记录国内非正规厂商的总产出。从支出角度来看，非正规活动账户记录国内非正规厂商在生产过程中的总投入，包括中间投入、劳动投入、资本投入，以及向政府缴纳的生产税净额。具体来看，中间投入是非正规厂商在生产过程中对正规商品和非正规商品的消耗。对于劳动要素和资本要素投入，非正规厂商仅使用非正规劳动和非正规资本，这与非正规厂商的特性（非正规厂商在生产过程中很少使用资本或资本－劳动无法分离）是分不开的。从另一个角度来讲，也可以将非正规生产过程中的劳动收入和资本收入视为混合收入。对于生产税净额，部分非正规生产处于政府管理体制之中，可能需要缴纳一定的生产税。

（二）非正规商品账户

与活动账户一样，商品账户也要区分为正规商品账户和非正规商品账户。非正规商品指非正规厂商生产的产品或服务。在许多发展中国家特别是城镇地区，非正规经济部门提供了形式各样的产品或服务，价格相对低廉且接近居民生活区，满足了他们的低端需求，降低了他们的生活成本，为居民生活带来极大便利。另一方面，为降低经营成本、提升利润空间，非正规厂商生产的产品或服务也构成非正规厂商和正规厂商生产过程中必不可少的中间投入品。

非正规商品账户核算国内非正规厂商的总供给和总需求。从收入角度来看，非正规商品账户核算的总需求包括正规厂商和非正规厂商在生产过程中对非正规商品的需求，以及正规住户和非正规住户对非正规商品的需求。从支出角度来看，非正规商品账户核算的总供给是指非正规经济的生产和进口。

（三）非正规要素账户

根据 SAM 表中要素账户的分类，非正规要素账户可分为非正规劳动要素账户和非正规资本要素账户两类。

对于非正规劳动要素账户，学界已经达成共识。在构建非正规经济SAM表时，设置非正规劳动要素账户必不可少，这与非正规经济的最初表现形式（非正规就业）有较大联系。设置非正规劳动要素账户既有助于探究非正规就业扩张对经济发展的作用，又有助于探究经济发展为非正规劳动力带来的福利或损失。根据国际劳工组织和国民账户体系对非正规就业的概念界定，非正规劳动力可能是非正规厂商雇用的非正规就业者，也可能是正规厂商雇用的非正规就业者。从收入角度来看，非正规劳动力一方面从非正规厂商获得劳动要素收入，另一方面从正规厂商获得劳动要素收入。从支出角度来看，非正规劳动要素收入最终会转入非正规住户。

对于非正规资本要素账户，尽管缺乏确切定义，但它主要存在于非正规厂商的生产过程。由于非正规厂商不受政府保护、存在较高的不确定性，很难在正规市场上融资，或者要承担高额的融资成本。从非正规部门角度来看，非正规资本要素和非正规劳动要素很难分离，非正规资本收入会在非正规厂商和非正规住户之间进行分配。

（四）非正规机构部门账户

非正规机构部门包括非正规住户和非正规企业。判断一个住户是否属于非正规住户的主要依据是住户收入来源。如果一个住户的主要收入来源为雇员收入、财产性收入和转移性收入，那么该住户为正规住户；若一个住户的主要收入来源为非正规雇主收入和自我经营收入，则该住户为非正规住户。设置非正规住户账户有助于分析非正规住户收支流动对宏观经济的影响。

非正规住户账户核算非正规住户的收入和支出。从收入角度来看，非正规住户账户核算非正规住户获得的非正规劳动收入、非正规资本收入和政府对非正规住户的转移支付。从支出角度来看，非正规住户账户核算非正规住户的商品消费支出和储蓄，其中，商品消费支出包括正规商品和非正规商品的消费支出。

非正规企业又称非正规厂商、非正规部门或非正规单位。与一般的企业账户类似，非正规企业账户核算非正规企业的收入和支出。从收入角度来看，非正规企业收入是指对要素分配后的收入，这里特指非正规企业获得的非正规资本收入。从支出角度来看，非正规企业支出指非正规企业直接税和非正规企业储蓄。

三、非正规经济 SAM 表的框架结构

基于对上述账户设置的说明，非正规经济 SAM 表的基本框架如表 3－6 所示。

表 3－6　　非正规经济 SAM 表的基本结构

账户名称		活动账户		商品账户		要素账户				机构账户						投资	合计
						劳动		资本		住户		企业		政府	国外		
		非正规	正规	非正规	正规	非正规	正规	非正规	正规	非正规	正规	非正规	正规				
		1	2	3	4	5	6	7	8	9	10	11	12	13	14	15	16
非正规活动	1			非正规产出													非正规产出
正规活动	2				正规产出												正规产出
非正规商品	3	中间投入	中间投入							非正规住户消费	正规住户消费			政府消费	出口	资本积累	非正规商品需求
正规商品	4	中间投入	中间投入							非正规住户消费	正规住户消费			政府消费	出口	资本积累	正规商品需求

续表

账户名称		活动账户		商品账户		要素账户				机构账户						投资	合计
						劳动		资本		住户		企业		政府	国外		
		非正规	正规	非正规	正规	非正规	正规	非正规	正规	非正规	正规	非正规	正规				
		1	2	3	4	5	6	7	8	9	10	11	12	13	14	15	16
非正规劳动	5	非正规劳动报酬	非正规劳动报酬														非正规劳动收入
正规劳动	6		正规劳动报酬														正规劳动收入
非正规资本	7	非正规资本报酬															非正规资本收入
正规资本	8		正规资本报酬														正规资本收入
非正规住户	9					非正规劳动收入		非正规资本收入						政府转移支付			非正规住户总收入
正规住户	10						正规劳动收入		正规资本收入				正规企业分红利息	政府转移支付	国外收益		正规住户总收入

续表

账户名称		活动账户		商品账户		要素账户				机构账户						投资	合计
						劳动		资本		住户		企业		政府	国外		
		非正规	正规	非正规	正规	非正规	正规	非正规	正规	非正规	正规	非正规	正规				
		1	2	3	4	5	6	7	8	9	10	11	12	13	14	15	16
非正规企业	11							非正规资本收入									非正规企业总收入
正规企业	12								正规资本收入								正规企业总收入
政府	13	生产税净额	生产税净额	进口税	进口税						个人所得税	非正规企业直接税	正规企业直接税				政府总收入
国外	14			进口	进口				国外资本的投资收益					国外支付			外汇支出
储蓄	15									非正规住户储蓄	正规住户储蓄	非正规企业储蓄	正规企业储蓄	政府储蓄	国外储蓄	积累	总储蓄

续表

账户名称		活动账户		商品账户		要素账户				机构账户						投资	合计
						劳动		资本		住户		企业		政府	国外		
		非正规	正规	非正规	正规	非正规	正规	非正规	正规	非正规	正规	非正规	正规				
		1	2	3	4	5	6	7	8	9	10	11	12	13	14	15	16
合计	16	非正规投入	正规投入	非正规供给	正规供给	非正规劳动要素支出	正规劳动要素支出	非正规资本要素支出	正规资本要素支出	非正规住户总支出	正规住户总支出	非正规企业总支出	正规企业总支出	政府总支出	外汇收入	总投资	

第四章　中国非正规经济 SAM 表的编制方法

第一节　中国资金流量表与投入产出表的调整方法

一、资金流量表的调整方法

资金流量表主要用于展示经济总体和机构部门的收入分配、储蓄、投资等信息。中国资金流量核算将所有常住单位构成的全体称为经济总体，并把经济总体划分为非金融企业部门、金融机构部门、政府部门和住户部门，把与常住单位发生经济往来的非常住单位视为国外部门。20 世纪 80 年代后期，国家统计局、中国人民银行和国家计划委员会开始研究资金流量核算，设计资金流量表的基本表式。1992 年 3 月，国家统计局、中国人民银行、财政部、国家计划委员会联合印发了《关于编制资金流量表的通知》，资金流量核算工作逐步展开。20 世纪 90 年代，国家统计局在总结实践经验和深入研究《国民账户体系 1993》的基础上，系统修订了资金流量表的指标设置和编表方法，形成了比较规范的表式及编制方法。如今我国已经成功编制了 1992 ~ 2019 年的资金流量表。我国资金流量表分为两大部分，上半部分为非金融交易部分，由国家统计局国民经济核算司编制；下半部分为金融交易部分，由中国人民银行调查统计司编制。其中，资金流量表（非金融交易）由非金融企业、金融机构、政府部门、住户部门和国外部门 5 个部门 14 个交易项目构成，每个交易项目包含运用和来源两栏，其基本结构如表 4－1 所示。

表 4－1 资金流量表（非金融交易）的基本结构

交易项目	非金融企业		金融机构		政府部门		住户部门		国内合计		国外部门		合计	
	运用	来源	运用	来源	运用	来源	运用	来源	运用	来源	运用	来源	运用	来源
净出口														
增加值														
劳动者报酬														
生产税净额														
财产收入														
初次分配总收入														
经常转移														
可支配总收入														
最终消费支出														
总储蓄														
资本转移														
资本形成总额														
其他非金融资产获得减处置														
净金融投资														

注：2018 年开始资金流量表（非金融交易）交易项目由 14 个增加到 16 个，即在可支配总收入之后增加了实物社会转移和调整后可支配总收入两个交易项目，并将最终消费支出项目调整为实际最终消费。

资金流量核算上接生产活动，下连资产负债存量，以增加值作为核算初始变量。资金流量表（非金融交易）为 SAM 表的编制提供机构部门交易和储蓄等数据，是编制 SAM 表的重要基础数据。因此，要编制出相对精确且符合社会经济现实的非正规经济 SAM 表就必须审查增加值数据。全国四次经济普查数据以及学界的研究都显示我国 GDP 存在一定程度的低估。比如2004年第一次经济普查显示，普查年度GDP比常规年度低估16.80%，而且主要是对批发零售住宿餐饮业、交通运输行业个体经济活动的漏统。个体经济是非正规经济的重要构成，因此这些经济活动就没有被纳入官方的资金流量核算。就此而言，调整资金流量表（非金融交易）的出发点和落脚点就在于合理推算NOE规模及其比重，对资金流量表中的增加值及各交易项目进行系统性调整。

1. NOE规模及其比重的估算方法

自NOE进入人们视野以来，便迅速受到多方关注，并涌现出许多估算方法，而且这些方法也变得更加“先进”。由最初的现金比率法、物量投入法、MIMIC法发展至如今的CGE模型、DSGE模型等。关于中国NOE规模估算的研究，主要存在两种途径：一是通过改进国外方法估算中国NOE规模，比如刘洪和夏帆（2003）、王永兴和景维民（2010）、杨灿明和孙群力（2010）以及闫海波、陈敬良和孟媛（2013）等；二是尝试提出适合中国国情的原创性方法估算中国NOE规模，比如李金昌和徐蔼婷（2005）的“居民消费储蓄边际倾向法”、李建军（2008）的“国民账户均衡模型法”、刘洪和夏帆（2004）的“要素分配法”等。然而，任何方法都存在一定合理性和局限性，并不存在“最佳”的估算方法。李金昌和徐蔼婷（2005）提出的“居民消费储蓄边际倾向法”较为符合中国国情、具有坚实的理论依据和权威的基础数据，而且操作起来简便易行，得到了广泛应用（杨灿明和孙群力，2010）。本研究将采用该方法对我国NOE进行估算。

2. 资金流量表中各交易项目的调整方法

该过程是以NOE为基准，调整资金流量表中的增加值、劳动者报酬、资本报酬、初次分配总收入、可支配总收入、最终消费、总储蓄、资本形成总额和净金融投资等交易项目。本研究借鉴徐利（2010）的做法给出资金流量表中各交易项目的调整步骤。

（1）将原始资金流量表的增加值合计数×(1+NOE比重)，得到新的增加值合计数，各机构部门的增加值按原始资金流量表的内部结构系数进行调整。

（2）按原始资金流量表的劳动者报酬占比推算新的劳动者报酬，各机构部门的劳动者报酬按原始资金流量表的内部结构系数进行分摊。

（3）从各机构部门调整后的增加值中扣除调整后的劳动者报酬和生产税净额，得到各机构部门新的资本报酬数据。

（4）根据国民经济核算恒等关系，机构部门初次分配总收入等于机构部门调整后的增加值扣除调整后的劳动者报酬和生产税净额，再加上财产收入。

（5）从调整后的初次分配总收入中扣除经常转移的运用方数据，加上经常转移的来源方数据，得到各机构部门的可支配收入数据。

（6）利用“边际消费倾向法”推算政府消费和住户消费，从调整后的可支配收入中扣除最终消费，得到各机构部门的总储蓄数据。

（7）以原始资金流量表的资本形成率为依据调整资本形成总额，根据原始资金流量表的固定资本形成总额和存货变化之间的比例关系调整资本形成总额的内部结构。

（8）根据国民经济核算恒等关系（净金融投资 = 总储蓄 + 资本转移净额 - 资本形成总额 - 其他非金融资产获得减处置）调整净金融投资项目。

二、投入产出表的预测方法

投入产出表也称部门联系表或产业关联表，以矩阵的形式描述国民经济各部门一定时期内生产投入的来源和产出使用的去向，揭示各经济部门之间相互依存、相互制约的数量关系。投入产出表由中间使用/投入、最初投入、最终使用共三个象限构成，其基本结构如表 4 - 2 所示。

我国投入产出表的编制大致经历了两个阶段：1987 年以前，投入产出表的编制尚未制度化，主要是一些机构针对个别企业或省份的编制实践。1965 年中国科学院数学所运筹室编制的鞍钢企业投入产出表为国内第一张投入产出表；1980 年山西省统计局编制了山西省 1979 年投入产出表。1974 年国家统计局联合各部门共同编制了 1973 年全国 61 种产品的实物型投入产出表，也是第一张全国性投入产出表。1987 年 3 月 31 日，国务院办公厅印发《关于进行全国投入产出调查的通知》，明确规定 1987 年开始每 5 年编制一次全国性投入产出表。如今，逢尾数为 2 和 7 的年份编制基本表、尾数为 0 和 5 的年份编制延长表，已经成为国家统计局的基础性工作。我国已成功编制 1987 年、1992 年、1997 年、2002 年、2007 年、2012 年和 2017 年基本表和 1990 年、1995 年、2000 年、2005 年、2010 年、2015 年和 2020 年延长表，除西藏自治区之外各地区也与全国同步编制了相应年份的投入产出表。

表 4-2　投入产出表的基本结构

<table>
<tr><th>投入</th><th>1</th><th>2</th><th>…</th><th>n</th><th>Y_1</th><th>Y_2</th><th>Y_3</th><th>Y_4</th><th>Y_5</th><th>Y</th><th>X</th></tr>
<tr><td>1</td><td colspan="4" rowspan="4">中间使用/投入</td><td colspan="5" rowspan="4">最终使用</td><td rowspan="4">最终使用合计</td><td rowspan="10"></td></tr>
<tr><td>2</td></tr>
<tr><td>…</td></tr>
<tr><td>n</td></tr>
<tr><td>VA_1</td><td colspan="4" rowspan="4">最初投入</td><td colspan="5" rowspan="4"></td><td rowspan="4"></td></tr>
<tr><td>VA_2</td></tr>
<tr><td>VA_3</td></tr>
<tr><td>VA_4</td></tr>
<tr><td>TVA</td><td colspan="4">增加值合计</td><td colspan="5"></td><td></td></tr>
<tr><td>X</td><td colspan="10"></td></tr>
</table>

注：TVA 表示增加值合计，VA_1、VA_2、VA_3、VA_4 分别表示劳动者报酬、生产税净额、固定资产折旧、营业盈余，Y 表示最终使用合计，Y_1、Y_2、Y_3、Y_4、Y_5 分别表示居民消费、政府消费、资本形成总额、出口、进口，X 表示总产出/投入。

投入产出表提供的中间使用/投入、最初投入和最终使用数据，是编制 SAM 表的另一重要基础数据。为满足编制连续年份非正规经济 SAM 表的需要，本书借鉴王惠文等（Wang et al., 2015）提出的矩阵转换技术，按照“中间使用/投入矩阵→最初投入矩阵→最终使用矩阵”的思路，设计投入产出表编制和预测方法。

1. 中间使用/投入矩阵的预测方法

中间使用/投入矩阵是投入产出表的核心，反映各部门之间的复杂经济技术关联。对该矩阵中各元素的测算是编制和预测投入产出表的关键，具体包括五个步骤。

第一，将已知年份投入产出表中间使用/投入矩阵中每个元素除以其所在部门的增加值合计，得到中间使用/投入矩阵的比例数据：

$$x_{ij}^{t} = X_{ij}^{t}/TVA_{j}^{t};$$

$$(i=1,2,3,\cdots,n;\ j=1,2,3,\cdots,n;\ t=1,2,3,\cdots,T) \tag{4-1}$$

第二，采用插值法预测两个已知年份之间各年中间使用/投入的比例数据。假设 t 年和 $t+p$ 年的投入产出表已知，则 $t+k$ 年中间使用/投入矩阵的比例数据为：

$$x_{ij}^{t+k} = x_{ij}^{t} \times (x_{ij}^{t+p}/x_{ij}^{t})^{k/p};\ (1 \leqslant k < p) \tag{4-2}$$

第三，采用时间序列模型预测延长年份中间使用/投入矩阵的比例数据。比如采用 ARIMA 模型对比例数据进行预测，得到延长年份中间使用/投入矩阵的比例数据。结合已知年份和第二步得到的中间年份数据，可得到连续年份的中间使用/投入矩阵的比例数据 $x_{ij}^{t^*}$。

第四，测算各年的分部门增加值。统计年鉴有分行业的增加值数据，但与投入产出表中的数据存在一定差异。本研究将选择经 NOE 调整的资金流量表中的增加值数据作为各年的增加值合计 $TVA_{ij}^{t^*}$。

第五，将第三步得到的各年中间使用/投入矩阵比例数据乘以第四步得到的分部门统一口径的增加值，便得到中间使用/投入矩阵的流量数据：

$$X_{ij}^{t^*} = x_{ij}^{t^*} \times TVA_{j}^{t^*};\ (i=1,2,3,\cdots,n;\ j=1,2,3,\cdots,n) \tag{4-3}$$

2. 最初投入矩阵的预测方法

最初投入矩阵也称增加值矩阵，包括劳动者报酬、生产税净额、固定资产折旧和营业盈余。统计部门每年公布劳动者报酬、生产税净额、固定资产折旧和营业盈余的小计，但不公布各项目在各行业的分配比例。由于这四项指标存在限制关系，不宜对绝对数进行单独预测，其解决思路包括四步。

第一，采用成分数据分析方法（Aitchison，1982），将已知年份投入产出表中增加值各分项在各部门的绝对数转化为其中某一部门的比例相对数。以劳动者报酬为例，将各部门的劳动者报酬除以部门 1 的劳动者报酬，得到各部门劳动者报酬相对于部门 1 劳动者报酬的比例相对数：

$$CVA_{1j}^{t} = \frac{VA_{1j}^{t}}{VA_{11}^{t}};\ i=1,2,3,\cdots,n;\ t=1,2,3,\cdots,T \tag{4-4}$$

第二，采用插值法预测两个已知年份中间各年份增加值各分项的比例相对数。

第三，采用时间序列模型预测延长年份增加值各分项的比例相对数。结合已知年份数据和第二步得到的中间年份数据，可得到连续年份的比例相对数。

第四，反向运算。将预测的比例相对数和各年增加值各分项数据相乘，得到连续年份增加值各分项在各部门的分布数据。以劳动者报酬为例，具体为：

$$VA_{1j}^{t} = \sum_{j=1}^{n} VA_{1j}^{t} \Big/ \sum_{j=1}^{n} CVA_{1j}^{t};\ j = 1 \tag{4-5}$$

$$VA_{1j}^{t} = CVA_{1j}^{t} \times \sum_{j=1}^{n} VA_{1j}^{t} \Big/ \sum_{j=1}^{n} CVA_{1j}^{t};\ j = 2, 3, \cdots, n \tag{4-6}$$

基于此，可得到各年劳动者报酬在各部门的分布数据。

同理，可得到生产税净额、固定资产折旧和营业盈余在各部门的分布数据，从而得到各年的最初投入矩阵。

3. 最终使用矩阵的预测方法

投入产出表的最终使用矩阵由居民消费、政府消费、资本形成总额和净出口构成，该矩阵的预测与最初投入矩阵的预测思路基本相同。

第一，调整已知年份投入产出表中最终使用矩阵的各分项数据。由于最初投入矩阵采用的是 NOE 调整的资金流量表中的数据，无论增加值还是总投入，都与已知年份投入产出表的数据存在差异，导致了总投入、总产出和最终使用的差异。因此，需要以总产出合计为总控制数，调整已知年份投入产出表的居民消费小计、政府消费小计、资本形成总额小计和净出口小计，在此基础上调整已知年份投入产出表中各分项中各部门的绝对数。

第二，将调整后各分项的绝对数转化为成分数据，分别采用插值法和时间序列模型预测中间年份和延长年份的成分数据。

第三，反向运算。将各分项的成分数据和相应年份的最终使用各分项相乘，得到居民消费小计、政府消费小计、资本形成总额小计和净出口小计。

第四，分摊净出口指标。净出口等于出口减进口。首先，基于已知年份投入产出表中出口/进口的比例关系，采用插值法和时间序列模型预测中间年份和延长年份的出口/进口的比例；其次，根据该比例和净出口数据，测算各年份部门的出口和进口数据。基于此，可以预测得到各年的最终使用矩阵。

将预测得到的中间使用/投入矩阵、最初投入矩阵、最终使用矩阵组合在一起，便可得到各年的投入产出表。

第二节　中国宏观 SAM 表的编制方法

本节以调整的资金流量表和预测的投入产出表为基础，对宏观 SAM 表中九个账户的结构及其数据获取方法进行说明。由于宏观 SAM 表中机构部门之间的资金流量数据需要采用“直接分配法”和“收入转移法”进行测算，本节将其统一置于“中间转移矩阵的推算方法”部分单独说明。

一、九个账户的结构及数据来源

（一）商品账户

（1）账户结构。商品账户主要反映国内市场的商品总供给和商品总需求。具体复式账户见表 4－3。

表 4－3　　商品账户的复式账户

国内商品总供给		国内商品总需求	
国内供给	HL(2，1)	中间投入	HL(1，2)
		最终消费	
		居民消费	HL(1，5)
关税	HL(7，1)	政府消费	HL(1，7)
		资本形成总额	HL(1，9)
进口	HL(8，1)	出口	HL(1，8)
合计		合计	

（2）数据来源。HL(2，1)、HL(1，2)、HL(1，5)、HL(1，7)、HL(1，9)、HL(8，1）和 HL(1，8）来自调整后的投入产出表。HL(7，1）取自《中国财政年鉴》中的国家财政预算、决算表。

（二）活动账户

（1）账户结构。活动账户主要核算国内厂商生产过程中的总投入和总产出。具体复式账户见表 4－4。

表 4－4　　活动账户的复式账户

国内生产总产出		国内生产总投入	
国内总产出	HL(2，1)	中间投入	HL(1，2)
		增加值	
		劳动者报酬	HL(3，2)
		资本报酬	HL(4，2)
		生产税净额	HL(7，2)
合计		合计	

（2）数据来源。HL(2，1）和 HL(1，2）同商品账户。HL(3，2)、HL(4，2）和 HL(7，2）来自调整后的投入产出表。

（三）劳动要素账户

（1）账户结构。劳动要素账户主要反映劳动要素的投入及劳动要素收入的分配。具体复式账户见表 4－5。

表 4－5　　劳动要素账户的复式账户

劳动要素需求		劳动要素供给	
国内劳动力需求	HL(3，2)	劳动力供给	HL(5，3)
国外劳动力需求	HL(3，8)		
合计		合计	

（2）数据来源。HL(3，2）同活动账户。HL(3，8）来自调整后的资金流量表中国外部门劳动者报酬的运用方数据。HL(5，3）来自调整后的资金流量表中劳动者报酬的国内运用方合计数与国外运用方数据之和。

（四）资本要素账户

（1）账户结构。和劳动要素账户一样，资本要素账户主要核算资本要素的投入及资本要素收入的分配。具体复式账户见表4－6。

表4－6　　资本要素账户的复式账户

资本要素需求		资本要素供给	
资本要素需求	HL(4，2）	居民资本收益	HL(5，4）
		企业资本收益	HL(6，4）
		政府资本收益	HL(7，4）
合计		合计	

（2）数据来源。HL(4，2）同活动账户。HL(5，4）、HL(6，4）和HL(7，4）来自调整后的资金流量表。

（五）居民账户

（1）账户结构。居民账户反映居民各项收入和支出。具体复式账户见表4－7。

表4－7　　居民账户的复式账户

居民收入		居民支出	
劳动者报酬	HL(5，3）	居民消费	HL(1，5）
资本报酬	HL(5，4）		
企业转移支付	HL(5，6）	对企业的转移	HL(6，5）
政府转移支付	HL(5，7）	个人所得税	HL(7，5）
国外转移支付	HL(5，8）	对国外的转移	HL(8，5）
		居民储蓄	HL(9，5）
合计		合计	

（2）数据来源。HL(5，3）和HL(5，4）分别同劳动要素账户和资本要素账户。HL(1，5）同商品账户。HL(9，5）来自调整后的资金流量表。HL(5，6)、HL(5，7)、HL(5，8)、HL(6，5)、HL(7，5）和HL(8，5）相关数据的获取，见中间转移矩阵的推算方法。

（六）企业账户

（1）账户结构。企业账户由非金融企业和金融机构部门构成，反映企业部门的收入和支出。具体复式账户见表4－8。

表4－8　企业账户的复式账户

企业收入		企业支出	
资本收益	HL(6，4)	对居民的转移	HL(5，6)
居民转移支付	HL(6，5)		
企业转移支付	HL(6，6)	对企业的转移	HL(6，6)
政府转移支付	HL(6，7)	企业直接税费	HL(7，6)
国外转移支付	HL(6，8)	企业储蓄	HL(9，6)
合计		合计	

（2）数据来源。HL(6，4）同资本要素账户。HL(9，6）来自调整后的资金流量表。HL(6，5)、HL(6，6)、HL(6，7)、HL(6，8)、HL(5，6）和HL(7，6）相关数据的获取，见中间转移矩阵的推算方法。

（七）政府账户

（1）账户结构。政府账户核算政府部门的收入和支出。具体复式账户见表4－9。

表4－9　政府账户的复式账户

政府收入		政府支出	
生产税净额	HL(7，2)	政府消费	HL(1，7)
关税	HL(7，1)	对居民的转移支付	HL(5，7)

续表

政府收入		政府支出	
政府资本收益	HL(7，4)	对企业的转移支付	HL(6，7)
个人所得税	HL(7，5)	对政府的转移支付	HL(7，7)
企业直接税费	HL(7，6)	对国外的转移支付	HL(8，7)
来自国外收入	HL(7，8)		
		政府储蓄	HL(9，7)
合计		合计	

（2）数据来源。HL(7，2）同活动账户。HL(7，1）同商品账户。HL(7，4）同资本要素账户。HL(1，7）同商品账户。HL(9，7）源自调整后的资金流量表。HL(7，5)、HL(7，6)、HL(7，8)、HL(5，7)、HL(6，7)、HL(7，7）和 HL(8，7）相关数据的获取，见中间转移矩阵的推算方法。

（八）国外账户

（1）账户结构。国外账户反映中国和世界其他地区之间的经济联系。具体复式账户见表 4－10。

表 4－10　国外账户的复式账户

国外收入		国外支出	
进口	HL(8，1)	出口	HL(1，8)
居民转移支付	HL(8，5)	国外劳动报酬	HL(3，8)
企业利润分成	HL(8，6)	对居民的转移支付	HL(5，8)
政府转移支付	HL(8，7)	对企业利润分成	HL(6，8)
		对政府转移支付	HL(7，8)
		国外储蓄	HL(9，8)
合计		合计	

（2）数据来源。HL(8，1）同商品账户。HL(1，8）同商品账户。

HL(3, 8) 同劳动要素账户。HL(9, 8) 源自调整后的资金流量表。HL(8, 5)、HL(8, 6)、HL(8, 7)、HL(5, 8)、HL(6, 8) 和 HL(7, 8) 相关数据的获取，见中间转移矩阵的推算方法。

（九）投资－储蓄账户

（1）账户结构。投资－储蓄账户核算总投资和总储蓄。具体复式账户见表4－11。

表4－11　　投资－储蓄账户的复式账户

总储蓄		总投资	
居民储蓄	HL(9, 5)	资本形成总额	HL(1, 9)
企业储蓄	HL(9, 6)		
政府储蓄	HL(9, 7)		
国外储蓄	HL(9, 8)		
合计		合计	

（2）数据来源。投资－储蓄账户中各项目的数据来源，已经分别在商品账户、居民账户、企业账户、政府账户和国外账户做了详细说明，这里不再赘述。

二、中间转移矩阵的推算方法

由前述各账户数据的获取方法可见，涉及居民、企业、政府、国外等机构部门账户的中间转移数据尚未确认，这里单独说明各机构部门的中间转移数据的获取方法。

资金流量表（非金融交易）中财产收入和经常转移项目下都设置了若干个子项目，且以T型账户进行呈现。而非正规经济SAM表属于矩阵式账户，就需要将财产收入和经常转移的T型账户转化为矩阵式账户。

1. 财产收入

根据资金流量表的结构可知，财产收入包括利息、红利、土地租金和其他。其中，土地租金账户的来源方为政府，运用方为非金融企业和金融机构部门，可以很直观地将土地租金 T 型账户转化为矩阵式账户；因此，对于此类账户数据的获取，将采用“直接分配法”。然而，利息、红利和其他账户几乎涉及所有机构部门的来源和运用，很难直接转化为矩阵式账户；因此，对于此类账户数据的获取，将采用“收入转移法”。

“收入转移法”由李宝瑜（2001）提出，该方法的基本思路是，i 部门从 j 部门在某项目上得到的收入，等于 i 部门在该项目上得到的收入乘以 j 部门在该项目上支出占所有机构部门在该项目上支出的比例。

据此得到的财产收入转移矩阵为：

$$\text{NSAM}_{ccsr}=\begin{bmatrix} & \text{居民} & \text{企业} & \text{政府} & \text{国外} \\ \text{居民} & RC(5,5) & RC(5,6) & RC(5,7) & RC(5,8) \\ \text{企业} & RC(6,5) & RC(6,6) & RC(6,7) & RC(6,8) \\ \text{政府} & RC(7,5) & RC(7,6) & RC(7,7) & RC(7,8) \\ \text{国外} & RC(8,5) & RC(8,6) & RC(8,7) & RC(8,8) \end{bmatrix}_{ccsr}$$

2. 经常转移

经常转移包括收入税、社会保险缴款、社会保险福利、社会补助和其他经常转移等 5 个项目。具体而言，收入税是机构部门支付的除生产税之外的税金，包括个人所得税和企业所得税。收入税记录在政府部门账户的来源方，分别来源于企业部门（非金融企业和金融机构）和居民部门，前者即企业所得税，后者为个人所得税。社会保险缴款是职工向社会保险机构缴纳的保险金，表现为基本养老保险、医疗保险、失业保险、工伤保险和生育保险。社会保险缴款记录在政府账户来源方，来源于居民账户运用方。与社会保险缴款对应，社会保险福利是国家有关机构向缴纳社会保险金的职工支付的社会福利，记录在政府账户的运用方，来源于居民账户。社会补助指国家财政用于抚恤和社会福利支出、企业支付的社会福利救济费，是对居民部门的补助，记录在居民部门账户的来源方，来自非金融机构账户和政府部门账户的运用方。其他经常转移指除上述转移之外的项目。

由于收入税、社会保险缴款、社会保险福利、社会补助等 4 个项目在机构部门间的分配关系比较清晰，采用“直接分配法”即可推算得到。比如，收入税的来源方仅有政府部门，运用方包括企业部门和居民部门，代表企业和居民向政府缴纳的收入税；再比如，社会保险福利的来源方为居民部门，运用方为政府部门，指居民向政府缴纳的养老保险、医疗保险、失业保险等。

对于其他项目，由于涉及所有机构部门，无法直接厘清其中的转移关系，需要采用“收入转移法”进行推算。据此得到的经常转移转移矩阵为：

$$NSAM_{jczy} = \begin{bmatrix} & 居民 & 企业 & 政府 & 国外 \\ 居民 & RC(5,5) & RC(5,6) & RC(5,7) & RC(5,8) \\ 企业 & RC(6,5) & RC(6,6) & RC(6,7) & RC(6,8) \\ 政府 & RC(7,5) & RC(7,6) & RC(7,7) & RC(7,8) \\ 国外 & RC(8,5) & RC(8,6) & RC(8,7) & RC(8,8) \end{bmatrix}_{jczy}$$

将财产收入项目转移矩阵和经常转移项目转移矩阵相加，得到中间转移矩阵。将中间转移矩阵中的相关元素添加到九个账户的对应位置，便可得到完整的中国 10×10 阶的宏观 SAM 表。

第三节　中国非正规经济 SAM 表的账户框架

基于前文设计的非正规经济 SAM 表的理论框架，结合投入产出表的行业分类和非正规经济数据的可得性，本节给出我国非正规经济 SAM 表的账户框架。

一、非正规经济 SAM 表的活动/商品账户

我国非正规经济 SAM 表中活动/商品账户的划分主要依据投入产出表。本研究将我国投入产出表合并为 18 个行业，因此非正规经济 SAM 表活动/商品账户的行业分类如表 4－12 所示。

表 4－12　　活动/商品账户的行业分类

行业代码	行业名称	行业代码	行业名称
01	农林牧渔业	03	制造业
02	采掘业	04	电力燃气水的生产和供应业

续表

行业代码	行业名称	行业代码	行业名称
05	建筑业	12	科学研究技术服务
06	批发零售住宿餐饮业	13	水利环境公共设施
07	交通运输仓储邮政业	14	居民服务和其他服务业
08	信息传输软件技术服务	15	教育业
09	金融业	16	卫生和社会工作
10	房地产业	17	文化体育和娱乐
11	租赁和商务服务业	18	公共管理社会组织

结合我国非正规经济的行业分布特征，进一步将制造业、建筑业、批发零售住宿餐饮业、交通运输仓储邮政业、居民服务和其他服务业 5 个行业区分为正规部门与非正规部门，其他 13 个行业不区分正规部门与非正规部门。因此，中国非正规经济 SAM 表的活动/商品账户分为 23 个账户，分别为农林牧渔业、采掘业、制造业 - 正规、制造业 - 非正规、电力燃气水的生产和供应业、建筑业 - 正规、建筑业 - 非正规、批发零售住宿餐饮业 - 正规、批发零售住宿餐饮业 - 非正规、交通运输仓储邮政业 - 正规、交通运输仓储邮政业 - 非正规、信息传输软件技术服务、金融业、房地产业、租赁和商务服务业、科学研究技术服务、水利环境公共设施、居民服务和其他服务业 - 正规、居民服务和其他服务业 - 非正规、教育业、卫生和社会工作、文化体育和娱乐、公共管理社会组织。

二、非正规经济 SAM 表的要素账户

（1）劳动要素账户，包括农业劳动、正规劳动、非正规劳动，共 3 个账户。

（2）资本要素账户，即资本，共 1 个账户。

三、非正规经济 SAM 表的机构部门账户

为满足非正规经济宏观效应研究的需要，本研究专门对居民账户做细

化处理。因此，机构部门账户分类如下：

居民账户：城镇居民5等分组、农村居民5等分组，共10个账户。

企业账户，政府账户，国外账户各1个，共3个账户。

四、非正规经济SAM表的投资－储蓄账户

投资－储蓄账户与宏观SAM表保持一致，共1个账户。

综上，中国非正规经济SAM表是42×42阶的矩阵表，其基本结构如表4－13所示。

表4－13　　　　中国非正规经济SAM表的基本结构

账户名称	活动	劳动	资本	居民	企业	政府	国外	投资	合计
活动	23×23			23×10		23×1	23×1	23×1	
劳动	3×23						3×1		
资本	1×23								
居民		10×3	10×1	10×10	10×1	10×1	10×1		
企业			1×1	1×10	1×1	1×1	1×1		
政府	1×23		1×1	1×10	1×1	1×1	1×1		
国外	1×23			1×10	1×1	1×1	1×1		
储蓄				1×10	1×1	1×1	1×1		
合计									

注：本书把活动账户和商品账户合并为1个账户。

第四节　中国非正规经济SAM表的编制方法设计

编制中国非正规经济SAM表的核心任务是，以宏观SAM表为总控制数，根据资金流量表中的机构部门账户相关信息，投入产出表中的中间使用/投入、最初投入和最终使用相关信息，将10×10阶的宏观SAM表转化为42×42阶的非正规经济SAM表。换句话说，就是将表4－13所示的非正规经济SAM表中的元素填充完整。

本研究通过设计模块化编制方法，分别对中国非正规经济 SAM 表的中间使用/投入、最初投入、最终使用和资金流量模块进行编制，并给出居民账户的细化方法。

一、中间使用/投入模块编制方法

中国非正规经济 SAM 表的中间使用/投入模块是一个 23 ×23 阶的方阵。该模块的具体编制方法如下。

第一，将投入产出表合并为 18 个部门投入产出表，得到 18 ×18 阶的中间使用/投入矩阵。

第二，将制造业、建筑业、批发零售住宿餐饮业、交通运输仓储邮政业、居民服务和其他服务业等 5 个行业区分为正规部门与非正规部门。因此，18 ×18 阶的中间使用/投入矩阵便转化为 23 ×23 阶的中间使用/投入矩阵。

第三，中间使用/投入流量的分解方法。这里分两种情况。(1) 如果一个行业不存在非正规部门，该行业的内部交易流量保持不变，而该行业与其他行业之间的交易流量也视其他行业的特征而定：如果其他行业也不存在非正规部门，二者之间的交易流量保持不变；如果其他行业存在非正规部门，二者之间的交易流量需要拆分为两个元素。(2) 如果一个行业存在非正规部门，该行业的内部交易流量需要拆分为四个元素，该行业与其他行业之间的交易流量视其他行业的特征而定：如果其他行业不存在非正规部门，需要拆分为两个元素；如果其他行业也存在非正规部门，二者之间的交易流量也需要拆分为四个元素。

图 4 -1 是以农林牧渔业、采掘业、制造业、建筑业为例的分解示意图。农林牧渔业和采掘业不存在非正规经济，这两个行业的内部交易流量及二者之间的交易流量保持不变；而制造业存在非正规经济，农林牧渔业与制造业之间的交易流量需要拆分为两个元素（农林牧渔业→制造业 - 正规，农林牧渔业→制造业 - 非正规）。制造业的内部交易需要拆分为四个元素（制造业 - 正规→制造业 - 正规，制造业 - 正规→制造业 - 非正规，制造业 - 非正规→制造业 - 正规，制造业 - 非正规→制造业 - 非正规）；制造业与农林牧渔业之间的交易流量需要拆分为两个元素（制造业 - 正规→

农林牧渔业，制造业－非正规→农林牧渔业）；制造业与建筑业之间的交易流量需要拆分为四个元素（制造业－正规→建筑业－正规，制造业－正规→建筑业－非正规，制造业－非正规→建筑业－正规，制造业－非正规→建筑业－非正规）。

账户名称	农林牧渔业	采掘业	制造业	建筑业
农林牧渔业				
采掘业				
制造业				
建筑业				

账户名称	农林牧渔业	采掘业	制造业－正规	制造业－非正规	建筑业－正规	建筑业－非正规
农林牧渔业						
采掘业						
制造业－正规						
制造业－非正规						
建筑业－正规						
建筑业－非正规						

图4－1　中间使用/投入模块的分解示意

注：上半部分表示分解前的中间使用/投入矩阵，下半部分表示分解后的中间使用/投入矩阵。

第四，拆分权重的说明。对于拆分权重，最理想的方法是获取相关行业的正规经济与非正规经济的生产投入结构，进行直接拆分。但各国非正规经济的统计制度不完善，该方法行不通，学界不得不寻求一些间接拆分权重。比如增加值份额法、产出份额法、劳动报酬份额法。基于我国非正规经济发展现状与数据可得性考虑，本书将采用拉达（2010）提出的“工资份额法”测算各行业非正规部门工资份额，并以此为权重对中间使用/投入模块进行分解。

二、最初投入模块编制方法

由于非正规经济与正规经济的“劳动－资本比”存在较大差异，如果按照相同的权重进行拆分，则无法反映非正规经济与正规经济生产结构上的差异。因而，本研究采用不同的方法将该模块的几个项目在非正规经济与正规经济之间进行分解。具体思路如图 4－2 所示。

第一，利用“工资份额法”将各行业的劳动报酬分为非正规劳动报酬和正规劳动报酬。

第二，利用“资本份额法”分别将各行业的生产税净额、固定资产折旧、营业盈余分解到相应行业的非正规部门与正规部门。

账户名称	农林牧渔业	采掘业	制造业	建筑业
劳动者报酬				
生产税净额				
固定资产折旧				
营业盈余				

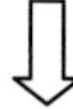

账户名称	农林牧渔业	采掘业	制造业－正规	制造业－非正规	建筑业－正规	建筑业－非正规
劳动者报酬						
生产税净额						
固定资产折旧						
营业盈余						

图 4－2　最初投入模块的分解示意

注：上半部分表示分解前的最初投入矩阵，下半部分表示分解后的最初投入矩阵。

第三，利用“资本份额法”将各行业的进口分解到相应行业的非正规部门和正规部门。

第四，合并固定资产折旧与营业盈余作为资本要素报酬，从而得到表4－14所示的最初投入模块。

表4－14　　最初投入模块的基本框架

账户名称	农林牧渔业	采掘业	制造业－正规	制造业－非正规	建筑业－正规	建筑业－非正规
农业劳动						
正规劳动						
非正规劳动						
资本						
……						
政府						
国外						
……						

注：……代表其他项目，下同。

三、最终使用模块编制方法

与中间使用/投入模块与最初投入模块类似，最终使用模块的编制需要分别推算出各项目中有多大比例来自各行业的非正规部门。具体思路如图4－3所示。

第一，采用“工资份额法”对各行业的居民消费和政府消费进行分解。

第二，采用“固定资产投资比例法”对各行业的资本形成总额进行分解。固定资产投资比例是用全社会固定资产投资中的个体投资和其他投资部门占比进行测度。

第三，采用“资本份额法”对各行业的出口进行分解，从而得到表4－15所示的最终使用模块。

账户名称	居民消费	政府消费	资本形成总额	出口
农林牧渔业				
采掘业				
制造业				
建筑业				

账户名称	居民消费	政府消费	资本形成总额	出口
农林牧渔业				
采掘业				
制造业 - 正规				
制造业 - 非正规				
建筑业 - 正规				
建筑业 - 非正规				

图 4－3　最终使用模块的分解示意

注：上半部分表示分解前的最终使用矩阵，下半部分表示分解后的最终使用矩阵。

表 4－15　　最终使用模块的基本框架

账户名称	……	居民	……	政府	国外	投资
农林牧渔业						
采掘业						
制造业 - 正规						
制造业 - 非正规						
建筑业 - 正规						
建筑业 - 非正规						

四、资金流量模块编制方法

由于本书未对机构部门进行细化，资金流量模块数据与宏观 SAM 表一致。

五、居民账户细化方法

根据我国非正规经济 SAM 表的基本结构，需要对居民账户进行细化。接下来分别从收入和支出角度说明该账户的细化分解过程。

（一）居民收入的细化方法

居民收入来源于劳动要素报酬、资本要素报酬，以及企业、政府和国外的转移。由于中国非正规经济 SAM 表的居民账户被划分为 10 个组（农村 5 个、城镇 5 个），需要采用一定方法先将相应项目分解到城镇居民账户和农村居民账户，再分解到相应的组。

1. 居民劳动要素收入的测算与分解思路

根据中国非正规经济 SAM 表的基本结构，劳动要素分为农业劳动、正规劳动和非正规劳动三种。其中，城镇居民的劳动收入有两种来源，农村居民的劳动收入有三种来源。

第一，利用就业人数和行业平均工资，计算出城镇居民和农村居民的平均工资，得到城镇和农村非正规就业与正规就业的工资总额及其比例。

第二，以中国非正规经济 SAM 表中的正规劳动报酬和非正规劳动报酬为控制数，将正规劳动报酬和非正规劳动报酬在城镇和农村之间进行分配。

第三，分别以城镇和农村各组居民的工资性收入和经营性收入为权重，将城镇居民收入和农村居民收入分解到各组。

2. 居民资本要素收入的测算与分解思路

根据中国非正规经济 SAM 表的基本结构，资本要素未做区分。

第一，根据城镇居民和农村居民的人均财产性收入，乘以城镇和农村人口数，得到城镇居民和农村居民的财产性收入之和及其比重。

第二，以城镇和农村各组居民的财产性收入为权重，对资本要素收入进行分解。

3. 居民转移收入的测算与分解思路

第一，根据城镇居民和农村居民的人均转移性收入，乘以城镇和农村人口数，得到城镇居民和农村居民的转移性收入之和及其比重。第二，以城镇和农村各组居民的转移性收入为权重，对居民来自企业、政府和国外三个部门的收入进行分解。

（二）居民支出的细化方法

居民支出包括居民消费支出、居民对企业和国外的支出、居民向政府的税费缴纳支出、居民储蓄等项目。

1. 居民消费支出的分解思路

首先，根据投入产出表中城镇居民和农村居民对各部门消费的结构数据，将非正规经济 SAM 表中的居民消费分解到城镇居民消费和农村居民消费。然后，根据《中国统计年鉴》中城镇和农村各组居民消费支出数据测算相应的比例数据，将居民消费分解到 10 个组。

2. 居民向企业和国外的转移支出分解思路

本研究假定居民向企业和国外的转移支出权重与企业和国外向居民的转移支出权重相同，采用转移性支出权重对宏观 SAM 表中居民向企业和国外的转移支出数据进行分解。

3. 居民向政府的转移支出分解思路

居民向政府的转移性支出主要是指居民向政府缴纳的各种税收和社会保障缴款。因缺乏直接数据，本研究基于个人所得税与居民可支配收入之间关系，首先用城镇和农村居民可支配（纯）收入乘以人口数测算城镇居民和农村居民向政府的转移支出，然后采用转移性支出权重将城镇和农村居民向政府的转移性支出分解到各居民组。

4. 居民储蓄的处理方法

本研究将居民储蓄作为余项，即各组居民的收入之和减去支出之和。

第五章　中国非正规经济 SAM 表的实际编制

第一节　中国资金流量表调整与投入产出表预测

一、资金流量表调整

本部分先对 NOE 规模占 GDP 的比重进行测算，再以 2017 年为例对各年资金流量表（非金融交易）进行调整。

（一）估算 NOE 规模及比重

依据国家统计局公布的城乡居民消费水平、城乡居民储蓄年末余额和支出法 GDP 数据，采用李金昌和徐蔼婷（2005）提出“居民消费储蓄边际倾向法”，我们估算了 1990 ~ 2017 年我国 NOE 规模占 GDP 的比重，结果如表 5 - 1 所示。

表 5 - 1　　NOE 规模占 GDP 的比重　　单位：%

年份	比重	年份	比重
1990	9.54	1993	2.64
1991	8.45	1994	8.85
1992	8.07	1995	14.44

续表

年份	比重	年份	比重
1996	14.62	2007	14.5
1997	10.64	2008	13.35
1998	10.82	2009	14.3
1999	9.7	2010	8.95
2000	5.49	2011	7.11
2001	8.58	2012	11.36
2002	11.5	2013	7.81
2003	11.71	2014	6.07
2004	6.91	2015	6.01
2005	9.41	2016	8.23
2006	4.59	2017	2.85

由表 5－1 可知，NOE 规模占 GDP 的比重存在较大幅度的波动，呈现的三个非常明显的峰值与我国特定时期的经济形势具有必然联系。1997 年的亚洲金融危机、2003 年的非典型性肺炎与 2009 年的全球金融危机都对我国经济发展产生了一定影响。在这些时期，更多的经济主体潜入地下，躲避官方机构的调查，从事各种类型的非正规经济活动，使得 NOE 规模占 GDP 的比重相对较高。整体而言，随着我国统计调查制度的不断完善，NOE 规模占 GDP 的比重不断下降。历次经济普查后 GDP 的修订幅度越来越小就是一个非常重要的证据。

（二）调整增加值

2017 年 NOE 规模占 GDP 的比重为 2.85%，意味着至少有 2.85% 的经济活动未被官方统计所覆盖。忽视这部分经济活动至少会带来两方面的影响，其一是会低估经济总量、高估已观测就业人员的劳动生产率；其二是会影响宏观经济政策效应的判断。因此，本研究将 2017 年资金流量表中各机构部门的增加值及其合计数分别乘以 102.85%，得到调整后的增加值。

经调整，非金融企业部门、金融机构部门、政府部门、住户部门的增加值及其合计数分别由 507 107 亿元、65 395 亿元、71 373 亿元、176 879 亿元、820 754 亿元提升至 521 572 亿元、67 260 亿元、73 409 亿元、181 925 亿元、844 166 亿元。

（三）调整劳动者报酬

根据 2017 年资金流量表中的劳动者报酬占增加值的比重，推算出劳动者报酬的总控制数，利用原资金流量表中各部门劳动者报酬的结构系数调整各部门的劳动者报酬。详细的调整结果如表 5－2 所示。

表 5－2　劳动者报酬的调整结果　单位：亿元

机构部门	调整前		调整后	
	运用方	来源方	运用方	来源方
非金融企业	220 487. 20	—	226 776. 38	—
金融机构	21 586. 90	—	22 202. 64	—
政府	62 200. 40	—	63 974. 60	—
住户	118 993. 40	424 279. 40	122 387. 57	436 381. 55
国内小计	423 268. 00	424 279. 40	435 341. 30	436 381. 55
国外	1 467. 60	456. 20	1 509. 46	469. 21
合计	424 735. 6	424 735. 60	436 850. 76	436 850. 76

（四）计算资本报酬

以各部门调整后的增加值减去各部门调整后的劳动者报酬和生产税净额，得到各部门的资本报酬。

经调整，非金融企业部门、金融机构部门、政府部门、住户部门的资本报酬及其合计数分别由 204 170. 10 亿元、37 782. 10 亿元、8 802. 80 亿元、52 887. 30 亿元、302 174. 40 亿元变化为 212 345. 64 亿元、39 031. 68 亿元、9 064. 44 亿元、54 538. 43 亿元、313 470. 44 亿元。

（五）调整初次分配总收入、可支配总收入

根据国民经济核算的恒等关系，各部门的初次分配总收入等于各部门

调整后的增加值，减去调整后的劳动者报酬和生产税净额，再加上财产收入。

经调整，非金融企业部门、金融机构部门、政府部门、住户部门的初次分配总收入及其合计数分别由167 271.60亿元、41 084.00亿元、115 071.60亿元、496 672.40亿元、820 099.50亿元变化为175 447.24亿元、42 333.58亿元、115 333.24亿元、510 425.78亿元、843 539.64亿元。

进一步，从调整后的初次分配总收入中减去经常转移项目的运用方数据，加上经常转移项目的来源方数据，得到各部门的可支配总收入。经调整，非金融企业部门、金融机构部门、政府部门、住户部门的可支配总收入及其合计数分别由138 998.70亿元、34 637.90亿元、147 131.20亿元、498 528.10亿元、819 295.90亿元变化为147 174.34亿元、35 887.58亿元、147 392.94亿元、512 281.38亿元、842 736.04亿元。

（六）调整最终消费和总储蓄

在对各机构部门的初次分配总收入、可支配总收入数据做出调整之后，收入的支出去向也需调整。我们根据原资金流量表中各部门的可支配总收入和最终消费之间的关系（即"边际消费倾向法"）推算出政府消费和居民消费。

经测算，政府消费和住户消费分别由119 188.00亿元和317 964.00亿元调整为119 400.03亿元和326 735.92亿元。在此基础上，用各机构部门调整后的可支配总收入减去各机构部门调整后的最终消费，得到各机构部门的总储蓄。具体调整结果如表5－3所示。

表5－3　总储蓄的调整结果　　单位：亿元

机构部门	调整前	调整后
非金融企业	138 998.70	147 174.34
金融机构	34 637.90	35 887.58
政府	27 943.20	27 992.91
住户	180 564.10	185 545.46

续表

机构部门	调整前	调整后
国内小计	382 143.90	396 600.09
国外	-13 120.10	-13 120.10
合计	369 023.80	383 479.99

（七）调整资本形成总额及其内部结构

资本形成总额包括固定资本形成和存货变化。这里首先以原资金流量表的资本形成率（资本形成总额与增加值之比）为依据调整2017年的资本形成总额，然后根据原资金流量表中固定资本形成和存货变化之间的比例关系，对资本形成总额的内部结构进行调整。具体调整结果如表5-4所示。

表5-4　资本形成总额及其结构的调整结果　单位：亿元

机构部门	调整前			调整后		
	资本形成总额	固定资本形成	存货变化	资本形成总额	固定资本形成	存货变化
非金融企业	258 780.10	246 650.30	12 129.80	266 161.54	253 685.75	12 475.79
金融机构	711.90	711.90		732.21	732.21	
政府	53 434.10	52 219.40	1 214.70	54 958.25	53 708.91	1 249.35
住户	51 028.90	49 787.30	1 241.60	52 484.45	51 207.43	1 277.02
国内小计	363 955.00	349 369.00	14 586.00	374 336.45	359 334.40	15 002.05
合计	363 955.00	349 369.00	14 586.00	374 336.45	359 334.40	15 002.05

（八）调整净金融投资

根据国民经济核算的恒等关系，净金融投资=（总储蓄+资本转移净额）-（资本形成总额+其他非金融资产获得减处置）。由于本研究未调整资本转移项目和其他非金融资产获得减处置项目，可以根据调整后的总储蓄加上资本转移净额再分别扣除资本形成总额和其他非金融资产获得减处置，直接得到各机构部门的净金融投资。具体调整结果如表 5 -5 所示。

表 5 -5　　净金融投资的调整结果　　单位：亿元

机构部门	调整前	调整后
非金融企业	-150 997. 80	-150 203. 60
金融机构	33 926. 00	35 155. 38
政府	-21 036. 10	-22 510. 64
住户	156 290. 50	159 816. 31
国内小计	18 182. 60	22 257. 24
国外	-13 113. 70	-13 113. 70
合计	5 068. 80	9 143. 54

通过上述调整，可以得到经 NOE 调整后的 2017 年资金流量表。从净金融投资数据看，净金融投资为正，表示该部门的资金以储蓄、股票证券等形式流进金融市场；而净金融投资为负，表示该部门需要从金融市场筹集资金。2017 年调整前后的国内净金融投资分别为 18 182. 60 亿元和 22 257. 24 亿元。这表明我国存在一定程度未被政府统计的“潜在储蓄”。因此编制 SAM 表时考虑这部分经济活动，既能够全面反映社会资金的供需情况，也更符合 SAM 表中总投资等于总储蓄的平衡关系。

从要素报酬角度看，调整前劳动者报酬和资本报酬分别为 424 735. 60 亿元和 302 174. 40 亿元，调整后分别为 436 850. 76 亿元和 313 470. 44 亿元。就劳动者报酬而言，之所以以资金流量表作为调整依据，是因为投入产出表中的劳动者报酬数据是根据 5 年一次的专项调查取得的，而资金流量表中的劳动者报酬数据由中国人民银行提供，而且劳动者报酬通常存在不同程度的低报。不难看出，在考虑 NOE 的情况下，劳动要素收入总额略有上升。尽管这些就业人员有些已经被统计在内，有些未被统计在内，但非正规就业人员获得的绝大部分报酬并没有被纳入劳动者报酬统计，比如自雇者的混合收入。徐蔼婷（2014）基于 NOE 视角对我国劳动收入份额进行重新测算，得出“劳动收入份额基本维持在 50% 左右，没有显著低于发展中国家平均水平”的结论也充分说明该问题。就资本报酬而言，资本报酬在非金融企业、金融机构、政府部门和住户部门之间进行分配，分别占资本报酬总额 64.54%、8.13%、2.58% 和 24.75%。也就是说，绝大部分资本报酬分配给企业部门，之所以有一部分分配给住户部门，是因为农民的生产活动和个体就业者（非正规就业群体的重要组成部分）的经营活动会产生一定的资本报酬。总而言之，编制非正规经济 SAM 表之前对资金流量表数据进行调整是非常必要的。

基于上述过程，本研究得到了 2002 ~ 2017 年调整后的资金流量表。

二、投入产出表预测

（一）基础数据说明

目前，我国有 1987 年、1992 年、1997 年、2002 年、2007 年、2012 年、2017 年投入产出表基本表和 1995 年、2000 年、2005 年、2010 年、2015 年、2020 年投入产出表延长表。随着经济社会的快速发展，国民经济行业分类标准不断更新，投入产出表的行业分类也在不断变化。比如，2002 年、2007 年、2012 年、2017 年投入产出表基本表的行业数分别为 122、135、139、149 个，2020 年投入产出表延长表的行业数为 153 个。国家统计局目前采用的是最新的国民经济行业分类标准——国民经济行业分类（GB/T 4754 - 2017）。

为保持部门划分的一致性和可比性，减少信息损失，本研究将各年投入产出表统一归并为 18 个部门。具体处理细节如下。

（1）对 2002 年，将“旅游业”合并到租赁和商务服务业，将“其他社会服务业”分解为水利环境和公共服务业、居民服务和其他服务业①；

（2）对 2002 年、2005 年、2007 年、2010 年，合并“交通运输及仓储业”和“邮政业”为交通运输仓储邮政业，合并“科学研究事业/研究与试验发展业”和“综合技术服务业”为科学研究技术服务；

① 我国国民经济行业分类标准有 1984 年版，1994 年版，2002 年版，2011 年版，2017 年版。根据 GB/T 4754 - 94 标准，社会服务业包括公共设施服务业、居民服务业、旅馆业、租赁服务业、旅游业、娱乐服务业、信息咨询服务业、计算机应用服务业、其他社会服务业。2002 年版中水利环境和公共设施管理包括水利管理业、环境管理业和公共设施管理业，居民服务和其他服务业包括居民服务业、其他服务业。本研究以 2007 年水利、环境和公共设施管理业与居民服务和其他服务业的比例关系对 2002 年和 2007 年的其他社会服务业进行拆分。

(3) 对 2010 年，从“工艺品及其他制造业（含废品废料）”分解出废品废料；

(4) 对 2012 年、2015 年、2017 年，合并“通用设备”和“专用设备”，将“金属制品、机械和设备修理服务”合并到金属制品业；

(5) 对照国民经济行业分类（GB/T 4754 – 2017），将所有行业合并为表 4 – 12 所示的 18 个部门。

（二）中间使用/投入矩阵预测

首先，将 2002 年、2005 年、2007 年、2010 年、2012 年、2015 年和 2017 年的投入产出表统一合并为 18 部门投入产出表。

其次，测算 18 个部门的增加值。对于投入产出表基本表和延长表年份，分行业增加值数据直接来源于投入产出表；对于其他年份的分行业增加值，根据《中国统计年鉴》数据采用成分数据方法测算。

再次，将已知年份投入产出表中第一象限的每个元素都除以其所在部门的增加值，得到“中间投入/增加值”比例数据。

接着，预测中间年份的“中间投入/增加值”比例数据。以 2016 年为例，将 2015 年设定为基期，2017 年设定为报告期，假设 2015 ~ 2017 年的年均增长速度相同，测算得到 2016 年的“中间投入/增加值”比例数据。其他年份依此类推，从而得到 2002 ~ 2017 年的“中间投入/增加值”比例数据。

最后，将比例数据转换为绝对数据。将“中间投入/增加值”比例数据与 18 个部门的增加值相乘，得到 2002 ~ 2017 年投入产出表第一象限的绝对数据。在此基础上，以 2002 ~ 2017 年调整后的资金流量表中的增加值为控制数对中间投入数据进行调整，从而得到 2002 ~ 2017 年投入产出表第一象限的调整数据。

（三）最初投入矩阵预测

第一，采用成分数据方法，结合时间序列模型，预测得到 2002 ~ 2017 年增加值中的劳动者报酬、生产税净额、固定资产折旧和营业盈余数据。

第二，将 2002 年、2005 年、2007 年、2010 年、2012 年、2015 年、

2017 年 18 部门投入产出表中增加值各分项数据除以建筑业[1]增加值，得到 18 行 7 列的比例数据。

第三，采用插值法预测得到 2003 年、2004 年、2006 年、2008 年、2009 年、2011 年、2013 年、2014 年、2016 年 18 个行业的增加值各分项的比例数据。

第四，用增加值各分项合计数据除以各分项比例数据之和，得到建筑业的增加值，用其他部门的比例数据乘以建筑业的增加值，得到增加值分项在各部门的分布数据。至此，我们得到 2002 ~ 2017 年 18 部门投入产出表的第三象限数据。

（四）最终使用矩阵预测

最终使用矩阵包含的项目较多，本研究对最终使用矩阵的预测步骤如下。

第一，根据中间使用/投入、最初投入的预测结果与“总产出 = 总投入 = 中间投入 + 最初投入”的恒等关系，计算各部门的总产出。根据“总产出 = 中间使用 + 最终使用”的恒等关系，得到各部门的最终使用合计。

第二，采用成分数据方法，将最终使用分摊到居民消费、政府消费、资本形成总额和净出口。

第三，根据已知年份投入产出表中居民消费、政府消费、资本形成总额和净出口在各部门的分布状况，调整居民消费、政府消费、资本形成总额和净出口。

第四，预测各年份最终使用各分项的数据。以居民消费为例，将各年各部门的居民消费除以农林牧渔业[2]的居民消费，得到 18 行 7 列的居民消费比例数据。采用插值法预测 2002 ~ 2017 年居民消费的比例数据。将居民消费合计数除以各部门的比例数据之和，得到农林牧渔业的居民消费，再分别利用各部门的比例数据乘以农林牧渔业的居民消费，得到 18 部门的居民消费。政府消费、资本形成总额和净出口的预测过程类似。

---

① 本书以建筑业为分母的原因是，建筑业的增加值构成中不存在零值和负值。当然以其他行业作为分母也是可行的。

② 本书以农林牧渔业为基础的原因是，农林牧渔业的最终需求构成中不存在零值和负值。当然以其他行业作为基础也是可行的。

第五，分摊净出口数据。净出口 = 出口 - 进口。根据已知年份投入产出表各部门出口/进口的比例关系，先采用插值法预测 2003 年、2004 年、2006 年、2008 年、2009 年、2011 年、2013 年、2014 年、2016 年 18 部门的出口/进口比例数据，再根据净出口测算各部门的出口和进口。

将上述中间使用/投入矩阵、最初投入矩阵和最终使用矩阵等三个模块的预测结果组合在一起，得到 2002 ~ 2017 年 18 部门投入产出表。

第二节　中国宏观 SAM 表的编制

一、宏观 SAM 表的账户数值确定

（一）商品账户的数值确定（见表 5 -6）

HL(2，1)：源自 2017 年调整后投入产出表中的总产出 2 315 190 亿元。

HL(7，1)：源自 2018 年的《中国财政年鉴》中全国财政预算、决算表的关税决算数 2 998 亿元。

HL(8，1)：源自 2017 年调整后的投入产出表中进口数据 149 543 亿元。

HL(1，2)：源自 2017 年调整后的投入产出表中中间使用 1 471 025 亿元。

HL(1，5)：源自 2017 年调整后的投入产出表中居民消费 326 736 亿元。

HL(1，7)：源自 2017 年调整后的投入产出表中政府消费 119 400 亿元。

HL(1，9)：源自 2017 年调整后的投入产出表中资本形成总额 374 337 亿元。

HL(1，8)：源自 2017 年调整后的投入产出表中出口 163 789 亿元。

表 5 -6　　宏观 SAM 表的商品账户　　单位：亿元

国内商品总供给			国内商品总需求		
国内供给	HL(2，1)	2 315 190	中间投入	HL(1，2)	1 471 025
			最终使用		
			居民消费	HL(1，5)	326 736
关税	HL(7，1)	2 998	政府消费	HL(1，7)	119 400
			资本形成总额	HL(1，9)	374 337
进口	HL(8，1)	149 543	出口	HL(1，8)	163 789
合计	2 467 731		合计	2 455 287	

（二）活动账户的数值确定（见表 5 -7）

HL(2，1)：同商品账户纵列的国内供给 2 315 190 亿元。

HL(1，2)：同商品账户横行的中间投入 1 471 025 亿元。

HL(3，2)：源自 2017 年调整后投入产出表中增加值部分的国内劳动者报酬 436 851 亿元。

HL(4，2)：源自 2017 年调整后投入产出表中增加值部分的固定资产折旧和营业盈余之和 313 470 亿元。

HL(7，2)：源自 2017 年调整后投入产出表中增加值部分的生产税净额 93 844 亿元。

表 5 -7　　宏观 SAM 表的活动账户　　单位：亿元

国内总产出			国内总投入		
国内总产出	HL(2，1)	2 315 190	中间投入	HL(1，2)	1 471 025
			增加值		
			劳动者报酬	HL(3，2)	436 851
			资本报酬	HL(4，2)	313 470
			生产税净额	HL(7，2)	93 844
合计	2 315 190		合计	2 315 190	

（三）劳动要素账户的数值确定（见表 5 –8）

HL(3，2)：同活动账户纵列的劳动者报酬 436 851 亿元。

HL(3，8)：源自 2017 年调整后资金流量表中劳动者报酬的国外运用 1 509 亿元。

HL(5，3)：源自 2017 年调整后资金流量表中劳动者报酬的国内运用合计与国外运用之和 436 851 亿元。

表 5 –8　　宏观 SAM 表的劳动要素账户　　单位：亿元

劳动要素需求			劳动要素供给		
国内劳动需求	HL(3，2)	436 851	劳动供给	HL(5，3)	436 851
国外劳动需求	HL(3，8)	1 509			
合计	438 360		合计	436 851	

（四）资本要素账户的数值确定（见表 5 –9）

HL(4，2)：同活动账户纵列 313 470 亿元。

HL(5，4)：源自 2017 年调整后资金流量表中住户部门的增加值减去劳动者报酬和生产税净额，54 538 亿元。

HL(6，4)：源自 2017 年调整后资金流量表中企业部门（非金融企业部门和金融机构部门）增加值减去劳动者报酬和生产税净额，251 377 亿元。

HL(7，4)：源自 2017 年调整后资金流量表中政府部门增加值减去劳动者报酬和生产税净额，9 064 亿元。

表 5 –9　　宏观 SAM 表的资本要素账户　　单位：亿元

资本要素需求			资本要素供给		
资本要素需求	HL(4，2)	313 470	居民资本收益	HL(5，4)	54 538
			企业资本收益	HL(6，4)	251 377
			政府资本收益	HL(7，4)	9 064
合计	313 470		合计	314 980	

（五）居民账户的数值确定（见表5－10）

居民账户主要反映居民的各项收入和支出。居民账户的核算会涉及居民部门和企业部门、政府部门和国外之间的经常转移和财产收入转移，我们会在后文详细说明，详见中间转移流量的测算。

表5－10　　宏观SAM表的居民账户　　单位：亿元

<table>
<tr><th colspan="3">居民收入</th><th colspan="3">居民支出</th></tr>
<tr><td>劳动者报酬</td><td>HL(5，3)</td><td>436 851</td><td rowspan="2">居民消费</td><td rowspan="2">HL(1，5)</td><td rowspan="2">326 736</td></tr>
<tr><td>资本报酬</td><td>HL(5，4)</td><td>54 538</td></tr>
<tr><td>企业转移支付</td><td>HL(5，6)</td><td>25 047</td><td>对企业的转移</td><td>HL(6，5)</td><td>10 777</td></tr>
<tr><td>政府转移支付</td><td>HL(5，7)</td><td>65 354</td><td>个人所得税</td><td>HL(7，5)</td><td>60 393</td></tr>
<tr><td rowspan="2">国外转移支付</td><td rowspan="2">HL(5，8)</td><td rowspan="2">3 324</td><td>对国外的转移</td><td>HL(8，5)</td><td>1 194</td></tr>
<tr><td>居民储蓄</td><td>HL(9，5)</td><td>185 545</td></tr>
<tr><td>合计</td><td colspan="2">585 114</td><td>合计</td><td colspan="2">584 645</td></tr>
</table>

HL(5，3)：同劳动要素账户纵列的劳动供给436 851亿元。

HL(5，4)：同资本要素账户纵列的居民资本收益54 538亿元。

HL(1，5)：同商品账户横行的居民消费326 736亿元。

HL(9，5)：源自2017年调整后资金流量表中居民储蓄185 545亿元。

HL(5，6)、HL(5，7)、HL(5，8)、HL(6，5)、HL(7，5)和HL(8，5)的核算数据，详见中间转移流量的测算。

（六）企业账户的数值确定（见表5－11）

HL(6，4)：同资本要素账户纵列的企业资本收益251 377亿元。

HL(9，6)：源自2017年调整后资金流量表中企业部门（非金融企业部门和金融机构部门）的储蓄183 062亿元。

HL(6，5)、HL(6，6)、HL(6，7)、HL(6，8)、HL(5，6)、HL(7，6)和HL(8，6)的核算数据，详见中间转移流量的测算。

表 5-11　宏观 SAM 表的企业账户　单位：亿元

企业收入			企业支出		
资本收益	HL(6, 4)	251 377	对居民的转移	HL(5, 6)	25 047
居民转移支付	HL(6, 5)	10 777	对企业的转移	HL(6, 6)	66 855
企业转移支付	HL(6, 6)	66 855	企业直接税费	HL(7, 6)	527 644
政府转移支付	HL(6, 7)	5 622	对国外的转移	HL(8, 6)	16 962
国外转移支付	HL(6, 8)	10 060	企业储蓄	HL(9, 6)	183 062
合计	344 691		合计	344 691	

（七）政府账户的数值确定（见表 5-12）

HL(7, 2)：同活动账户纵列的生产税净额 93 844 亿元。

HL(7, 1)：同商品账户纵列的关税 2 998 亿元。

HL(7, 4)：同资本要素账户纵列的政府部门资本收益 9 064 亿元。

HL(1, 7)：同商品账户横行的政府消费 119 440 亿元。

HL(9, 7)：源自 2017 年调整后资金流量表中的政府储蓄 30 952 亿元。

HL(7, 5)、HL(7, 6)、HL(7, 8)、HL(5, 7)、HL(6, 7) HL(8, 7) 的核算数据，详见中间转移流量的测算。

表 5-12　宏观 SAM 表的政府账户　单位：亿元

政府收入			政府支出		
生产税净额	HL(7, 2)	93 844	政府消费	HL(1, 7)	119 440
关税	HL(7, 1)	2 998	对居民的转移支付	HL(5, 7)	65 354
政府资本收益	HL(7, 4)	9 064	对企业的转移支付	HL(6, 7)	5 622
个人所得税	HL(7, 5)	60 393	对国外的转移支付	HL(8, 7)	141
企业直接税费	HL(7, 6)	52 764	政府储蓄	HL(9, 7)	30 952
来自国外收入	HL(7, 8)	2 443			
合计	221 507		合计	221 509	

(八)国外账户的数值确定(见表5－13)

国外账户主要反映中国和世界其他地区之间的经济联系。

表5－13 宏观SAM表的国外账户 单位：亿元

国外收入			国外支出		
进口	HL(8，1)	149 543	出口	HL(1，8)	163 789
居民转移支付	HL(8，5)	1 194	国外劳动报酬	HL(3，8)	1 509
企业利润分成	HL(8，6)	16 962	对居民的转移支付	HL(5，8)	3 324
政府转移支付	HL(8，7)	141	对企业利润分成	HL(6，8)	10 060
			对政府转移支付	HL(7，8)	2 443
			国外储蓄	HL(9，8)	－13 120
合计	167 839		合计	168 005	

HL(8，1)：同商品账户纵列的进口149 543亿元。

HL(1，8)：同商品账户横行的出口163 789亿元。

HL(3，8)：同劳动要素账户横行的国外劳动需求1 509亿元。

HL(9，8)：源自2012年调整后资金流量表中的国外储蓄－13 120亿元。

HL(8，5)、HL(8，6)、HL(8，7)、HL(5，8)、HL(6，8)和HL(7，8)的核算数据，详见中间转移流量的测算。

(九)投资－储蓄账户的数值确定(见表5－14)

该账户中相关数据已经分别在商品、居民、企业、政府和国外账户做了说明。

表 5－14　　宏观 SAM 表的投资－储蓄账户　　单位：亿元

<table>
<tr><th colspan="3">总储蓄</th><th colspan="3">总投资</th></tr>
<tr><td>居民储蓄</td><td>HL(9，5)</td><td>185 545</td><td rowspan="4">资本形成总额</td><td rowspan="4">HL(1，9)</td><td rowspan="4">374 337</td></tr>
<tr><td>企业储蓄</td><td>HL(9，6)</td><td>183 062</td></tr>
<tr><td>政府储蓄</td><td>HL(9，7)</td><td>30 952</td></tr>
<tr><td>国外储蓄</td><td>HL(9，8)</td><td>－13 120</td></tr>
<tr><td>合计</td><td colspan="2">386 439</td><td>合计</td><td colspan="2">374 337</td></tr>
</table>

二、中间转移流量的测算

（一）财产收入流量的测算

鉴于调整资金流量表时未涉及财产收入的调整，本研究直接根据 2017 年的财产收入 T 型账户推算各机构部门之间的财产收入数据。根据资金流量表的结构可知，财产收入包括利息、红利、土地租金和其他。根据前一章设计的测算方法，对于土地租金，本研究采用“直接分配法”进行测算；对于利息、红利和其他，本研究采用“收入转移法”进行测算。2017 年财产收入的中间转移矩阵测算结果如表 5－15 所示。

表 5－15　　财产收入的流量矩阵　　单位：亿元

账户名称	居民	企业	政府	国外
居民	2 317	21 972	3 536	2 803
企业	7 835	63 009	5 537	9 316
政府	821	18 717	573	2 070
国外	149	15 595	111	3 754

（二）经常转移流量的测算

资金流量表中的经常转移包括收入税、社会保险缴款、社会保险福利、社会补助和其他经常转移五个项目。对于前四个项目，可以清楚地判断出它们在机构部门之间的分配关系。收入税来源方只有政府部门，运用方包括企业和居民，是指企业和居民向政府缴纳了收入税。社会保险福利来源方为居民，运用方为政府，是指居民向政府缴纳的养老保险、医疗保险、失业保险等。本研究采用“直接分配法”进行测算。然而，其他经常转移项目涉及各个机构部门，本研究利用“收入转移法”进行测算。2017年经常转移的中间转移矩阵测算结果如表5－16所示。

表5－16　经常转移的流量矩阵　单位：亿元

账户名称	居民	企业	政府	国外
居民	2 057	3 076	61 818	521
企业	2 941	3 846	85	744
政府	59 573	34 047	12 394	373
国外	1 045	1 367	30	264

将财产收入与经常转移的中间转移矩阵进行合并，得到住户部门、企业部门、政府部门和国外部门之间的资金收支关系矩阵，即中间转移矩阵。2017年的中间转移矩阵测算结果如表5－17所示。

表5－17　宏观SAM表的中间转移矩阵　单位：亿元

账户名称	居民	企业	政府	国外
居民	4 374	25 047	65 354	3 324
企业	10 777	66 855	5 622	10 060
政府	60 393	52 764	12 967	2 443
国外	1 194	16 962	141	4 018

将中间转移矩阵中的各元素填充到宏观SAM表的相应位置，即可得到2017年中国宏观SAM表，如表5－18所示。遵循上述方法，本书编制了2002～2017年中国宏观SAM表。

表 5－18　　中国 2017 年宏观 SAM 表　　单位：亿元

账户名称	商品	活动	劳动	资本	居民	企业	政府	国外	投资－储蓄	合计
商品		1 471 025			326 736		119 400	163 789	374 337	2 455 287
活动	2 315 190									2 315 190
劳动		436 851						1 509		438 360
资本		313 470								313 470
居民			436 851	54 538	4 374	25 047	65 354	3 324		589 488
企业				251 377	10 777	66 855	5 622	10 060		344 691
政府	2 998	93 844		9 064	60 393	52 764	12 967	2 443		234 474
国外	149 543				1 194	16 962	141	4 018		171 858
投资－储蓄					185 545	183 062	30 952	－13 120		386 439
合计	2 467 731	2 315 190	436 851	314 980	589 019	344 691	234 435	172 023	374 337	

注：为呈现原始数据，本表是尚未平衡的 SAM 表，后文会根据 RAS 方法进行平衡。

第三节　中国非正规经济规模及行业分布测算

一、非正规经济的整体规模

根据本书对非正规经济的概念界定，下面基于窄口径定义对非正规就业的整体规模进行统计测算。非正规就业由三部分构成：(1) 城镇个体经营者；(2) 城镇国有企业、集体企业、股份合作单位、联营单位、有限责任公司、股份有限公司、港澳台投资单位、外商投资单位内部的临时工和季节工；(3) 农村个体经营者。对于城镇地区和农村地区的个体经营者，国家统计局有完整的统计数据，对于城镇八类单位内部的临时工和季节工，缺乏直接记录数据。通过挖掘《中国统计年鉴》中的就业统计数据，我们发现城镇总就业人数并不等于各类单位就业人数之和，说明有一定程度的就业人员并没有被统计在册，这部分就业人员可以视为各类单位内部的临时工和季节工（蔡昉和王美艳，2004）。

基于上述定义和数据，我们分别测算了城镇地区中非正规就业人数的比重与农村地区中非正规就业人数的比重，并汇总得到全面层面非正规就业人数的比重。图 5－1 给出了 1990～2020 年的测算结果。

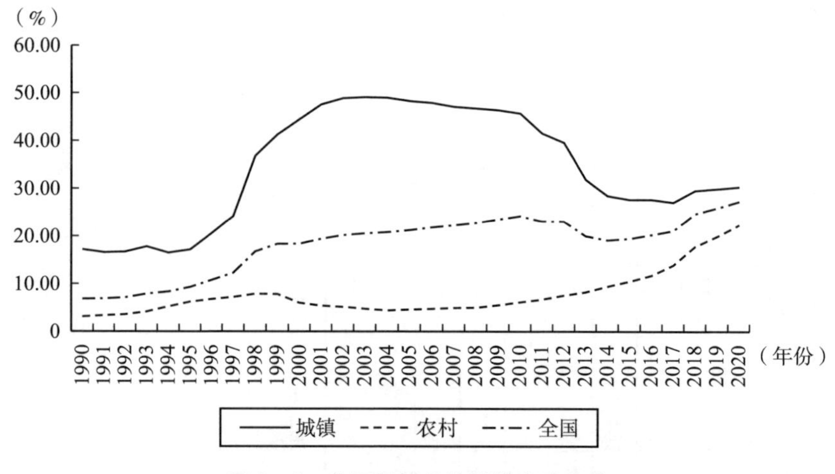

图 5－1　非正规就业比重的变动趋势

从全国层面看，非正规就业比重由 1990 年的 6.82% 稳步上升至 2010 年的 24.16%，缓慢下降至 2014 年的 19.09%；随着数字经济的发展，新型非正规就业不断涌现，使得非正规就业比重快速上升至 2020 年的 27.25%。从农村地区看，1990～2004 年呈现倒“V”型特征，2005 年后开始迅速上升，说明以农村个体经济为代表的非正规部门发展势头良好。从城镇地区看，非正规就业比重的变化特征比较明显：1990～1995 年稳定在 17% 左右，1996 年开始急速上升至 2003 年的 49.09%，几乎一半的城镇就业属于非正规就业，2004 年开始呈现缓慢下降趋势。图 5－2 给出了城镇非正规就业比重内部构成的变化趋势。近年来，城镇个体经济也有很好的发展形势，而且高于农村个体经济占比。相反，城镇未统计就业明显下降。这既说明城镇地区临时工和季节工的就业正规化程度不断提高，也说明我国就业统计制度不断完善。

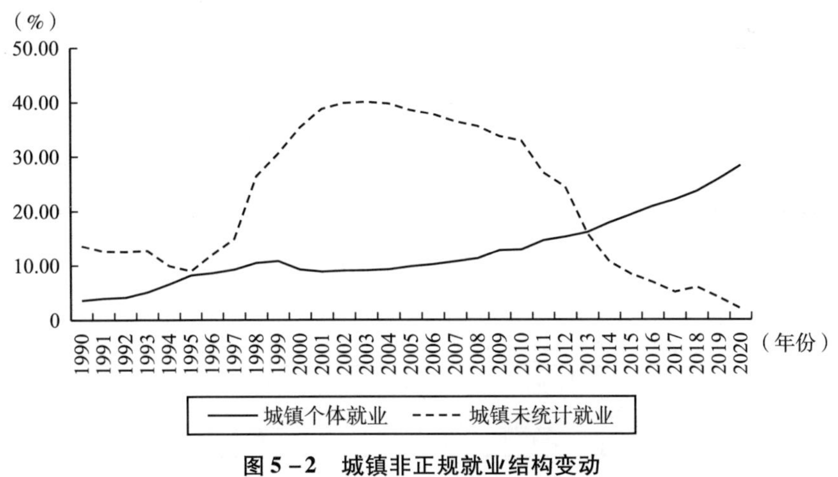

图 5－2　城镇非正规就业结构变动

二、非正规就业的行业分布

（一）城镇非正规就业人员的行业分布

如前文所述，城镇非正规就业是指城镇个体就业和未统计就业人员。对于前者，《中国统计年鉴》提供了 2002～2017 年全国层面和城镇地区主要行业的个体就业人员和私营就业人员的行业分布数据。对于后者，由于缺乏其直接的就业分布信息，我们假设其与个体就业和私营企业就业人员的行业分布相同。据此，我们估算得到了城镇地区非正规就业人员的行业分布，结果如表 5 – 19 所示。

表 5 – 19　　城镇非正规就业人员的行业分布　　单位：万人

年份	制造业	建筑业	交通运输仓储邮政业	批发零售住宿餐饮业	居民服务和其他服务业	其他行业	合计
2002	2 364	377	534	6 329	817	1 868	12 289
2003	2 839	435	509	6 448	855	1 791	12 876
2004	2 802	525	515	6 524	909	2 088	13 362
2005	2 922	533	498	6 594	940	2 218	13 705
2006	3 173	558	518	6 798	903	2 242	14 192
2007	3 236	593	522	6 887	894	2 438	14 571
2008	3 267	659	509	7 107	916	2 550	15 007
2009	3 133	678	509	7 504	957	2 674	15 455
2010	3 236	744	486	7 512	1 030	2 844	15 851
2011	2 814	692	428	7 324	923	2 726	14 908
2012	2 623	667	638	6 947	898	2 910	14 683
2013	2 104	567	326	6 018	740	2 426	12 182
2014	1 846	539	280	5 692	697	2 405	11 459
2015	1 671	551	261	5 697	695	2 577	11 452
2016	1 597	563	263	5 899	741	2 685	11 747
2017	1 526	544	266	5 877	775	2 794	11 781

总体而言，城镇地区的非正规就业规模在 2010 年达到峰值，为 15 851 万人。分行业来看，2002 ~ 2017 年城镇地区非正规就业人数在主要行业的分布比例较为稳定，从高到低依次为批发零售住宿餐饮业、制造业、居民服务和其他服务业、建筑业、交通运输仓储邮政业等，上述 5 个行业吸纳的非正规就业人数占城镇地区非正规就业人数的比重位于 75% ~ 85% 区间，与薛进军和高文书（2012）基于全国 1% 人口抽样调查的测算结果基本一致。

（二）农村非正规就业人员的行业分布

为了得到全口径的非正规经济，实现对非正规经济 SAM 表的编制，需要进一步测算农村地区非正规就业人员的行业分布。

根据我国就业统计相关资料，农村地区就业类型主要有：第一产业就业、乡镇企业就业、私营企业就业和个体就业。其中，乡镇企业按照经济类型划分为内资企业（集体企业、股份合作企业、联营企业、有限责任公司、股份有限公司、私营企业和个体就业、其他就业）、港澳台商投资企业和外商投资企业。本研究将农村地区的非正规就业定义为农村个体就业与乡镇企业中的个体就业。

对于农村个体就业，由《中国统计年鉴》中主要行业的就业人数统计中的全国数据减去城镇地区数据得到；对于乡镇企业中的个体就业，假设其与农村地区个体就业的行业分布相同。基于此，本研究测算得到了农村地区非正规就业的行业分布，如表 5 – 20 所示。

表 5 – 20　农村非正规就业人员的行业分布　单位：万人

年份	制造业	建筑业	交通运输仓储邮政业	批发零售住宿餐饮业	居民服务和其他服务业	其他行业	合计
2002	2 862	179	474	3 519	447	977	8 458
2003	3 011	217	407	3 321	439	959	8 353
2004	3 001	219	349	3 366	437	889	8 261
2005	2 944	243	306	3 170	394	911	7 969
2006	2 913	237	273	3 000	370	993	7 786
2007	3 097	255	263	3 015	364	953	7 947
2008	2 959	293	253	3 111	379	1 071	8 066
2009	2 889	314	292	3 262	376	1 163	8 296
2010	2 955	335	241	3 500	397	1 189	8 617
2011	2 924	302	236	3 657	478	1 294	8 891
2012	2 901	331	363	3 626	470	1 555	9 245
2013	2 930	392	273	3 817	437	1 692	9 541

续表

年份	制造业	建筑业	交通运输仓储邮政业	批发零售住宿餐饮业	居民服务和其他服务业	其他行业	合计
2014	2 884	416	266	4 040	458	1 858	9 921
2015	2 766	453	245	4 144	453	2 143	10 205
2016	2 710	457	249	4 227	473	2 421	10 537
2017	2 653	509	289	4 522	531	2 628	11 133

总体而言，农村地区非正规就业人数于2006年开始不断上升。从行业角度看，非正规就业在批发零售住宿餐饮业和制造业表现得极为突出，分别占据农村地区非正规就业的39.96%和32.88%，其他依次为居民服务和其他服务业、建筑业、交通运输仓储邮政业。这些行业中农村地区非正规就业所占比重位于76.4%～90.3%区间，均值为85.4%。结合城镇地区的测算结果，我们发现农村地区非正规就业与城镇地区非正规就业的行业分布基本相同，批发零售住宿餐饮业等竞争型劳动密集型行业是非正规就业的重要蓄水池。

第四节　中国非正规经济SAM表的模块化编制

一、拆分权重测算

（一）工资份额的测算

1. 城镇各行业非正规就业人员的平均工资测算

城镇正规就业人员的平均工资，以城镇单位就业人员的平均工资作为代理指标。关于非正规就业人员，特别是未统计就业人员的平均工资，没有系统的数据，任远和彭希哲（2007）进行过系统的测算，但其数据所处年份为2002年。本书利用城镇私营单位就业人员的平均工资代替。2009年国家统计局开始公布城镇私营单位就业人员的平均工资。对于2002～2008年的城镇私营单位就业人员的平均工资，根据2009～2017年乡镇企业平均工资和城镇个体私营企业之间关系进行线性预测得到。图5－3为

2002～2017 年城镇各行业非正规就业人员平均工资的演化趋势图。总体而言，非正规就业人员的平均工资呈上升趋势，而吸纳非正规就业能力最强的居民服务和其他服务业的平均工资最低。

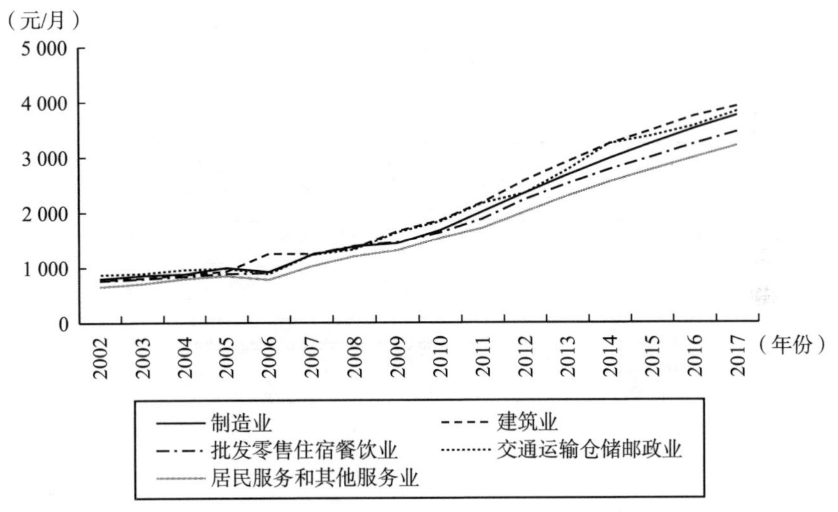

图 5－3　城镇非正规就业平均工资的演化趋势

2. 农村各行业非正规就业人员的平均工资测算

关于农村非正规就业人员的平均工资数据，现有文献尚未涉及。本研究主要通过《中国乡镇企业年鉴》和《中国乡镇企业及农产品加工业年鉴》相关数据进行测算。因这些年鉴公布了按经济类型和按行业划分的乡镇企业的企业个数、就业人数、增加值、劳动报酬等信息。据此可测算得到不同行业乡镇企业就业者的平均劳动报酬。本研究以其中的个体就业的平均劳动者报酬作为农村非正规就业人员的平均工资。图 5－4 为 2002～2017 年农村各行业非正规就业人员平均工资的演化趋势图。比较而言，农村非正规就业人员的平均工资明显低于城镇地区。

3. 分行业非正规就业工资份额的测算

基于前述对城镇地区和农村地区正规就业和非正规就业人数，以及对城镇地区和农村地区正规就业和非正规就业人员平均工资的测算，我们可以进一步测算出各行业正规就业工资总额和非正规就业工资总额占工资总额的比重。

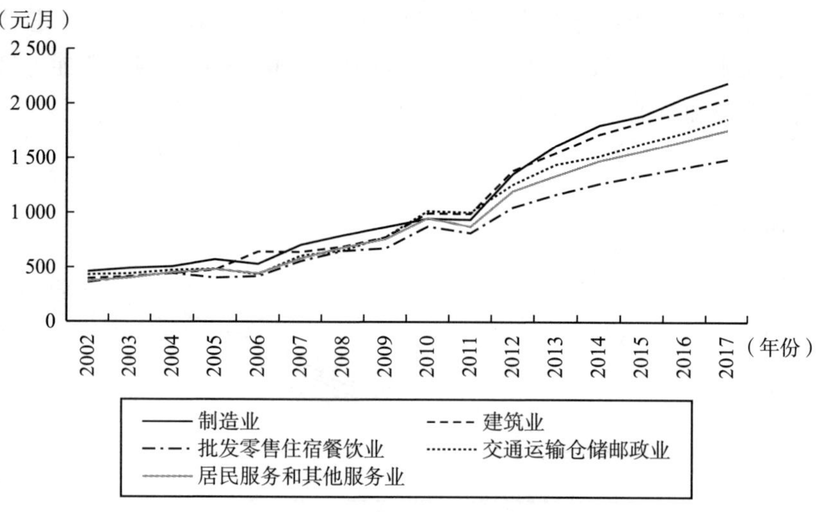

图 5－4　农村非正规就业平均工资的演化趋势

对于城镇地区：

$$W_{UF,i} = L_{UF,i} \times w_{UF,i} \tag{5-1}$$

$$W_{UI,i} = L_{UI,i} \times w_{UI,i} \tag{5-2}$$

其中，$W_{UF,i}$和 $W_{UI,i}$分别为 i 行业正规就业工资总额和非正规就业工资总额，$w_{UF,i}$和 $w_{UI,i}$分别为 i 行业正规就业人员的平均工资和非正规就业人员的平均工资，$L_{UF,i}$和 $L_{UI,i}$分别为 i 行业正规就业和非正规就业人数。

对于农村地区：

$$W_{RF,i} = L_{tve,i} \times w_{tve,i} + L_{pri,i} \times w_{pri,i} \tag{5-3}$$

$$W_{RI,i} = L_{ind,i} \times w_{ind,i} + L_{tveind,i} \times w_{tveind,i} \tag{5-4}$$

其中，$W_{RF,i}$和 $W_{RI,i}$分别代表 i 行业正规就业工资总额和非正规就业工资总额，$w_{tve,i}$、$w_{pri,i}$、$w_{ind,i}$、$w_{tveind,i}$分别代表 i 行业乡镇企业（不含内部的个体就业和其他就业）、私营企业、个体就业和乡镇企业中个体和其他就业人员的平均工资。联立式（5－1）、式（5－2）、式（5－3）和式（5－4），可以得到 i 行业正规就业人员的工资份额：

$$\psi_{F,i} = \frac{W_{UF,i} + W_{RF,i}}{W_{UF,i} + W_{UI,i} + W_{RF,i} + W_{RI,i}} \tag{5-5}$$

i 行业非正规就业人员的工资份额：

$$\psi_{I,i} = \frac{W_{UI,i} + W_{RI,i}}{W_{UF,i} + W_{UI,i} + W_{RF,i} + W_{RI,i}} \tag{5-6}$$

其中，$\psi_{F,i}$和$\psi_{I,i}$分别代表各行业正规就业人员和非正规就业人员的工资份额。

表 5－21 给出了 2002～2017 年各行业非正规就业人员工资份额的测算结果。不难看出，各行业非正规就业人员工资份额均呈现稳定的下降态势。其中，批发零售住宿餐饮业、居民服务和其他服务业非正规就业人员的工资份额非常接近，而且处在高位运行，分别由 2002 年的 73.02% 和 73.31% 下降至 2017 年的 42.73% 和 43.70%。制造业、建筑业、交通运输仓储邮政业非正规就业人员的工资份额较为接近，分别由 2002 年的 35.32%、24.60% 和 35.91% 下降至 2017 年的 16.79%、15.31% 和 16.45%，明显低于批发零售住宿餐饮业、居民服务和其他服务业。主要是因为此类行业均属于劳动密集型产业，具有较强的竞争性和较低的进入门槛，备受劳动者青睐。

表 5－21　　分行业非正规就业工资份额　　单位：%

年份	制造业	建筑业	批发零售住宿餐饮业	交通运输仓储邮政业	居民服务和其他服务业
2002	35.32	24.60	73.02	35.91	73.31
2003	36.01	25.55	69.75	33.96	70.49
2004	33.74	27.73	67.95	32.13	68.78
2005	32.45	25.97	66.16	29.06	66.74
2006	29.84	27.68	63.99	25.01	61.90
2007	29.51	26.45	66.14	29.37	65.21
2008	28.81	27.03	64.72	27.61	64.27
2009	27.38	27.21	63.86	29.45	63.01
2010	27.38	27.13	62.41	27.85	62.28
2011	24.66	21.84	58.84	24.95	59.59
2012	23.68	20.23	56.49	30.65	57.26

续表

年份	制造业	建筑业	批发零售 住宿餐饮业	交通运输 仓储邮政业	居民服务和 其他服务业
2013	19.35	14.53	50.86	19.20	52.72
2014	18.20	14.18	47.29	17.64	48.65
2015	17.34	14.87	45.22	16.23	46.33
2016	17.15	15.23	44.27	16.16	45.30
2017	16.79	15.31	42.73	16.45	43.70

（二）资本份额的测算

在编制非正规经济 SAM 表的过程中，需要采用资本份额对相关项目进行拆分，我们提出了一个测算各行业非正规部门资本份额的方法，具体公式为：

$$\omega_i^{cap} = \frac{(\omega_i^{lzb}/\alpha) \times (1-\alpha)}{(\omega_i^{lzb}/\alpha) \times (1-\alpha) + ((1-\omega_i^{lzb})/\beta) \times (1-\beta)} \tag{5-7}$$

其中，ω_i^{cap} 为部门 i 的非正规资本份额，ω_i^{lzb} 为部门 i 的非正规劳动份额，α 和 β 分别为非正规经济和正规经济的劳动报酬份额，相应地，$1-\alpha$ 和 $1-\beta$ 分别为非正规经济和正规经济的资本报酬份额。也就是说，测算非正规部门资本份额关键取决于两个重要参数：非正规经济的劳动报酬份额和正规经济的劳动报酬份额。

关于正规经济的劳动报酬份额，直接采用调整后的资金流量表中的劳动报酬占增加值比重作为衡量指标，其中，2017 年正规经济的劳动报酬份额为 0.5167。关于非正规经济的劳动报酬份额，吕光明（2015）做过一次测算，发现非正规经济的劳动报酬份额为 0.6636，本研究利用该测算结果作为非正规经济劳动报酬份额参数。

表 5－22 给出了 2002～2017 年分行业非正规部门资本份额的测算结果。不难看出，非正规部门资本份额与非正规部门工资份额呈现相同的变化趋势，但在数值上明显低于后者。

表 5－22　　分行业非正规部门资本份额　　单位：%

年份	制造业	建筑业	批发零售 住宿餐饮业	交通运输 仓储邮政业	居民服务和 其他服务业
2002	24. 28	16. 08	61. 38	24. 76	61. 73
2003	24. 25	16. 34	56. 75	22. 64	57. 61
2004	20. 98	16. 67	52. 50	19. 80	53. 46
2005	19. 87	15. 33	50. 23	17. 45	50. 87
2006	17. 31	15. 85	46. 65	14. 10	44. 43
2007	16. 49	14. 50	47. 95	16. 39	46. 92
2008	15. 92	14. 77	46. 18	15. 14	45. 69
2009	15. 52	15. 41	46. 27	16. 90	45. 37
2010	14. 78	14. 62	43. 30	15. 07	43. 16
2011	12. 84	11. 18	39. 16	13. 02	39. 90
2012	13. 32	11. 16	39. 13	17. 95	39. 88
2013	11. 18	8. 19	35. 19	11. 09	36. 91
2014	10. 52	8. 03	32. 16	10. 16	33. 36
2015	10. 28	8. 71	31. 08	9. 57	32. 05
2016	10. 22	9. 00	30. 41	9. 59	31. 30
2017	9. 86	8. 92	28. 79	9. 64	29. 61

（三）固定资产投资比例的测算

由于《中国统计年鉴》暂未提供不同经济类型中分行业的全社会固定资产投资数据，我们假设 5 个行业非正规部门固定资产投资比例相同。以《中国统计年鉴》中分经济类型固定资产投资中的个体投资与其他投资两项之和占全社会固定资产投资比重进行衡量。图 5－5 给出了 2002～2017 年的测算结果。可以看出，非正规部门投资占所属行业投资的比重较低，稳定在 4. 14%～7. 57% 范围内。

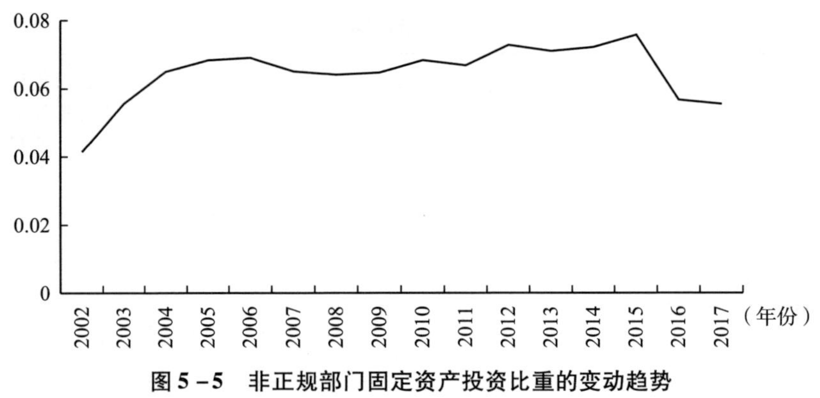

图 5－5　非正规部门固定资产投资比重的变动趋势

基于上述权重的测算结果，下面以 2017 年农林牧渔业、采掘业、制造业、建筑业为例，对我国非正规经济 SAM 表的编制过程进行详细说明。

二、中间使用/投入模块编制

根据前一章关于该模块的编制方法，本部分采用"工资份额法"将制造业、建筑业、批发零售住宿餐饮业、交通运输邮政仓储业、居民服务和其他服务业分别拆分为非正规部门和正规部门。以农林牧渔业、采掘业、制造业、建筑业为例，由于该四个行业非正规就业的工资份额分别为 0.00、0.00、0.1679、0.1531。因此，相应的拆分权重矩阵如表 5－23 所示。

表 5－23　　拆分权重矩阵

账户名称	农林牧渔业	采掘业	制造业－正规	制造业－非正规	建筑业－正规	建筑业－非正规
农林牧渔业	1.0000	1.0000	0.8321	0.1679	0.8469	0.1531
采掘业	1.0000	1.0000	0.8321	0.1679	0.8469	0.1531
制造业－正规	0.8321	0.8321	0.6924	0.1397	0.7047	0.1274
制造业－非正规	0.1679	0.1679	0.1397	0.0282	0.1422	0.0257
建筑业－正规	0.8469	0.8469	0.7047	0.1422	0.7172	0.1297
建筑业－非正规	0.1531	0.1531	0.1274	0.0257	0.1297	0.0234

类似于上述农林牧渔业、采掘业等未进行非正规部门与正规部门区分的行业，两两之间的流量保持不变，该类行业与其他进行非正规部门与正规部门区分的行业之间的流量被拆分为两个元素；而类似于制造业、建筑业等进行非正规部门与正规部门区分的行业，其行业内部以及行业之间的流量被分解为四个元素。在此基础上，将投入产出表相应流量数据与上述权重矩阵相乘，就可以得到如表5－24所示的中间使用/投入矩阵。

表5－24　中间使用/投入矩阵　单位：亿元

账户名称	农林牧渔业	采掘业	制造业－正规	制造业－非正规	建筑业－正规	建筑业－非正规
农林牧渔业	15 057	25	53 554	10 808	1 647	298
采掘业	63	7 123	48 183	9 724	1 663	301
制造业－正规	17 639	8 260	360 549	72 761	77 318	13 978
制造业－非正规	3 560	1 667	72 761	14 684	15 603	2 821
建筑业－正规	65	18	179	36	5 374	972
建筑业－非正规	12	3	32	7	972	176

三、最初投入模块编制

最初投入模块由劳动者报酬、生产税净额、固定资产折旧和营业盈余构成。对于劳动者报酬，本书采用“工资份额法”进行分解。从生产要素角度来看，生产税净额、固定资产折旧和营业盈余都属于资本要素，本书采用“资本份额法”进行分解。

根据前文测算结果，2017年制造业、建筑业、批发零售住宿餐饮业、交通运输仓储邮政业、居民服务和其他服务业5个行业非正规部门的资本份额分别为0.0986、0.0892、0.2879、0.0964、0.2961，低于同行业的工资份额0.1679、0.1531、0.4273、0.1645、0.4370。以农林牧渔业、采掘业、制造业、建筑业为例，基于“工资份额法”和“资本份额法”，本研究得到的2017年农林牧渔业、采掘业、制造业和建筑业的最初投入矩阵如表5－25所示。

表 5 – 25 最初投入矩阵 单位：亿元

账户名称	农林牧渔业	采掘业	制造业 – 正规	制造业 – 非正规	建筑业 – 正规	建筑业 – 非正规
农业劳动	67 365					
正规劳动		10 269	75 881		29 904	
非正规劳动				15 313		5 406
资本	3 692	9 610	89 057	9 741	12 183	1 194
……						
政府	–3 370	8 892	39 404	4 310	7 265	712
国外	6 027	23 334	87 715	9 594	532	52
……						

四、最终使用模块编制

由于消费和收入之间存在密切关系，本研究采用“工资份额法”对居民消费和政府消费进行分解。对于出口，本研究使用“资本份额法”进行分解。对于资本形成总额，本研究使用“固定资产投资比例法”进行拆分。根据前文测算，2017 年非正规部门固定资产投资比重为 5.55%。以农林牧渔业、采掘业、制造业、建筑业为例，基于“工资份额法”“资本份额法”“固定资产投资比例法”，本研究得到的 2017 年农林牧渔业、采掘业、制造业和建筑业的最终使用矩阵如表 5 – 26 所示。

表 5 – 26 最终使用矩阵 单位：亿元

账户名称	居民消费	政府消费	资本形成总额	出口
农林牧渔业	27 505	1 194	2 466	1 193
采掘业	278	0	324	487
制造业 – 正规	102 845	0	85 146	118 602
制造业 – 非正规	20 755	0	5 001	12 972
建筑业 – 正规	0	0	211 528	751
建筑业 – 非正规	0	0	12 424	74

五、资金流量模块编制

由于中国非正规经济 SAM 表没有对机构部门进行拆分，所以资金流量模块的数据直接取自中国宏观 SAM 表。2017 年资金流量矩阵如表 5－27 所示。

表 5－27　资金流量矩阵　单位：亿元

账户名称	居民	企业	政府	国外
居民	4 374	25 047	65 354	3 324
企业	10 777	66 855	5 622	10 060
政府	60 393	52 764	12 967	2 443
国外	1 194	16 962	141	

六、细化居民账户编制

（一）居民收入的分解和细化

根据中国非正规经济 SAM 表的基本结构，居民收入来源于劳动报酬（农业劳动报酬、正规劳动报酬、非正规劳动报酬）、资本报酬、转移性收入（企业转移、政府转移和国外转移）。

1. 居民分项收入比例的测算

由于中国非正规经济 SAM 表的居民账户被划分为 10 个组，需将各收入项目分别分配到城镇居民和农村居民，并分解到各自的 5 等分组。

第一，划分居民收入组。由于《中国统计年鉴》中 2002～2012 年城镇居民分为 7 组，2013 年之后为 5 等分组（即低收入组 20%、中间偏下组 20%、中间收入组 20%、中间偏上组 20%、高收入组 20%），而农村居民一直为 5 等分组。为使城镇居民与农村居民收入分组一致，我们将城镇居民也合并为 5 等分组。

第二，测算城镇和农村各组的工资性收入、经营性收入、财产性收入和转移性收入比例。国家统计局 2013 年开始同时公布城镇和农村 5 等分组的居民可支配收入①。与2013年之前不同的是，不再公布城镇和农村不同组的居民可支配收入构成（工资性收入、经营性收入、财产性收入和转移性收入），也不再公布各组的消费支出数据。因此我们根据2002~2012年数据对2013~2017年相关数据进行预测和调整。

经测算，得到了城镇5等分组和农村5等分组居民的工资性收入、经营性收入、财产性收入和转移性收入的比例，如表5-28所示。

表5-28　城乡各组居民各分项收入的比重　单位：%

地区	收入性质	统计值	低收入组	中等偏下	中等收入	中等偏上	高收入组
城镇	工资性与经营性收入	均值	9.17	13.72	17.21	22.56	37.34
		最大值	10.26	14.34	18.40	23.70	38.91
		最小值	8.22	13.27	16.63	21.51	35.38
	财产性收入	均值	4.47	7.38	11.38	17.63	59.13
		最大值	6.56	10.49	14.08	18.58	62.63
		最小值	3.84	6.14	9.83	16.51	51.71
	转移性收入	均值	8.82	13.85	16.85	24.28	36.21
		最大值	9.37	15.60	18.42	26.00	40.56
		最小值	8.32	12.29	14.49	22.55	34.02
农村	工资性与经营性收入	均值	6.62	13.12	17.90	23.63	38.73
		最大值	7.78	13.28	18.39	24.31	39.64
		最小值	5.64	12.88	17.23	22.87	38.38
	财产性收入	均值	4.49	7.00	11.55	17.06	59.89
		最大值	5.57	7.99	13.59	18.31	65.79
		最小值	3.22	6.13	9.81	15.01	57.19
	转移性收入	均值	9.91	13.14	15.95	20.75	40.25
		最大值	11.15	14.42	17.61	21.82	52.17
		最小值	5.45	9.46	13.06	19.61	35.27

注：需要说明的是，本研究在对劳动报酬分解时，采用工资性收入和经营性收入之和进行拆分，因而图中给出了二者之和的比重数据。

① 2013年开始，国家统计局开展了城乡一体化住户调查，2013年及以后数据源此调查。但与2013年前的分城镇和农村住户调查的调查范围、调查方法、指标口径有所不同。

2. 居民劳动报酬的分解

采用前一章设计的分解方法，先测算得到 2002 ~ 2017 年正规劳动报酬、非正规劳动报酬在城镇地区、农村地区的分配比例（如表 5 - 29 所示）；再根据表 5 - 28 中工资性收入和经营性收入的权重分别对城镇居民和农村居民各组的收入进行分解。

3. 居民资本报酬的分解

采用前文设计的分解方法，先测算得到了 2002 ~ 2017 年资本报酬在城镇地区和农村地区的拆分比例，如表 5 - 29 所示，再根据表 5 - 28 中财产性收入的权重分别对城镇和农村各组的收入进行分解。

表 5 - 29　　要素报酬在城镇和农村的分配比例　　单位：%

年份	正规劳动报酬		非正规劳动报酬		资本报酬	
	城镇	农村	城镇	农村	城镇	农村
2002	60. 40	39. 60	72. 51	27. 49	55. 03	44. 97
2003	61. 87	38. 13	73. 10	26. 90	56. 62	43. 38
2004	62. 88	37. 12	73. 35	26. 65	60. 46	39. 54
2005	62. 86	37. 14	75. 43	24. 57	62. 75	37. 25
2006	65. 29	34. 71	77. 11	22. 89	66. 36	33. 64
2007	63. 81	36. 19	77. 03	22. 97	69. 77	30. 23
2008	64. 42	35. 58	77. 29	22. 71	70. 55	29. 45
2009	64. 99	35. 01	77. 30	22. 70	71. 48	28. 52
2010	65. 25	34. 75	75. 95	24. 05	72. 62	27. 38
2011	71. 80	28. 20	77. 82	22. 18	75. 60	24. 40
2012	68. 96	31. 04	74. 31	25. 69	78. 98	21. 02
2013	70. 83	29. 17	69. 85	30. 15	79. 27	20. 73
2014	71. 65	28. 35	67. 95	32. 05	80. 43	19. 57
2015	71. 88	28. 12	68. 08	31. 92	81. 68	18. 32
2016	71. 56	28. 44	68. 63	31. 37	82. 78	17. 22
2017	71. 19	28. 81	67. 71	32. 29	83. 75	16. 25

4. 居民转移性收入的分解

采用前文设计的分解方法，先测算得到了 2002～2017 年转移性收入在城镇地区和农村地区的分配比例，如表 5－30 所示，再根据工资性收入和经营性收入的权重分别对城镇和农村各组居民从企业部门、政府部门和国外部门得到的转移性收入进行分解。

表 5－30　转移性收入在城镇和农村的分配比例　单位：%

年份	城镇	农村	年份	城镇	农村
2002	92.66	7.34	2010	91.95	8.05
2003	93.56	6.44	2011	91.56	8.44
2004	93.51	6.49	2012	91.32	8.68
2005	93.22	6.78	2013	91.39	8.61
2006	92.81	7.19	2014	91.36	8.64
2007	92.81	7.19	2015	91.48	8.52
2008	91.63	8.37	2016	91.61	8.39
2009	91.54	8.46	2017	91.74	8.26

（二）居民支出的分解和细化

1. 居民消费支出的分解

由于 2013 年开始国家统计局不再公布城镇和农村各组的居民消费支出数据，需要先对各组的居民消费支出进行预测。具体而言：（1）计算 2002～2012 年城镇和农村各组居民的消费倾向，预测 2013～2017 年消费倾向；（2）根据国家统计局公布的 2013～2017 年城镇和农村各组居民可支配收入测算相应年份各组的消费支出；（3）根据 2002～2012 年各组居民的家庭规模数据预测 2013～2017 年各组居民的家庭规模；（4）将各组居民的家庭规模与人均消费支出相乘得到各组居民的消费支出；（5）计算各组居民消费支出占居民消费总支出比重，得到各组居民消费支出权重，对居民消费支出进行分解。

2. 居民向企业和国外的转移支出

采用企业部门和国外部门向居民部门的转移支出权重，即表 5－30 的转移性支出权重，对 SAM 表中居民部门向企业部门和国外部门的转移支出进行分解。

3. 居民向政府的转移支出

第一，测算政府从城镇居民和农村居民获得收入的比例。部分学者采用所得税比例方法进行分摊，认为城镇居民和农村居民缴纳的所得税比例为8:2。这在编制个别年份的SAM 表时，可以勉强接受，但对于编制连续年份的非正规经济 SAM 表而言，假定该比例不变无法反映结构的动态特征。由于个人所得税与居民可支配收入有关，我们用城镇居民和农村居民可支配收入乘以城镇和农村人口数来测算该比例，结果如图 5 –6 所示。

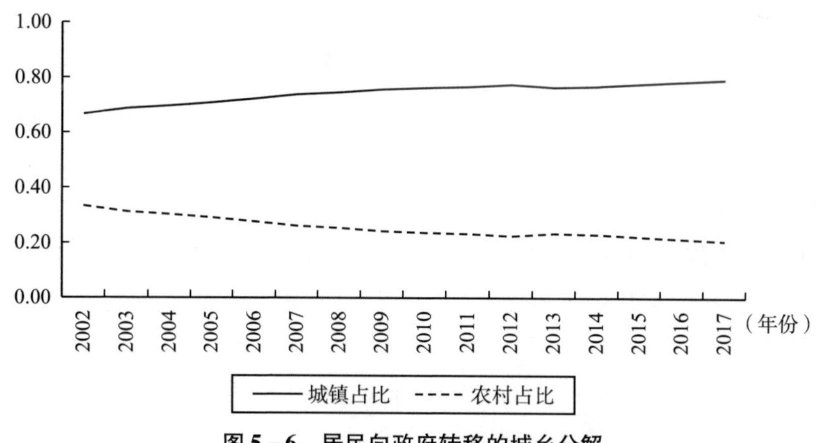

图 5 –6　居民向政府转移的城乡分解

第二，根据城镇和农村内部各组的转移性支出权重对居民部门向政府部门的转移支出进行分解。

4. 居民储蓄

根据前文设计的方法，本书将居民储蓄作为余项处理，即各组居民的收入之和扣除各组居民的支出之和。

由于对居民账户分解导致非正规经济 SAM 表不平衡，本书采用 RAS 方法对 2017 年的中国非正规经济 SAM 表进行平衡。遵循该方法，本章得到 2002 ~2017 连续 16 年 42 ×42 阶的中国非正规经济 SAM 表。

第六章　中国非正规经济的关联效应研究

第一节　问 题 提 出

作为宏观经济的重要组成部分，非正规经济与正规经济之间存在复杂的经济关联，既有前向关联，又有后向关联，也有竞争关系。系统研究非正规经济的关联效应是分析非正规经济产出、就业与收入效应的基础，学界从不同角度对非正规经济的关联效应进行了探索性研究。

汉斯·亨默和曼纳（Hans-R. Hemmer and C. Mannel，1989）从要素市场和产品市场两个角度，理论上分析了非正规部门与正规部门之间的关联机理，认为政府在制定宏观经济政策时应该同时考虑正规部门与非正规部门。阿吉特·米什拉（Ajit Mishra，2022）从产品市场和收入分配两个角度，理论上分析了非正规部门与正规部门之间的关联机理。本·阿里玛（Ben C. Arimah，2001）基于微观数据测度了南非国家非正规经济与正规经济之间的后向关联和前向关联系数，并对两种关联的影响因素进行了计量分析。也有学者利用印度制造业数据研究了转包对非正规经济产出和就业的影响（Moreno-Monroy et al.，2014），利用来自阿尔及利亚数据研究了非正规经济的影响因素及其与正规经济之间的长短期关系（Bennihi et al.，2021）。

在凯斯·哈特（1973）的开创性文章中，建议采用投入产出框架分析正规经济与非正规经济之间的资金流动关系。奈杜和芬尼斯（G. P. Naidoo and T. I. Fenyes，2003）则首次采用投入产出表定量测度了非正规经济与正规经济之间的技术关联。科迪娜·拉达（2010）和亨利克·莫罗内（2015）利用SAM表的投入产出模块进行分析，认为非正规部门与正规部门之间存在高度的投入产出关联。罗伯·戴维斯和詹姆斯·瑟罗（2010）设计了非正规经济与正规经济之间的关联框架，建立CGE模型研究了不同类型的非正规经济与正规经济之间的联系，并分别模拟了多种经济政策对非正规经济产出和就业的影响。比尔·吉普森和丹尼尔·弗莱厄蒂（2020）利用SAM表和CGE模型，研究发现非正规经济创造了GDP，刺激了正规部门的产出和就业，从而提高了经济福利。刘波和徐蔼婷（2018）基于2002年、2007年和2012年的投入产出表数据，分析了我国非正规经济与正规经济之间的关联，认为非正规经济与正规经济之间存在密切关联，非正规经济成为支撑正规经济发展的重要基础。考虑到非正规经济的异质性，伊兰·瓦洛迪亚和理查德·迪维（Imraan Valodia and Richard Devey，2011）分析了不同行业的非正规经济与正规经济之间的关联。

上述研究充分验证了非正规经济与正规经济之间的紧密关联。然而，我国不同行业的非正规部门与正规部门、农业部门之间的关联是否存在异质性，各种关联效应是如何演化的，鲜有文献进行研究。本章基于2002～2017年我国非正规经济SAM表的投入产出模块，采用投入产出关联模型系统研究制造业、建筑业、批发零售住宿餐饮业、交通运输仓储邮政业、居民服务和其他服务业等行业非正规部门的关联效应，并采用投入产出结构分解模型对各行业非正规部门的关联效应进行分解，为非正规经济的产出效应、就业效应与收入效应研究奠定基础。

第二节　研究方法

假设一个经济体包含 N 个产业部门，对应的投入产出表的基本结构可表示为表6－1。

表 6-1　投入产出表的基本结构

投入	中间使用	最终需求	总产出
中间投入	X_{ij}	F_i	X_i
增加值	V_j		
总投入	X_j		

注：表中 X_j 代表 j 部门的总投入，X_i 代表 i 部门的总产出，F_i 代表 i 部门的最终需求，包括消费、投资和净出口，V_j 代表部门 j 的增加值，X_{ij} 代表部门 j 的产品被部门 i 使用的部分。

投入产出模型分为需求驱动型和供给推动型两种。需求驱动型投入产出模型可表示为：

$$X_i = \sum_{j=1}^{N} X_{ij} + F_i = \sum_{j=1}^{N} a_{ij}X_j + F_i \tag{6-1}$$

其中，$a_{ij} = X_{ij}/X_j$，代表直接投入系数。

供给推动型投入产出模型可表示为：

$$X_j = \sum_{i=1}^{N} X_{ij} + V_j = \sum_{i=1}^{N} b_{ij}X_i + V_j \tag{6-2}$$

其中，$b_{ij} = X_{ij}/X_i$，代表直接产出系数。

将式（6-1）和式（6-2）转化为矩阵形式：

$$X = (I-A)^{-1}F = LF \tag{6-3}$$

$$X' = V'(I-B)^{-1} = V'G \tag{6-4}$$

其中，$L = (I-A)^{-1}$ 代表 Leontief 逆矩阵，$G = (I-B)^{-1}$ 代表 Ghosh 逆矩阵。

（一）产业关联特征识别模型

后向关联系数和前向关联系数是反映产业关联程度的有效指标。前者用于测度某部门增加 1 单位最终需求，其他部门受到的影响，用 Leontief 逆矩阵的列和进行测度：

$$TBL_j = \frac{\sum_{i=1}^{N} l_{ij}}{\frac{1}{N}\sum_{i=1}^{N}\sum_{j=1}^{N} l_{ij}} \tag{6-5}$$

其中，TBL_j 代表 j 部门的后向关联系数，TBL_j 越大，说明 j 部门与其上游产业关联越密切。

后者用于测度某部门增加 1 单位增加值，其他部门受到的影响，用 Ghosh 逆矩阵的行和进行测度：

$$TFL_i = \frac{\sum_{j=1}^{N} g_{ij}}{\frac{1}{N}\sum_{i=1}^{N}\sum_{j=1}^{N} g_{ij}} \tag{6-6}$$

其中，TFL_i 代表 i 部门的前向关联系数，TFL_i 越大，说明 i 部门与其下游产业关联越密切。

后向关联系数或前向关联系数越大（小），说明该部门与其上游或下游的产业关联越强（弱）。若一个行业的 $TBL>1$ 且 $TFL>1$，则该行业被视为关键产业；若 $TBL>1$ 但 $TFL<1$，则视为后向主导型产业；若 $TBL<1$ 但 $TFL>1$，则视为前向主导型产业；若 $TBL<1$ 且 $TFL<1$，则视为弱关联产业。

（二）产业关联效应分解模型

根据罗纳德·米勒、皮特·布莱尔（Ronald E. Miller and Peter D. Blair，2009）以及余典范、干春晖、郑若谷（2011）的思路，Leontief 逆矩阵可进一步分解为三部分：

$$L = M_1 + M_2 + M_3 \tag{6-7}$$

其中，$M_1 = \begin{bmatrix} 1/(1-a_{11}) & 0 & \cdots & 0 \\ 0 & 1/(1-a_{22}) & \cdots & 0 \\ \vdots & \vdots & \ddots & \vdots \\ 0 & 0 & \cdots & 1/(1-a_{NN}) \end{bmatrix}$,

$$M_2 = \begin{bmatrix} L_{11}-[1/(1-a_{11})] & 0 & \cdots & 0 \\ 0 & L_{22}-[1/(1-a_{22})] & \cdots & 0 \\ \vdots & \vdots & \ddots & \vdots \\ 0 & 0 & \cdots & L_{NN}-[1/(1-a_{NN})] \end{bmatrix},$$

$$M_3 = \begin{bmatrix} 0 & L_{12} & \cdots & L_{1N} \\ L_{21} & 0 & \cdots & L_{2N} \\ \vdots & \vdots & \ddots & \vdots \\ L_{N1} & L_{N2} & \cdots & 0 \end{bmatrix}。$$

从单位最终需求变化的角度来看，M_1 代表内生乘数效应，是指某行业单位最终需求引起本行业产出水平的变化，体现该行业的内生发展能力；M_2 代表反馈效应，是指某行业单位最终需求对其他行业产生影响，因生产关联使得该影响反过来引起该行业产出水平的变化，体现该行业的关联能力；M_3 代表溢出效应，是指其他部门单位最终需求直接或间接引起某部门产出水平的变化，体现该行业的感应能力。

根据式（6-7），部门 i 的总产出可表示为：

$$X_i = M_{1i}F_i + M_{2i}F_i + \sum_{j,j\neq i}^{N} L_{ij}F_j \tag{6-8}$$

进一步对式（6-8）进行差分，可以分析各行业非正规部门产业乘数效应、产业反馈效应和产业溢出效应的动态变化及其对各行业非正规部门总产出变化的贡献：

$$\begin{aligned} g_i &= \Delta X/X_i \\ &= (M_{1i}^t\Delta F_i + \Delta M_{1i}^t F_i + \Delta M_{1i}^t\Delta F)/X_i + (M_{2i}^t\Delta F_i + \Delta M_{2i}^t F_i \\ &\quad + \Delta M_{2i}^t\Delta F)/X_i + \sum_{j,j\neq i}^{N}[L_{ij}\Delta F_j + \Delta L_{ij}F_j + \Delta L_{ij}\Delta F_j]/X_i \end{aligned} \tag{6-9}$$

第三节　非正规经济的关联特征分析

一、分行业非正规部门关联系数的测算分析

采用式（6-5）和式（6-6）测算了2002~2017年制造业、建筑业、批发零售住宿餐饮业、交通运输仓储邮政业、居民服务和其他服务业非正规部门的后向关联系数和前向关联系数。表6-2为2002年、2007年、2012年和2017年的测算结果。

表 6 -2　　各行业非正规部门的后向和前向关联系数

行业名称	后向关联系数				前向关联系数			
	2002 年	2007 年	2012 年	2017 年	2002 年	2007 年	2012 年	2017 年
制造业	1.31	1.38	1.40	1.39	1.38	1.33	1.30	1.28
建筑业	1.31	1.36	1.34	1.36	0.49	0.39	0.42	0.42
批发零售住宿餐饮业	0.99	0.95	0.83	0.88	1.14	1.03	1.12	1.18
交通运输仓储邮政业	1.04	1.10	1.15	1.06	1.37	1.34	1.35	1.33
居民服务和其他服务业	1.08	1.06	0.95	0.94	0.86	0.97	0.92	0.90

注：作者根据 2002 ~2017 年非正规经济 SAM 表的投入产出模块计算得到。

由表 6 -2 可知，第一，制造业和交通运输仓储邮政业非正规部门的后向关联和前向关联系数一直高于社会平均水平，因此，这两个行业非正规部门可被视为关键产业。第二，建筑业非正规部门的后向关联系数高于社会平均水平，前向关联系数不到社会平均水平的 50%，从而应该被视为后向主导型产业；相反，批发零售住宿餐饮业非正规部门的后向关联系数小于前向关联系数，被视为前向主导型产业。第三，居民服务和其他服务业非正规部门的前向关联系数小于 1，后向关联系数在 2009 年之前大于 1，之后小于 1，一定程度上可被视为弱关联产业。这意味着，不同行业非正规部门的关联特征存在一定差异，说明非正规经济活动的异质性，而且随着经济的发展，非正规经济的关联效应也呈现出阶段性特征。因此，在分析非正规经济问题时应区别对待不同行业的非正规经济活动。

二、与正规部门的比较分析

为了进一步分析非正规部门的地位和作用，我们将各行业非正规部门的后向关联系数、前向关联系数与同行业正规部门的关联系数进行比较。

总体来看，5 个行业非正规部门的后向关联系数和前向关联系数都高于同一时期的正规部门，但差距在不断缩小。分行业看，制造业非正规部门的后向关联系数和前向关联系数都要高于正规部门，其中后向关联系数呈倒“U”型，在 2011 年达到峰值；虽然前向关联系数总体呈下降趋势，但依然高于社会平均水平。建筑业、居民服务和其他服务业非正规部门与正规部门之间的后向关联和前向关联系数较为接近，保持在一个稳定的水平，且差距在缩小。批发零售住宿餐饮业、交通运输仓储邮政业非正规部门与正规部门后向关联系数和前向关联系数的差异及其变化趋势较为相同。绝大多数行业非正规部门与正规部门后向关联和前向关联的特征几乎是一致的。也就是说，如果正规部门的系数大于1，则非正规部门的系数也大于1。这意味着，非正规经济在我国经济发展过程中具有重要作用，会显著带动其他行业产出的增加；而且，非正规经济发挥的作用和正规经济之间的差距逐渐缩小。

第四节　分行业非正规经济关联效应的静态分解

本节采用式（6－8）的静态结构分解模型，测算了23个部门的乘数效应、反馈效应和溢出效应。表6－3给出了汇总后的农业经济、正规经济、非正规经济和其他经济部门4个年份的测算结果。

表6－3　非正规经济关联效应的静态分解

部门名称	乘数效应				反馈效应				溢出效应			
	2002年	2007年	2012年	2017年	2002年	2007年	2012年	2017年	2002年	2007年	2012年	2017年
农业经济	1.18	1.15	1.16	1.15	0.04	0.04	0.05	0.04	1.87	1.95	1.82	1.56
正规经济	5.52	5.70	5.82	5.85	0.39	0.59	0.56	0.44	12.71	17.57	16.92	15.41
非正规经济	5.31	5.30	5.25	5.14	0.31	0.37	0.29	0.17	8.35	8.47	6.44	3.94
其他经济	12.37	12.92	13.14	13.22	0.16	0.26	0.29	0.25	6.40	8.27	9.31	9.13
合计	24.39	25.06	25.36	25.37	0.89	1.27	1.19	0.90	29.34	36.25	34.49	30.04

注：农业经济即本研究编制的非正规经济SAM表中的农林牧渔业，正规经济和非正规经济分别由制造业、建筑业、批发零售住宿餐饮业、交通运输仓储邮政业、居民服务和其他服务业的正规部门和非正规部门合并得到，其他经济为非正规经济SAM表中除农林牧渔业的未进行非正规部门和正规部门区分的12个行业构成。

以 2017 年为例，我国经济各部门的乘数效应总和为 25. 37，反馈效应总和为 0. 90，溢出效应总和为 30. 04。这意味着，假设经济中所有 23 个部门的最终需求同时增加 1 单位，经济总产出将增加 56. 31 单位，其中通过产业内生发展机制可以创造的产出为 25. 37 单位，产业反馈机制可以带动产出增加 0. 90 单位，产业关联机制可以带动产出增长 30. 04 单位。也就是说，乘数效应、反馈效应和溢出效应的贡献分别为 45. 05%、1. 61% 和 53. 34%。因此，对总产出增长影响最重要的途径是产业关联机制，其次是产业内生发展机制，而反馈机制发挥的作用相对较小。

2017 年非正规经济部门通过内生机制创造产出 5. 14 单位，反馈机制创造 0. 17 单位，关联机制创造 3. 94 单位，占宏观经济乘数效应、反馈效应和溢出效应的比重分别为 20. 26%（5. 14/25. 37）、18. 89%（0. 17/0. 90）、13. 12%（3. 94/30. 04）。动态地看，非正规经济部门三种关联效应的绝对值均在 2007 年达到峰值后呈现下降趋势，且溢出效应下降幅度最大，由 8. 47 下降至 2017 年的 3. 94。进一步比较发现，正规经济部门三种关联效应的值都高于非正规经济部门，而且在溢出效应方面的差距最明显。

然而，不同行业非正规经济的关联机制未必一致，有必要分行业展开讨论。图 6 - 1 至图 6 - 5 给出了制造业、建筑业、批发零售住宿餐饮业、交通运输仓储邮政业、居民服务和其他服务业非正规部门关联效应在乘数效应、反馈效应、溢出效应的分解结果。

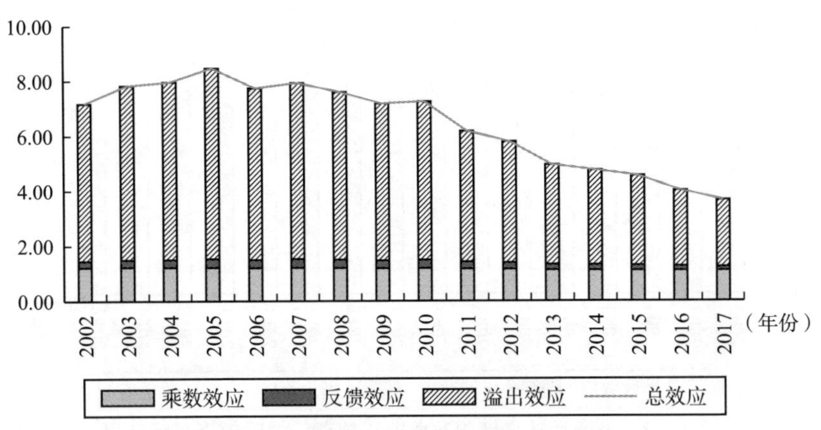

图 6 - 1　制造业非正规部门关联效应分解结果

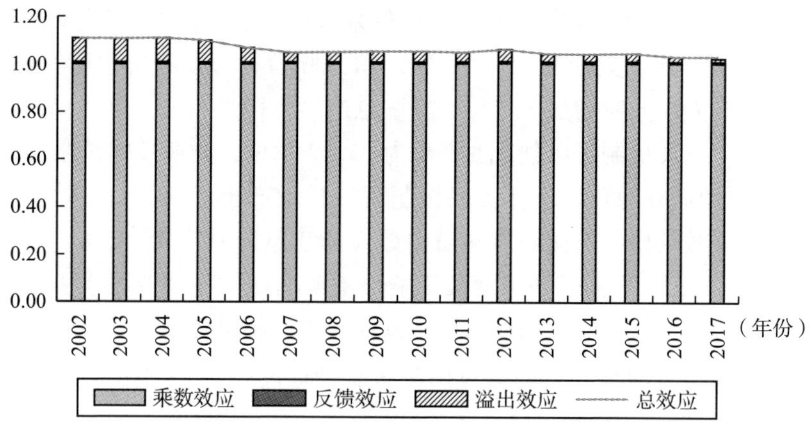

图 6－2　建筑业非正规部门关联效应分解结果

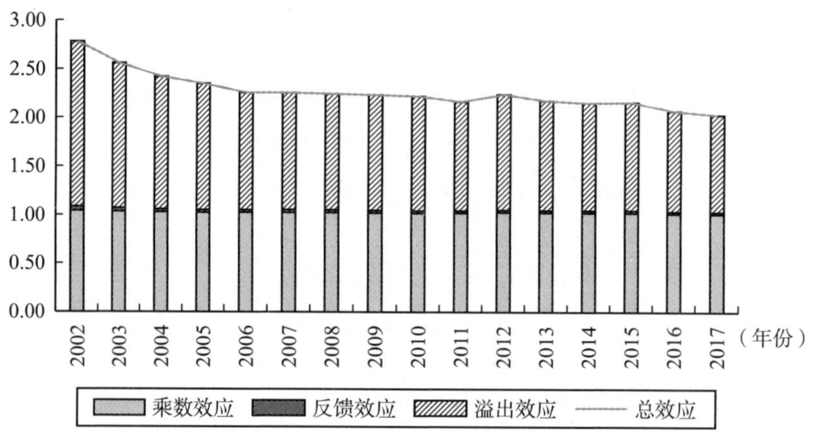

图 6－3　批发零售住宿餐饮业非正规部门关联效应分解结果

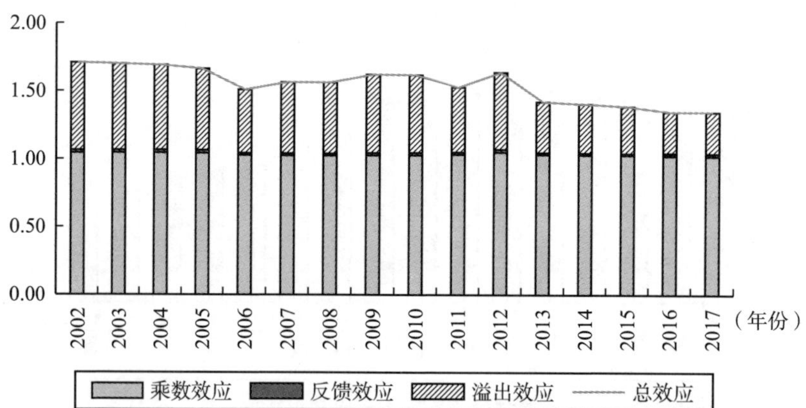

图 6－4　交通运输仓储邮政业非正规部门关联效应分解结果

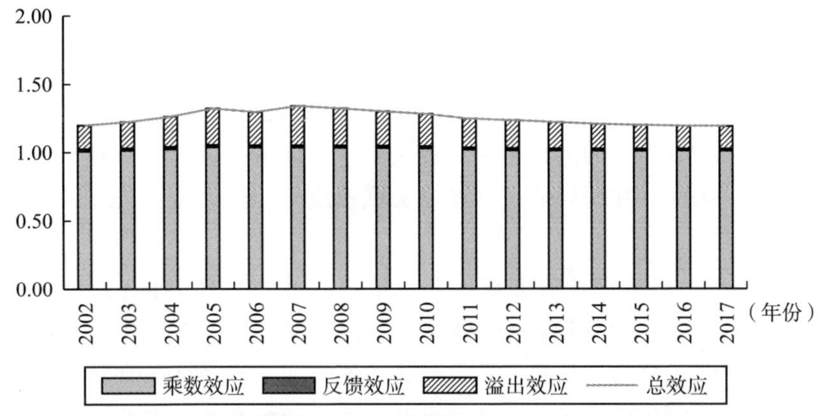

图 6-5　居民服务和其他服务业非正规部门关联效应分解结果

从总效应来看，制造业 > 批发零售住宿餐饮业 > 交通运输仓储邮政业 > 居民服务和其他服务业 > 建筑业。以 2017 年为例，它们的总效应分别为 3.66、2.03、1.36、1.19、1.03，也就是说，如果每个产业都增加 1 单位最终需求，制造业非正规部门将创造 3.66 单位的总产出，批发零售住宿餐饮业非正规部门创造 2.03 单位，交通运输仓储邮政业非正规部门创造 1.36 单位，居民服务和其他服务业非正规部门创造 1.19 单位，建筑业非正规部门创造 1.03 单位。总体而言，2002～2017 年各行业非正规部门的总效应均呈现下降趋势。其中，制造业总效应的变化幅度最大，由 2002 年的 7.17 上升至 2005 年的 8.46，而后一直下降到 3.66，其他行业的变化幅度相对较小。

再来看三种效应在各部门内部的贡献。第一，和全国整体一样，反馈效应的值较小，最高为制造业非正规部门，仅为 3% 左右，其他行业都不足 1%；这说明反馈机制发挥的作用微乎其微。第二，2002～2017 年内生乘数效应较为稳定，但发挥的作用在行业间存在明显差异：在建筑业、交通运输仓储邮政业、居民服务和其他服务业的贡献超过 50%，特别是建筑业超过了 90%；在制造业的贡献在[14.36%，30.02%]区间；在批发零售住宿餐饮业的贡献由 2002 年的 37.53% 上升至 2017 年的 49.82%。这意味着，内生发展机制一直是促进产业发展的稳定动力。第三，2002～2017 年溢出效应均呈下降趋势，是决定总效应变化趋势的因素。根据测算，溢出效应在制造业、建筑业、批发零售住宿餐饮业、交通运输仓储邮政业、居民服务和其他服务业的贡献分别处于[66.27%，81.88%]，[2.07%，9.70%]，[49.11%，60.97%]，[23.32%，37.58%]，[15.50%，22.39%]。也就是说，仅有两个行业的贡献超过50%。这不同于前文将非正规经济作为整体的测算结果，也进一步验证了非正规经济异质性研究的必要性。因此，在研究非正规经济关联效应时，应该重点关注溢出效应的变化。

表6-4给出了三种效应在非正规经济与正规经济之间的对比情况。通过将2002～2017年各行业三种效应进行对比，我们发现非正规经济与正规经济之间关系较为稳定。测算结果表明，非正规经济的乘数效应存在明显高于正规经济的趋势，非正规经济的溢出效应存在明显低于正规经济的趋势，而作用较小的反馈效应在非正规经济与正规经济之间摇摆不定。结合非正规经济三种效应贡献的分析，主要依靠乘数效应的建筑业、交通运输仓储邮政业、居民服务和其他服务业非正规部门具有较低的进入门槛，比相应的正规经济具有更好的内生发展能力；而主要依靠溢出效应的制造业、批发零售住宿餐饮业非正规部门，在关联机制上的表现要逊色于相应的正规部门。因此，从产业关联的角度讲，要进一步理顺制造业、批发零售住宿餐饮业非正规部门与正规部门以及其他经济部门之间的关联，从而疏通非正规经济促进经济增长的作用渠道。

表6-4　三种效应的对比情况

行业名称	乘数效应	反馈效应	溢出效应
	非正规部门 > 正规部门	非正规部门 > 正规部门	非正规部门 > 正规部门
制造业	是	是	否
建筑业	是	否	否
批发零售住宿餐饮业	否→是	是	是→否
交通运输仓储邮政业	是	否	否
居民服务和其他服务业	否→是	是→否	是→否

第五节　分行业非正规经济关联效应的动态分解

本研究采用式（6－9）测算了各行业非正规部门的三种动态关联效应，如表6－5所示。下面分别考察三种关联效应对各行业非正规部门增长率的贡献。

表6－5　　非正规经济关联效应的动态分解　　单位：%

行业名称	增长率	效应大小			贡献		
		乘数效应	反馈效应	溢出效应	乘数效应	反馈效应	溢出效应
	2002～2007年						
制造业	170.89 [257.14]	32.68 [100.89]	10.27 [37.88]	127.94 [118.37]	19.12 [39.24]	6.01 [14.73]	74.87 [46.03]
建筑业	144.87 [126.88]	144.03 [127.66]	－0.01 [－0.12]	0.84 [－0.67]	99.42 [100.62]	－0.01 [－0.09]	0.58 [－0.53]
批发零售住宿餐饮业	58.80 [150.42]	24.77 [89.86]	0.23 [0.91]	33.79 [59.65]	42.13 [59.74]	0.40 [0.60]	57.47 [39.65]
交通运输仓储邮政业	73.88 [153.44]	－3.76 [37.60]	－0.13 [1.12]	77.76 [114.71]	－5.09 [24.51]	－0.17 [0.73]	105.26 [74.76]
居民服务和其他服务业	90.57 [226.43]	23.72 [119.84]	0.19 [0.41]	66.67 [106.18]	26.19 [52.93]	0.20 [0.18]	73.61 [46.89]
	2007～2012年						
制造业	37.96 [84.51]	9.31 [37.37]	0.64 [9.71]	28.00 [37.43]	24.53 [44.22]	1.70 [11.49]	73.77 [44.29]
建筑业	57.95 [123.08]	51.51 [116.28]	0.15 [0.88]	6.29 [5.92]	88.88 [94.48]	0.26 [0.71]	10.86 [4.81]
批发零售住宿餐饮业	73.80 [160.38]	20.67 [77.45]	0.32 [1.28]	52.82 [81.65]	28.00 [48.29]	0.43 [0.80]	71.57 [50.91]
交通运输仓储邮政业	103.82 [77.09]	22.13 [20.83]	0.51 [0.89]	81.19 [55.36]	21.31 [27.03]	0.49 [1.16]	78.20 [71.82]
居民服务和其他服务业	55.81 [94.23]	28.07 [46.95]	0.00 [0.10]	27.74 [47.17]	50.29 [49.83]	0.00 [0.11]	49.71 [50.06]

续表

行业名称	增长率	效应大小			贡献		
		乘数效应	反馈效应	溢出效应	乘数效应	反馈效应	溢出效应
	2012～2017 年						
制造业	-17.04 [27.28]	-4.48 [12.38]	-2.32 [-0.60]	-10.25 [15.50]	26.27 [45.38]	13.58 [-2.20]	60.14 [56.82]
建筑业	19.94 [66.16]	20.82 [67.11]	-0.08 [-0.18]	-0.80 [-0.77]	104.40 [101.43]	-0.40 [-0.27]	-4.00 [-1.17]
批发零售住宿餐饮业	20.12 [90.42]	-2.43 [24.41]	-0.14 [1.08]	22.69 [64.94]	-12.08 [26.99]	-0.69 [1.19]	112.77 [71.82]
交通运输仓储邮政业	-17.44 [85.66]	-2.97 [23.25]	-0.20 [0.77]	-14.27 [61.63]	17.00 [27.14]	1.15 [0.90]	81.85 [71.95]
居民服务和其他服务业	26.70 [106.93]	13.76 [54.00]	-0.01 [0.23]	12.95 [52.71]	51.54 [50.50]	-0.03 [0.21]	48.49 [49.29]

注：表中数据由作者根据 2002 年、2007 年、2012 年、2017 年非正规经济 SAM 表的投入产出模块测算得到，[ ] 中数据为相应行业正规部门的测算结果。

第一是制造业非正规部门。2002～2007 年产出增长了 170.89%，其中由产业内生机制创造的增长率为 32.68%，由反馈机制创造的增长率为 10.27%，由关联机制创造的增长率为 127.94%，动态乘数效应、动态反馈效应、动态溢出效应的相对贡献份额分别为 19.12%、6.01%、74.87%，即制造业非正规部门增长过程中关联机制占据主导地位。该产业可以称为关联拉动型产业。也就是说，制造业非正规部门的增长对其他行业的需求依赖较大，一旦需求减弱，该行业的发展将会受到影响。比如浮现于 2007 年的全球金融危机，导致制造业经营受到影响，2007～2012 年和 2012～2017 年关联机制对增长率的贡献分别下降至 28.00% 和 -10.25%，相应的贡献份额为 73.77% 和 60.14%。

第二是建筑业非正规部门。2002～2007 年产出增长了 144.87%，其中由产业内生机制创造的增长率为 144.03%，由反馈机制创造的增长率为 -0.01%，由关联机制创造的增长率为 0.84%，动态乘数效应、动态反馈效应、动态溢出效应的相对贡献份额分别为 99.42%、-0.01%、0.58%，即建筑业非正规部门增长过程中内生发展机制占据绝对主导地位。这意味着，建筑业非正规部门对其他产业的依赖程度相对较低。

第三是批发零售住宿餐饮业非正规部门。三种动态效应的贡献分别由第一阶段的 42.13%、0.40%、57.47% 转化为第三阶段的 -12.08%、-0.69%、112.77%。批发零售住宿餐饮业非正规部门已经由内生驱动-关联拉动型转化为完全的关联拉动型。意味着该行业的增长对其他部门需求的依赖程度明显增强。

第四是交通运输仓储邮政业非正规部门。虽然动态溢出效应的贡献在下降，但依然高于80%，仍是关联拉动主导型产业。为避免对其他产业的过度依赖，需要夯实其内生发展的基础。

第五是居民服务和其他服务业非正规部门。三个阶段的产出增长率分别为90.57%、55.81%、26.70%，增长机制由关联拉动型逐渐转化为内生驱动-关联拉动型。动态关联效应逐渐下降，动态乘数效应逐渐上升，已实现反转。也就是说，居民服务和其他服务业非正规部门的增长由内生发展和关联机制共同推动。

根据各行业非正规部门关联效应的分析结果，5 个行业可以划分为内生驱动型（建筑业）、关联拉动型（制造业、批发零售住宿餐饮业、交通运输仓储邮政业）、双轮驱动型（居民服务和其他服务业），且不同行业非正规部门发展具有明显的阶段性特征。制造业、居民服务和其他服务业非正规部门正向双轮驱动型发展，建筑业非正规部门一直沿着内生驱动型路径发展，而批发零售住宿餐饮业非正规部门却往关联拉动型发展。从产业发展的角度来看，一个产业要发展，不能完全孤立于其他行业，也不能过度依赖于其他产业。因此，要进一步拓展建筑业非正规部门的关联渠道，增强批发零售住宿餐饮业非正规部门的内生增长动力，巩固和完善制造业、居民服务和其他服务业非正规部门的良好发展态势。

第六节　本章小结

本章基于2002~2017年非正规经济SAM表投入产出模块的数据，采用投入产出静态和动态结构分解模型，研究了5 个行业非正规部门关联效应的异质性，得出以下结论：（1）制造业和交通运输仓储邮政业非正规部门是关键产业，建筑业非正规部门是后向主导型产业，批发零售住宿餐饮业非正规部门是前向主导型产业，而居民服务和其他服务业非正规部门是弱关联产业；（2）非正规经济的乘数效应、反馈效应、溢出效应均经历先上升后下降的阶段，并且低于同期的正规部门；（3）动态内生乘数机制在建筑业非正规部门产出增长中占据绝对主导地位，动态关联机制在批发零售住宿餐饮业、交通运输仓储邮政业非正规部门产出增长中占据主导地位，居民服务和其他服务业非正规部门中内生乘数效应和溢出效应的作用较为均衡，制造业非正规部门的动态乘数效应在下降，动态溢出效应在上升。

基于上述结论，本章提出以下对策建议。第一，正视非正规经济功能，鼓励非正规经济发展。建议政府、企业和居民正确看待非正规经济在国民经济运行中所起的作用，鼓励非正规经济发展，为其提供便利条件，比如简化登记、审批程序，提供必要的咨询服务，提供信贷和金融优惠政策。第二，针对不同类型非正规经济采用差异化政策。建议加强建筑业、交通运输仓储邮政业、居民服务和其他服务业非正规部门与其他部门之间关系，理顺增长渠道；强化制造业和批发零售住宿餐饮业非正规部门的内生增长动力，合理降低对其他行业的过度依赖。第三，适时调整非正规经济发展政策。建议在经济萧条期适度放松对非正规经济的干预，在经济繁荣期可以进一步引导非正规经济主动登记注册，使非正规经济活动更加规范有序。

第七章　中国非正规经济的产出效应研究

第一节　引　　言

非正规经济最早由哈特（1971）在考察发展中国家城镇就业问题时发现。随着非正规经济在世界范围内普遍扩张，引起了国际组织和各国政府的高度关注。《国民账户体系 2008》专门设置了“非正规经济”一章从多个角度对非正规经济问题展开讨论。我国于 1996 年引入非正规经济概念，随着城镇化的推进和贸易自由化的深入，非正规经济在“促增长”“保就业”方面发挥了重要作用（李金昌、刘波和徐蔼婷，2014；周申和何冰，2017）。据测算，2001～2009 年我国非正规经济创造的增加值占 GDP 比重由 30% 上升至 44%（胡鞍钢和马伟，2012）。绝大多数非正规经济活动分布在制造业、建筑业、批发零售住宿餐饮业等。近年来，由于信息技术的发展和统计制度的滞后，许多新型的非正规经济现象不断衍生，并通过需求和供给两个渠道对宏观经济产生影响。从需求角度看，非正规经济生产扩张必然对其他部门产品产生需求，从而带动其他经济部门乃至经济总产出的增长；从供给视角看，非正规经济在某种程度上也构成其他经济部门的生产要素，如果非正规经济部门的产出短缺，正规经济部门便会遭受损失。

为量化非正规经济对经济增长的影响效应，学界进行了一系列研究。比如，构建 DGE 模型，分析非正规经济对总产出、收入分配和政府税收的影响，重点强调企业进入成本、政府税率和合同履行程度的作用（Joo,

2011）。构建基于职业选择和资本积累的 DGE 模型，量化分析了非正规部门不完全执行税收政策对总产出和生产率的影响（Ordonez，2014）。利用经合组织国家 1990～2008 年数据研究了非正规经济对 R&D、工资不平等和经济增长影响（Afonso and Sarabanda，2017）。

在国内，王汝志（2009）首先估算了 1995～2006 年非正规就业人数，然后以 GDP 为因变量进行回归，发现非正规就业每增加 1 万人，GDP 平均增加 31 亿元。李金昌和沈晓栋（2011）基于《国民账户体系 2008》根据 1986～2010 年数据，采用状态空间模型研究了非正规经济的宏观效应。研究显示，非正规部门具有经济增长效应，非正规部门投资平均弹性系数为 0.41，非正规部门就业平均弹性系数为 0.18。张延吉、陈祺超和秦波（2015）利用 2000 年和 2010 年的人口普查数据和 2005 年 1% 人口抽样调查数据估计了 31 个省份的非正规就业人数，建立包含正规劳动、非正规劳动和农业劳动的 C－D 函数。研究表明，城镇非正规就业对总产出的带动作用是正规就业的 25%，城镇非正规就业比重与人均 GDP 增速呈曲线关系，非正规就业比重处于 9.6%～100% 区间内与经济增速呈倒“U”型关系。还有一些学者专门探讨了非正规经济对服务业发展的影响（李文政，2010；孙文博和蒙玉玲，2015）。

虽然上述研究采用计量模型从全国和省级层面研究了非正规经济对经济增长的影响效应，但未将非正规经济置于宏观经济整体框架之中。刘波和徐蔼婷（2018）利用投入产出模型，研究非正规经济受到外生需求冲击后对农业经济、正规经济以及经济总产出的影响效应，发现非正规经济是促进我国经济发展的重要动力。然而，该研究将非正规经济视为整体，并将非正规经济视为内生部门，没有区分不同行业非正规经济对经济增长影响的异质性，也无法考察非正规经济产出变化对其他经济部门产出的影响，一定程度上降低了政策的针对性。加扎里安（F. Giarratani，1976）、克雷格·戴维斯和劳伦斯·萨尔金（H. Craig Davis and E. Lawrence Salkin，1984）将传统的投入产出模型进行拓展，分析某部门产出变化对其他部门产出的影响。一些学者采用该模型分别对电力产业、海洋产业、交通运输业、港口产业的需求驱动效应与供给短缺效应进行了分析（Han et al.，2004；Kwak et al.，2005；Lee et al.，2016；Wang and Wang，2019）。

本章基于 2002～2017 年中国非正规经济 SAM 表的投入产出模块数

据，利用投入产出拓展模型分析制造业、建筑业、批发零售住宿餐饮业、交通运输仓储邮政业、居民服务和其他服务业5个行业非正规部门的产出效应，为明确不同行业非正规部门在经济发展过程中的地位和作用、制定合理的分类政策提供事实依据。

本研究与现有研究不同之处有：第一，首次从需求和供给两个角度分析5个行业非正规部门产出变化对各部门产出的影响，有助于深化对非正规经济异质性的认识；第二，基于2002～2017年中国非正规经济SAM表的投入产出模块数据进行分析，有助于考察不同行业非正规部门产出效应的阶段性特征。

第二节　模型设计

投入产出模型是分析部门之间经济技术联系的重要方法，在产业关联和部门影响分析方面具有广泛应用。假设一个经济体由 N 个部门构成，其对应的需求驱动型投入产出模型和供给推动型投入产出模型可以分别表示为：

$$X=(I-A)^{-1}F \tag{7-1}$$

$$X'=V'(I-B)^{-1} \tag{7-2}$$

其中，X 代表产出向量，F 为最终需求矩阵，A 为直接消耗系数矩阵，I 为单位对角阵，V' 为最初投入矩阵，B 为直接分配系数矩阵。$(I-A)^{-1}$ 为Leontief矩阵，$(I-B)^{-1}$ 为Ghosh矩阵。

式（7－1）可用于分析某部门的最终需求变化对各部门产出的影响，进而决定各部门的增加值；式（7－2）可用于分析某部门的最初投入变化对各部门产出的影响，并决定各部门的最终需求。

如果非正规经济作为 N 个部门中的一个或多个部门，可根据式（7－1）探究非正规经济部门最终需求变化对各部门产出的影响，可根据式（7－2）探究非正规经济部门最初投入变化对各部门产出的影响。

随着信息技术的发展，非正规经济的形式也在不断变化，也衍生了新的需求；然而，无论是需求驱动型还是供给推动型投入产出模型，均无法直接测度非正规经济产出变化对其他部门产出的影响。根据米勒和布莱尔

（2009）的思路，本研究将目标行业非正规部门从内生账户组移至外生账户组，将目标行业非正规部门置于最终需求组。因此，需求驱动型投入产出模型调整为：

$$X_e = (I - A_e)^{-1}(F_e + A_{inf}X_{inf}) \tag{7-3}$$

为了反映非正规部门产出变化的影响，对式（7－3）进一步差分得到：

$$\Delta X_e = (I - A_e)^{-1}(\Delta F_e + A_{inf}\Delta X_{inf}) \tag{7-4}$$

假设其他部门的最终需求不变 $\Delta F_e = 0$，可以得到目标行业非正规部门产出变化对其他部门产出的影响：

$$\Delta X_e = (I - A_e)^{-1}(A_{inf}\Delta X_{inf}) \tag{7-5}$$

其中，A_e 为不含目标行业非正规部门行和列的直接消耗系数矩阵；A_{inf}为目标行业非正规部门的列向量；ΔX_{inf}代表目标行业非正规部门的产出变化。

令 $\Delta X_{inf} = 1$，那么目标行业非正规部门产出变化 1 单位，其他部门产出会变化 $(I - A_e)^{-1}A_{inf}$单位。本研究将该产出效应称为需求引致效应。

同样，为了研究非正规部门供给短缺的影响效应，供给推动型投入产出模型调整为：

$$\Delta X'_e = (B_{inf}\Delta X_{inf})(I - B_e)^{-1} \tag{7-6}$$

其中，B_{inf}为目标行业非正规部门的行向量；B_e 为不含目标行业非正规部门的直接分配系数矩阵。

令 $\Delta X_{inf} = 1$，那么目标行业非正规部门产出变化 1 单位，其他部门产出会变化 $(B_{inf})(I - B_e)^{-1}$单位。由于供给推动模型通常被用于自然灾害、资源短缺现象分析，本研究将该产出效应称为供给限制效应。

第三节　需求视角下非正规经济的产出效应分析

我们根据式（7－5）测算了制造业、建筑业、批发零售住宿餐饮业、交通运输仓储邮政业、居民服务和其他服务业 5 个行业非正规部门产出的需求引致效应。下面分别分析 5 个行业非正规部门产出变化总效应及其在各个行业的分布。

一、非正规经济需求引致总效应分析

图 7 – 1 展示了各行业非正规部门产出的需求引致效应。总体而言，非正规部门的需求引致效应均大于 1，其中建筑业的效应最大，制造业、交通运输仓储邮政业次之，居民服务和其他服务业、批发零售住宿餐饮业相对较低。从趋势上看，各行业非正规部门的需求引致效应都呈现先上升后下降的特征，但拐点的时间存在差异，批发零售住宿餐饮业、居民服务和其他服务业于 2008 年开始稳步下降，而制造业、建筑业、交通运输仓储邮政业于 2016 年开始下降。

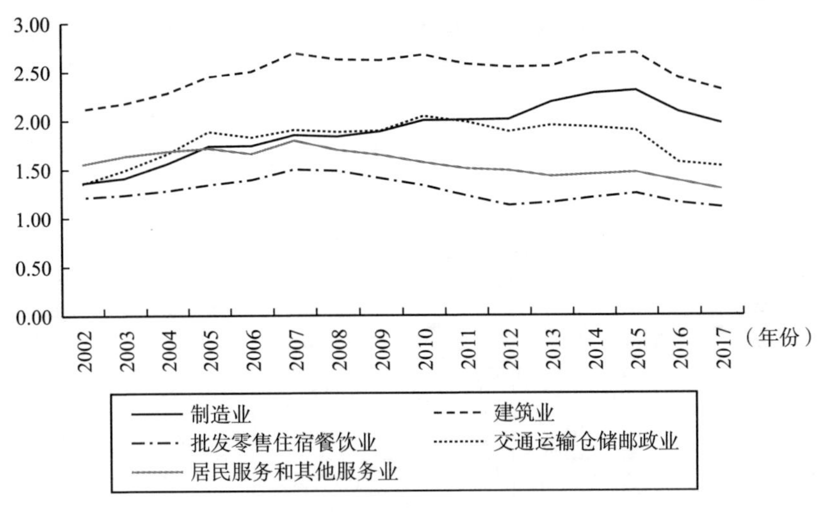

图 7 – 1　各行业非正规部门产出的需求引致效应

注：图中数字表示非正规部门产出变化 1 个单位，其他经济部门产出变化的单位数。

分行业看，建筑业非正规部门的需求引致效应由 2002 年的 2.11 上升并稳定在 2007 年的 2.60 左右，然后于 2016 年开始下降至 2.30。从需求角度而言，增加建筑业非正规部门生产对宏观经济产出的影响是最有效的，主要是因为建筑业是一个高度后向关联型产业，对宏观经济中其他部门中间产品的需求较高。制造业、交通运输仓储邮政业非正规部门在 2011 年之前的产出效应几乎一样，但从 2012 年开始制造业非正规部门逐渐领先并拉开差距。比如，制造业从2002年的1.55升至2015年的2.30，同期的交通运输仓储邮政业仅为1.89。批发零售住宿餐饮业非正规部门的需求引致效应比居民服务和其他服务业平均低0.30左右，但二者走势较为同步，并从2007年开始稳步下降。平均而言，5个行业非正规部门产出变化的影响效应依次为：建筑业 > 制造业 > 交通运输仓储邮政业 > 居民服务和其他服务业 > 批发零售住宿餐饮业。应该说，第二产业非正规经济的产出效应高于第三产业非正规经济的产出效应。

二、非正规经济需求引致效应的行业分布

由于部门之间经济技术关联迥异，为进一步考察各行业非正规部门产出对其上游部门产出需求效应的差异，从而精准判断不同行业非正规部门对总产出的影响，我们进一步测算了2002～2017年5个行业非正规部门需求引致效应在上游各行业的分布。表7－1汇总了2002～2017年的均值。

表7－1　　非正规经济需求引致效应的行业分布

行业名称	制造业	建筑业	批发零售住宿餐饮业	交通运输仓储邮政业	居民服务和其他服务业
农林牧渔业	0.1628	0.1492	0.0988	0.0907	0.0781
采掘业	0.1804	0.1440	0.0591	0.0913	0.0843
制造业－正规	1.0265	1.1572	0.4759	0.7357	0.6711
制造业－非正规	—	0.4064	0.1758	0.2641	0.2467
电力燃气水的生产和供应业	0.1187	0.1080	0.0661	0.0889	0.0777
建筑业－正规	0.0037	0.0172	0.0064	0.0096	0.0103
建筑业－非正规	0.0010	—	0.0019	0.0028	0.0032
批发零售住宿餐饮业－正规	0.0456	0.0500	0.0351	0.0406	0.0385
批发零售住宿餐饮业－非正规	0.0612	0.0689	—	0.0555	0.0552

续表

行业名称	制造业	建筑业	批发零售住宿餐饮业	交通运输仓储邮政业	居民服务和其他服务业
交通运输仓储邮政业 - 正规	0.0719	0.1005	0.0664	0.1427	0.0552
交通运输仓储邮政业 - 非正规	0.0244	0.0351	0.0228	—	0.0191
信息传输软件技术服务	0.0177	0.0382	0.0195	0.0259	0.0169
金融业	0.0650	0.0770	0.0740	0.1239	0.0606
房地产业	0.0125	0.0138	0.0429	0.0187	0.0532
租赁和商务服务业	0.0494	0.0534	0.0882	0.0479	0.0448
科学研究技术服务	0.0192	0.0443	0.0107	0.0114	0.0089
水利环境公共设施	0.0027	0.0032	0.0024	0.0030	0.0076
居民服务和其他服务业 - 正规	0.0052	0.0062	0.0073	0.0105	0.0151
居民服务和其他服务业 - 非正规	0.0075	0.0085	0.0113	0.0143	—
教育业	0.0019	0.0024	0.0025	0.0032	0.0021
卫生和社会工作	0.0029	0.0028	0.0015	0.0026	0.0020
文化体育和娱乐	0.0050	0.0058	0.0053	0.0058	0.0065
公共管理社会组织	0.0012	0.0012	0.0011	0.0011	0.0013
合计	1.8865	2.4931	1.2749	1.7904	1.5585

注：作者根据 2002 ~ 2017 年非正规经济 SAM 表的投入产出模块计算得到。

首先分析第二产业非正规经济的产出效应。第一，建筑业非正规部门产出增加（减少）1 个单位，其他经济部门产出会增加（减少）2.49 个单位。换言之，如果该部门产出增加 1 亿元，制造业正规部门和非正规部门产出将增加 1.56（1.1572 + 0.4064）亿元，占总效应的 62.72%，农林牧渔业、采掘业、电力燃气水的生产和供应业产出分别增加 0.15 亿元、0.14 亿元、0.11 亿元。相反，建筑业非正规部门产出一旦下降，这几个部门也最容易受到影响。值得注意的是，建筑业正规部门产出受到同行业非正规部门的影响却不足 0.02 亿元，说明建筑业非正规部门形成了独立发展路径，并未过度依赖同行业正规部门为其提供产品。第二，制造业非正规部门产出变化 1 亿元，会引起其他经济部门产出变化 1.89 亿元。具体而言，同行业的正规部门产出变化最大，约 1.03 亿元，占总效应的 54.50%。不同于建筑业，制造业非正规部门与正规部门形成了良好的共生关系，对采掘业、农林牧渔业、电力燃气水的生产和供应业、交通运输仓储邮政业正规部门产出带来的影响分别位列第 2 位至第 5 位。从建筑业与制造业关系看，建筑业非正规部门对制造业的依赖程度高于制造业非正规部门对建筑业的依赖程度，且二者对农林牧渔业、采掘业和电力燃气水的生产和供应业均存在较强的后向关联，对第三产业存在弱的后向关联，这为促进制造业与第三产业融合发展提供了佐证。

再来看第三产业非正规经济的产出效应。第一，交通运输仓储邮政业非正规部门产出变化 1 亿元，其他经济部门产出会变化 1.79 亿元。其中，制造业产出变化约 1.00 亿元，约占 55.85%，其次分别为交通运输仓储邮政业正规部门、金融业、采掘业。第二，居民服务和其他服务业非正规部门产出变化 1 亿元，其他经济部门产出变化 1.56 亿元，其中受影响较大的前 5 位分别为制造业、采掘业、农林牧渔业、电力燃气水的生产和供应业、金融业。第三，批发零售住宿餐饮业非正规部门产出变化 1 亿元，其他经济部门产出变化 1.27 亿元，其中受影响较大的前 5 位分别为制造业、农林牧渔业、租赁和商务服务业、金融业和电力燃气水的生产和供应业。不难发现，不同于第二产业非正规部门，第三产业非正规部门对金融业产出的影响较大，说明金融业对第三产业非正规部门的发展存在制约机制，如果不能处理好小微企业、个体经营单位的融资难、融资贵等问题，势必会限制第三产业非正规部门产出效应的发挥。此外，我们还发现制造业受到三个服务业非正规部门产出效应的影响均排在第 1 位，充分说明加快推进制造业与服务业的融通发展的必要性。最后，我们发现所有 5 个行业非正规部门产出变化对农林牧渔业的影响较大，对公共管理社会组织、教育业、水利环境公共设施、卫生和社会工作、文化体育和娱乐等行业的影响较小。究其原因，农业是国民经济发展的基础产业，为其他部门提供了农产品；而公共管理、教育、文化娱乐等行业是国家垄断行业或垄断性服务业，与非正规经济部门之间的关联性较弱。

最后我们将表7-1中的数据进一步整理为图7-2，呈现各行业非正规部门产出变化对农业经济、正规经济、非正规经济和其他经济产出效应的比重。非正规部门产出变化对正规经济产出的影响效应远高于非正规经济本身，这在制造业非正规部门中表现得最明显。平均来看，非正规经济对各经济成分影响程度依次为正规经济 > 其他经济 > 非正规经济 > 农业经济。也就是说，一旦非正规部门产出下降，正规部门受到的影响最大。该结论蕴含的政策含义是，要承认非正规经济在经济发展中的地位，促进非正规经济与正规经济协调发展。

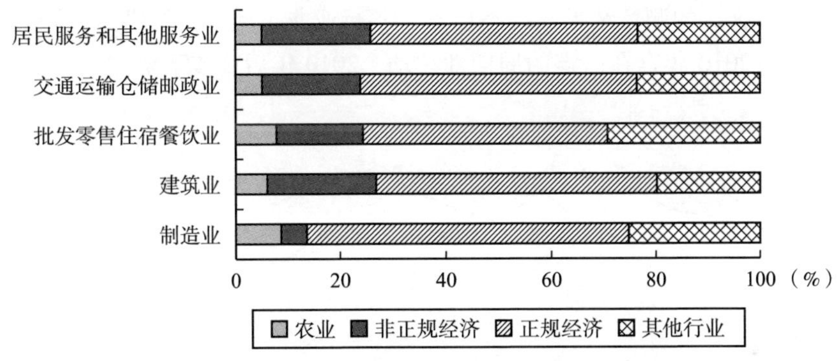

图7-2 不同经济成分对非正规经济的贡献份额

第四节 供给视角下非正规经济的产出效应分析

从供给角度看，如果将非正规部门产出当作外生的要素投入，就可以研究非正规部门产出短缺对其他经济部门产出的影响。本节采用式（7-6）从供给侧测算制造业、建筑业、批发零售住宿餐饮业、交通运输仓储邮政业、居民服务和其他服务业5个行业非正规部门的供给限制效应，同样从两方面进行分析：一是分析各行业非正规部门产出变化的总效应，二是分析总效应在各个行业的分布。

一、非正规经济供给限制总效应分析

图 7－3 给出了 5 个行业非正规部门供给限制总效应的测算结果。总体而言，制造业、批发零售住宿餐饮业的损失成本大于 1，建筑业、交通运输仓储邮政业、居民服务和其他服务业的损失成本小于 1。非正规部门的供给限制效应由大到小依次为制造业 > 批发零售住宿餐饮业 > 建筑业 > 交通运输仓储邮政业 > 居民服务和其他服务业，不同于需求引致效应（建筑业 > 制造业 > 交通运输仓储邮政业 > 居民服务和其他服务业 > 批发零售住宿餐饮业）的测算结果。动态地看，各行业非正规部门的供给限制效应在 2002～2010 年存在一定的周期性波动，2010 年后稳步下降。

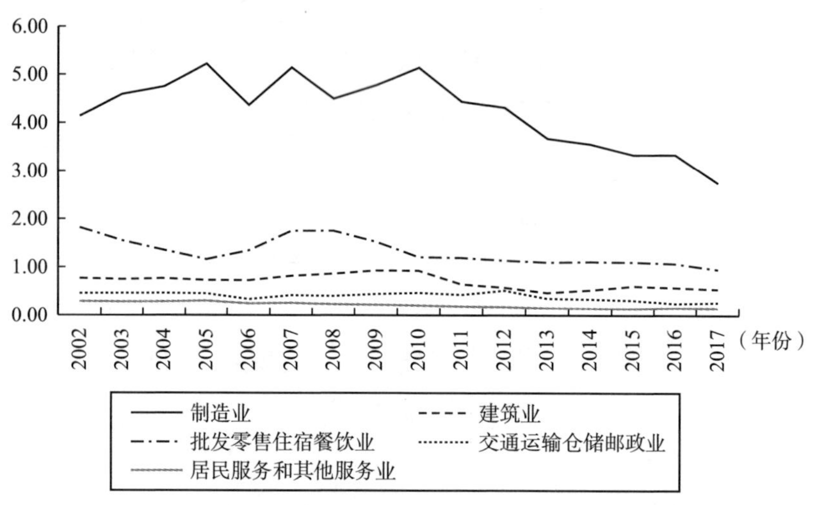

图 7－3　各行业非正规部门产出的供给限制效应

注：图中数字代表非正规部门产出减少 1 单位，其他经济部门产出的损失成本。

分行业看，制造业非正规部门的供给限制效应介于 2.75～5.23 之间，比其他 4 个行业的总和还要多。也就是说，如果制造业非正规部门产出减少 1 亿元，经济总产出将会降低 2.75 亿～5.23 亿元，虽然损失成本从 2011 年开始下降，但依然显著高于其需求引致效应。这充分表明有必要从供给和需求两个角度看待非正规部门的产出效应。批发零售住宿餐饮业非正规部门的供给限制成本在2011年之前呈现周期性波动，而后保持缓慢下降态势；对比图7－1中的需求引致效应，批发零售住宿餐饮业两类产出效应的程度基本相同。建筑业非正规部门的供给限制效应介于0.36～0.92之间，显著低于其需求引致效应（2.11～2.60）。意味着，降低非正规部门产出供给对宏观经济的影响要弱于减少非正规部门产出需求的影响。交通运输仓储邮政业与居民服务和其他服务业非正规部门的供给限制效应在数值和趋势上都极为相似，与图7－1中的需求引致效应也很接近。因此，在分析非正规经济问题时，可将交通运输仓储邮政业与居民服务和其他服务业归为一类。

二、非正规经济供给限制效应的行业分布

接下来进一步分析各行业非正规部门产出供给限制效应的行业分布，表7－2给出了相关的测算结果。

表7－2　　　　非正规经济供给限制效应的行业分布

行业名称	制造业	建筑业	批发零售住宿餐饮业	交通运输仓储邮政业	居民服务和其他服务业
农林牧渔业	0.2372	0.0243	0.0517	0.0112	0.0054
采掘业	0.3626	0.0222	0.0271	0.0092	0.0051
制造业－正规	1.6687	0.2186	0.3576	0.1110	0.0549
制造业－非正规	—	0.0944	0.1405	0.0452	0.0234
电力燃气水的生产和供应业	0.3017	0.0250	0.0517	0.0167	0.0087
建筑业－正规	0.2449	0.0465	0.0676	0.0210	0.0103
建筑业－非正规	0.0729	—	0.0214	0.0068	0.0036
批发零售住宿餐饮业－正规	0.1166	0.0173	0.0425	0.0103	0.0066
批发零售住宿餐饮业－非正规	0.1649	0.0247	—	0.0147	0.0093
交通运输仓储邮政业－正规	0.1765	0.0395	0.0644	0.0390	0.0080
交通运输仓储邮政业－非正规	0.1303	0.0334	0.0494	—	0.0055
信息传输软件技术服务	0.0791	0.0312	0.0344	0.0101	0.0042
金融业	0.1146	0.0182	0.0727	0.0309	0.0085

续表

行业名称	制造业	建筑业	批发零售住宿餐饮业	交通运输仓储邮政业	居民服务和其他服务业
房地产业	0.0356	0.0044	0.0531	0.0054	0.0119
租赁和商务服务	0.1520	0.0202	0.1133	0.0128	0.0078
科学研究技术服务	0.0961	0.0381	0.0224	0.0046	0.0020
水利环境公共设施	0.0244	0.0060	0.0102	0.0044	0.0120
居民服务和其他服务业 - 正规	0.0419	0.0058	0.0358	0.0133	0.0167
居民服务和其他服务业 - 非正规	0.0531	0.0073	0.0432	0.0159	—
教育业	0.0318	0.0051	0.0125	0.0038	0.0019
卫生和社会工作	0.0517	0.0068	0.0115	0.0041	0.0020
文化体育和娱乐	0.0470	0.0066	0.0207	0.0050	0.0049
公共管理社会组织	0.0522	0.0093	0.0198	0.0063	0.0040
合计	4.2557	0.7051	1.3235	0.4017	0.2167

分行业看，第一，如果制造业非正规部门产出减少1亿元，会导致总产出损失4.23亿元，是所有非正规部门中损失成本最大的行业。具体而言，制造业正规部门损失1.67亿元，占总损失的39.48%，采掘业损失0.36亿元，电力燃气水的生产和供应业损失0.30亿元，建筑业正规部门损失0.25亿元，农林牧渔业损失0.24亿元。这意味，如果政府对制造业非正规部门进行干预或者制定不合理的政策，会导致宏观经济产出急剧下降。第二，批发零售住宿餐饮业非正规部门的供给限制效应为1.32，即批发零售住宿餐饮业非正规部门产出减少1亿元，其他部门产出会下降1.32亿元，降幅最大的为制造业0.5亿元（0.3576+0.1405）。第三，建筑业、交通运输仓储邮政业、居民服务和其他服务业非正规部门的短缺成本相对较小，分别为0.70亿元、0.40亿元、0.22亿元。第四，在各行业非正规部门供给限制效应中，制造业受到的影响最大，其次为建筑业正规部门。最后，与需求引致效应类似，公共管理社会组织、教育业、卫生体育和娱乐等行业受到非正规部门产出供给限制的影响非常小。

同样，我们将表7-2中数据汇总在图7-4中，呈现各行业非正规部门产出供给限制对农业经济、非正规经济、正规经济和其他经济的影响。不难看出，各行业非正规部门产出的供给限制效应主要分布在正规经济（73.89%～84.53%）和其他经济（19.31%～22.67%）。这意味着，一旦非正规经济产出下降，正规经济遭受的损失成本要远高于非正规经济本身。

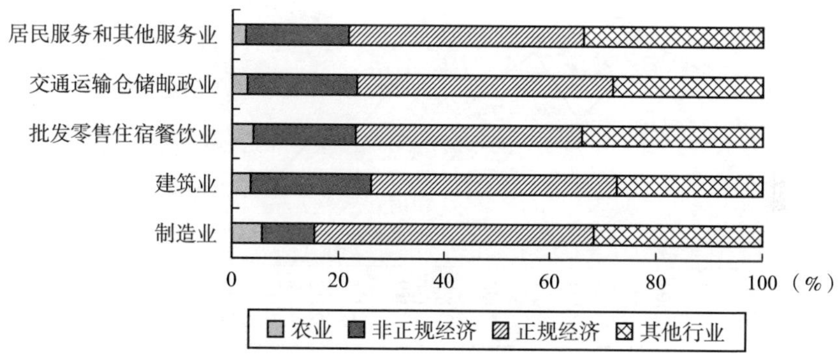

图7－4　非正规经济的短缺成本在各经济成分的分布

最后，我们对各行业非正规部门产出的需求引致效应和供给限制效应进行对比分析。由表7－3可知，需求引致效应与供给限制效应在各行业之间存在相异的表现。制造业的供给限制效应显著高于需求引致效应，批发零售住宿餐饮业中两类产出效应较为接近，其余3个行业的供给限制效应明显低于需求引致效应。

表7－3　　各行业非正规部门的需求引致效应与供给限制效应对比

行业名称	需求引致效应	供给限制效应
制造业	1.89	4.26
建筑业	2.49	0.70
批发零售住宿餐饮业	1.27	1.32
交通运输仓储邮政业	1.29	0.40
居民服务和其他服务业	1.56	0.22
合计	7.21	6.90

注：根据表7－1和表7－2汇总得到。

为分析两类效应的演化规律，我们分别将 2002 ~ 2017 年间 5 个行业非正规部门的需求引致效应与供给限制效应进行加总，结果如图 7 - 5 所示。很明显，非正规经济的需求引致效应与供给限制效应在 2002 年非常接近，分别为 7.59 和 7.48，在此之后逐渐拉开差距。

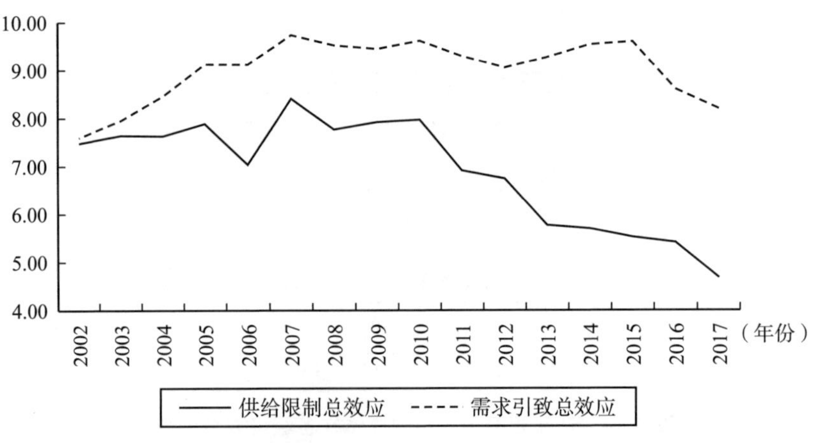

图 7 - 5　非正规经济需求引致效应与供给限制效应的变化趋势

第五节　本 章 小 结

本章基于 2002 ~ 2017 年非正规经济 SAM 表的投入产出模块数据，借助需求驱动型和供给推动型投入产出模型分析了制造业、建筑业、批发零售住宿餐饮业、交通运输仓储邮政业、居民服务和其他服务业非正规部门的产出效应。得到三个方面的结论。（1）从需求角度看，5 个行业非正规部门产出效应大小依次为：建筑业 > 制造业 > 交通运输仓储邮政业 > 居民服务和其他服务业 > 批发零售住宿餐饮业。（2）从供给角度看，5 个行业非正规部门产出效应依次为制造业 > 批发零售住宿餐饮业 > 建筑业 > 交通运输仓储邮政业 > 居民服务和其他服务业。应该说，非正规部门对宏观经济的影响主要集中于正规部门，非正规部门的产出一旦下降，正规部门的生产将受到更大影响。（3）整体而言，非正规经济的需求引致效应要高于供给限制效应，但行业之间存在显著差异，制造业的供给限制效应显著高于需求引致效应，批发零售住宿餐饮业的两类产出效应较为接近，而其余

3 个行业的供给限制效应明显低于需求引致效应。

本章的政策含义体现在三个方面。第一，建立非正规经济单位的统计监测制度。特别要加大对制造业非正规经济的分类统计。唯有这样，才有坚实的非正规经济统计数据，才能为非正规经济发展提出针对性措施。第二，完善非正规经济与正规经济之间的协调发展机制。加强非正规经济与其产业链上游部门的关联，确保非正规经济主体的合法权益，警惕非正规经济与其他经济部门关联减弱引起非正规经济部门产出效应下降。第三，设计和实施非正规经济部门的普惠金融政策。小微企业面临的融资难问题，在个体经营户和非正规部门中会更加严峻，建议进一步提出促进小规模企业和个体就业者的金融分类政策，实现多种经济形式融通发展。

第八章　中国非正规经济的就业效应研究

第一节　引　　言

就业是最大的民生，2022 年政府工作报告 34 次提及就业，将就业摆在更加突出位置。随着我国经济由高速增长向高质量发展转型，许多产业呈现减速降温趋势，就业压力不断增加。在产业结构升级和数字经济发展的驱动下，正规经济部门能够创造的新增就业岗位不断减少。而非正规经济部门准入门槛低、灵活性强、劳动密集程度高，在稳定就业方面发挥了重要作用（蔡昉，2022），我国非正规就业占非农就业比重由 2005 年的 40% 上升至 2017 年的 60%（Rozelle and Boswell，2021）。

非正规经济并非孤立存在，与正规经济部门之间存在诸多的关联（Arimah，2001），非正规经济的发展会间接带动正规经济部门的就业。因此，要全面量化非正规经济对我国劳动就业的影响，需要综合考虑其直接和间接贡献。

关于非正规经济就业效应的研究，早期主要聚焦于非正规经济在就业方面的定性分析，认为非正规就业是城镇新增就业和农村转移劳动力就业的主导模式（黄乾和原新，2002；胡鞍钢和赵黎，2006）。近年来，关于非正规经济就业效应的定量研究不断涌现。张彦（2009）以上海为例对非正规就业规模进行了估算。黄苏萍、王雅林和朱咏（2009）发现东北三省非正规就业人数占总就业人数的 33.33%，对 GDP 贡献由 1996 年的 14.31% 升至 2006 年的 36.43%。基于人口普查数据的估计，薛进军和高文书（2012）发现非正规就业占据城镇就业人口的58.85%。周红燕、李文政和张春海（2011）从就业形式和就业部门两个维度构建就业非正规化指数，认为非正规就业是降低失业的有效途径，是改善产业结构、促进第三产业发展的重要力量。郭为、厉新建和许珂（2014）测算了旅游非正规就业的总量及其结构拉动效应。这些文献肯定了非正规经济对我国就业的直接贡献，但未考虑非正规经济可能通过与其他经济部门产生关联而间接影响就业（Davies and Thurlow，2010）。在专业化分工不断深化的背景下，忽略这一间接路径会低估非正规经济的就业效应。另外，各行业非正规部门对就业的影响效应并不相同（Valodia and Devey，2011），既有研究尚未涉及非正规经济就业效应的异质性。

投入产出模型能够解决间接效应与行业异质性问题。相关文献基于投入产出技术测算了国际金融危机的就业效应（中国2007年投入产出表分析应用课题组，2011），分析了高技术产业和海洋产业的就业效应（张钟文、叶银丹和许宪春，2017；Wang and Wang，2019）、非农就业变动及其驱动因素（田开兰、孔亦舒、高翔和杨翠红，2018）、需求变动的就业效应（葛阳琴和谢建国，2019；王亚菲、王瑞和徐丽笑，2020）。奈杜和芬尼斯（2003）首次采用投入产出模型定量测度了非正规经济与正规经济之间的关联；陈瀛和彭婉（2021）在分析我国可再生能源投资的就业效应时关注了非正规就业。然而，上述研究尚未涉及非正规经济对我国劳动就业的影响。

基于上述背景，本章基于2002～2017年我国非正规经济SAM表的投入产出模块数据，从直接和间接两个维度实证测度制造业、建筑业、批发零售住宿餐饮业、交通运输仓储邮政业、居民服务和其他服务业5个行业非正规部门直接就业效应与间接就业效应的异质性及动态变化。

第二节　研究方法

一、直接就业效应分析方法

关于非正规经济的直接就业效应，本书用非正规经济单位产出直接吸纳的就业人数进行衡量：

$$e_i = \frac{emp_i}{output_i} \tag{8-1}$$

其中，e_i 表示 i 行业的直接就业系数，emp_i 表示 i 行业的就业人数，$output_i$ 表示 i 行业的产出。

二、间接就业效应分析方法

参照戴维斯和萨尔金（1984）、米勒和布莱尔（2009）的思路，假设一个经济体由两类部门构成：非正规部门用 I 表示，正规部门用 F 表示，相应的投入产出模型可表示为：

$$\begin{bmatrix} X_F \\ X_I \end{bmatrix} = \begin{bmatrix} A_{FF} & A_{FI} \\ A_{IF} & A_{II} \end{bmatrix} \cdot \begin{bmatrix} X_F \\ X_I \end{bmatrix} + \begin{bmatrix} Y_F \\ Y_I \end{bmatrix} \tag{8-2}$$

其中，X_F 和 X_I 分别代表正规部门与非正规部门的产出向量，Y_F 和 Y_I 分别代表正规部门与非正规部门的最终使用向量，A 为直接消耗系数分块矩阵。

由式（8-2）可推导出正规部门产出 X_F 与非正规部门产出 X_I 之间的关系：

$$X_F = (I - A_{FF})^{-1}(Y_F + A_{FI}X_I) \tag{8-3}$$

为考察非正规部门产出变化对正规部门产出变化的影响，对式（8-3）作一阶差分：

$$\Delta X_F = (I - A_{FF})^{-1}(\Delta Y_F + A_{FI}\Delta X_I) \tag{8-4}$$

假设正规部门的最终需求不变，即 $\Delta Y_F = 0$，非正规部门产出变化对正规部门产出的影响可表示为：

$$\Delta X_F = (I - A_{FF})^{-1}(A_{FI}\Delta X_I) \tag{8-5}$$

在式（8-5）的左侧乘以直接就业系数对角矩阵 I_e（主对角线元素为各行业的直接就业系数 e_i），便推导出非正规部门产出变化的间接就业效应：

$$\Delta E = I_e(I - A_{FF})^{-1}(A_{FI}\Delta X_I) \tag{8-6}$$

由此可见，非正规部门产出变化对就业水平的影响体现在两方面：一是非正规部门产出变化直接影响非正规部门自身的就业水平，即直接就业效应；二是因非正规部门与其他部门之间的经济关联，非正规部门产出变化会间接影响其他部门的产出与就业，即间接就业效应。

根据式（8－6）可知，如果非正规部门产出变化1单位（$\Delta X_I=1$），则其他各部门就业水平会变化$I_e(I-A_{FF})^{-1}A_{FI}$单位。接下来基于式（8－1）和式（8－6）测算各行业非正规部门产出变化的直接就业效应与间接就业效应。

第三节　非正规经济的直接就业效应分析

根据式（8－1）可知，测算非正规经济的直接就业效应需要三个步骤。第一，根据《中国统计年鉴》《中国乡镇企业及农产品加工业年鉴》测算各行业非正规部门与正规部门直接吸纳的就业人数。第二，测算各行业的可比价总产出指标。第三，将各行业直接吸纳的就业人数与可比价总产出相除，即为各行业的直接就业系数。图8－1和图8－2分别展示了2002～2017年制造业、建筑业、批发零售住宿餐饮业、交通运输仓储邮政业、居民服务和其他服务业非正规部门与正规部门直接就业效应的测算结果。

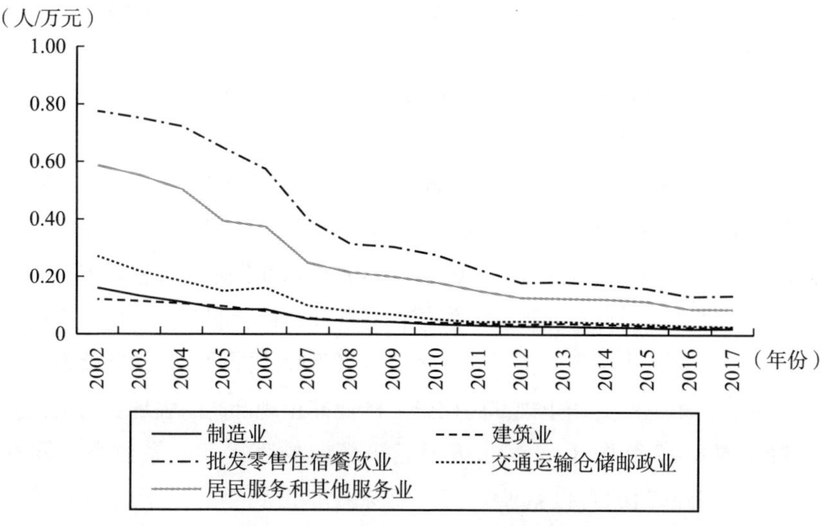

图8－1　分行业非正规部门的直接就业系数变化趋势

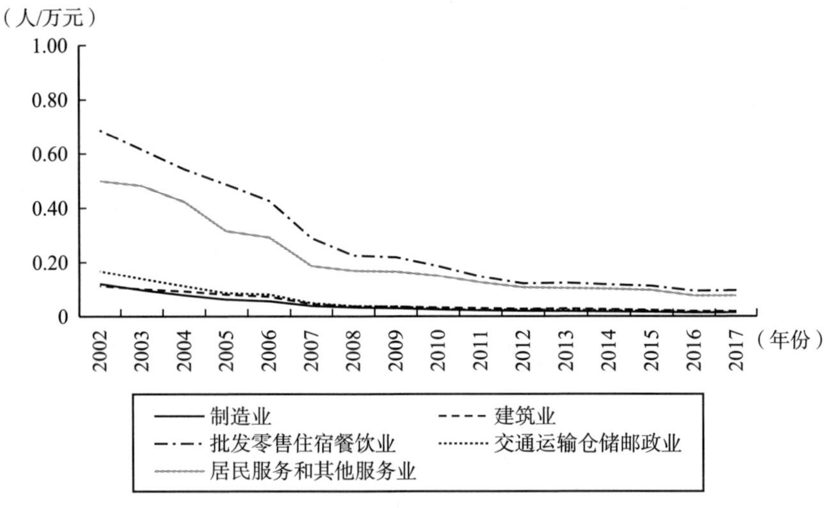

图 8－2　分行业正规部门的直接就业系数变化趋势

由图 8－1 可见，各行业非正规部门的直接就业效应存在明显差异，第三产业非正规部门比第二产业非正规部门具有更强的就业吸纳能力，由强到弱依次为批发零售住宿餐饮业 > 居民服务和其他服务业 > 交通运输仓储邮政业 > 建筑业 > 制造业。以 2017 年为例，5 个行业非正规部门各自增加 1 亿元产出，分别可以吸纳 1 359 人、886 人、281 人、255 人和 214 人就业，第三产业中批发零售住宿餐饮业非正规部门的就业吸纳能力分别是第二产业中建筑业和制造业非正规部门的 5.3 和 6.4 倍。究其原因，第三产业主要为劳动密集型产业，就业的准入门槛和经营成本相对较低、国家监管和政府统计难度较大，更容易滋生非正规经济活动。2004 年第一次经济普查数据显示出普查年度 GDP 比常规年度低估 16.80%，一个重要原因就是常规年度 GDP 核算对批发零售住宿餐饮业、交通运输行业的个体经营活动的漏统。另外，非正规就业的重点群体之一是农民工，连续多年的农民工监测调查报告也显示，农民工就业主要分布在批发零售住宿餐饮业、社会服务业，也侧面说明门槛比较低的劳动密集型产业备受非正规劳动者青睐。因此，从缓解就业压力的直接贡献看，第三产业非正规部门比第二产业非正规部门的表现更为突出。

对比图 8－2 和图 8－1，非正规经济部门的直接就业系数高于同期同行业正规经济部门的直接就业系数，意味着非正规经济比正规经济具有更强的就业吸纳能力。平均而言，批发零售住宿餐饮业、居民服务和其他服务业、交通运输仓储邮政业、制造业、建筑业各自增加1亿元产出，非正规部门吸纳的就业人数要比正规部门吸纳的就业人数多923人、445人、419人、172人、98人。这一点不难理解。第一，非正规经济是典型的劳动密集型活动，其劳动要素投入要高于资本要素。根据吕光明（2015）测算，我国非正规经济的劳动者报酬占比为66.36%，而正规经济的劳动者报酬占比为44.49%。第二，非正规部门就业比正规部门就业具有更低的准入门槛、更低的经营成本、更灵活的经营形式，成为高校毕业生、农民工、下岗失业人员等重点群体就业的“容纳器”。2020年7月，商务部等7部门联合印发《关于开展小店经济推进行动的通知》，在某种程度上肯定了个体经济在“稳就业”方面的地位。相反，正规经济部门的资本－劳动比相对较高、登记注册程序相对复杂、初创成本较高，因而就业覆盖面相对较窄，不利于低收入、低技能劳动者的就业。

然而，动态来看，无论非正规经济部门抑或正规经济部门，单位产出所雇用的就业人数均呈现下降趋势。由图8－1和图8－2可知，两类部门的直接就业系数在2002～2008年迅速下降，2008～2012年缓慢下降，2012年后维持在相对稳态水平。以批发零售住宿餐饮业非正规部门为例，2002年增加1亿元的产出可以吸纳7 754人就业，到2017年却仅能吸纳1 359人就业，下降82.48%。这是由多方面原因引起的。科技进步优化了劳动和资本要素组合，促使经济发展方式由劳动密集型向资本和技术密集型方向转变，劳动生产率得到提升，单位产出的劳动需求量下降。随着人工智能和信息通信技术的发展，劳动者就业时间更加灵活、就业形式更加多样，部分就业活动转移至互联网，减少了对劳动力的直接需求。需要指出的是，未来正规经济部门会比非正规经济部门更加快速地融入信息通信技术，使得正规经济部门的就业吸纳能力较快下降；而非正规经济无论在资金、人才方面都逊于正规经济，融入互联网技术的速度相对较慢，短期内在吸收重点群体和特殊群体就业方面的贡献很难下降，这也是政府强调“要千方百计让个体户和小微企业存活下来”的原因之一。

第四节　非正规经济的间接就业效应分析

本部分首先采用式（8－6）测算各行业非正规部门间接就业效应在

2002～2017 年的变化趋势，然后以 2017 年为例分析各行业非正规部门产出扩张对其他行业就业影响的差异。

一、分行业非正规经济间接就业效应的动态变化

图 8－3 展示了 5 个行业非正规部门间接就业效应的变化趋势。很明显，2002～2017 年各行业非正规部门的间接就业效应持续下降，与直接就业效应呈现相同的趋势特征。比如，建筑业非正规部门增加 1 亿元产出，可以间接带动的就业人数由 2002 年 4 205 人下降至 2017 年 713 人，缩小为原先的 1/6。这是由两方面原因引起的：一方面是由于科学技术发展导致的劳动密集型非正规部门直接就业系数的正常下降；另一方面是因非正规经济部门与其他经济部门之间关联程度的减弱，致使非正规部门产出乘数和就业效应的下降。这意味着，长远来看信息技术发展势必会对部分劳动力的直接就业带来冲击，相关经济政策的焦点应该注重完善非正规经济与正规经济之间的协调机制，引导上游正规部门服务好非正规部门，形成各种经济成分协调发展的良好局面。

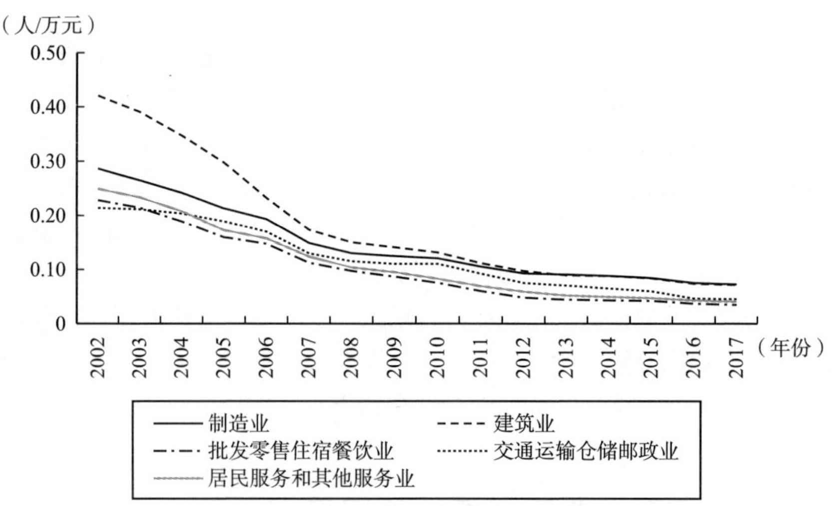

图 8－3　分行业非正规部门的间接就业系数变化趋势

注：作者首先根据式（8－6）逐一测算制造业、建筑业、批发零售住宿餐饮业、交通运输仓储邮政业、居民服务和其他服务业非正规部门对其他产业的间接就业效应，然后将其他产业的间接就业乘数相加得到总效应。

横向来看，非正规部门的间接就业效应同样存在明显的行业差异，由高到低依次为制造业 > 建筑业 > 交通运输仓储邮政业 > 居民服务和其他服务业 > 批发零售住宿餐饮业，显著不同于直接就业效应的排序。以 2017 年为例，这 5 个行业各自增加 1 亿元产出，可以分别带动其他行业就业人数增加 724 人、713 人、451 人、402 人、345 人。究其原因，制造业和建筑业等第二产业具有更强的后向关联效应，它们的发展需要第一产业和第三产业的产品作为中间投入，从而促进第一产业和第三产业的产出与就业扩张，加之第一产业和第三产业本身具有较高的直接就业效应，使得制造业和建筑业非正规部门具有较强的间接就业效应。然而，批发零售住宿餐饮业、交通运输仓储邮政业、居民服务和其他服务业等第三产业非正规部门的后向关联程度相对较弱，对就业的间接作用要逊于第二产业非正规部门。因此，各行业非正规部门对就业的总贡献，由直接效应和间接效应共同决定。

将各行业非正规部门直接和间接带动的就业人数相加，即可得到各行业非正规部门的就业总效应。表 8 - 1 给出了 2017 年的测算结果。研究发现，对于批发零售住宿餐饮业、居民服务和其他服务业非正规部门，直接贡献占据主导地位，贡献率分别为 79.75% 和 68.79%。对于制造业、建筑业和交通运输仓储业非正规部门，间接贡献占据主导地位，贡献率分别为 77.19%、73.66% 和 61.61%。在两种机制的共同作用下，5 个行业非正规部门的就业总效应由强到弱转化为批发零售住宿餐饮业 > 居民服务和其他服务业 > 建筑业 > 制造业 > 交通运输仓储邮政业。因此，在研究非正规经济的就业效应时，不能仅将视野局限于直接就业贡献，这样不但会低估非正规经济的就业效应，特别是间接效应占据主导地位的制造业和建筑业；而且无法识别非正规经济就业效应的行业异质性。这一研究发现对于认识非正规经济的行业异质性，认清不同行业非正规部门在产业链中的位置具有重要启示，为制定针对特定行业不同阶段的非正规经济引导政策和完善非正规经济与正规经济协调发展政策提供了事实佐证。

表 8-1　　分行业非正规部门的直接和间接就业效应对比

行业名称	直接效应		间接效应		总效应	
	人数（人）	贡献（%）	人数（人）	贡献（%）	人数（人）	贡献（%）
制造业	214	22.81	724	77.19	938	100
建筑业	255	26.34	713	73.66	968	100
批发零售住宿餐饮业	1 359	79.75	345	20.25	1 704	100
交通运输仓储邮政业	281	38.39	451	61.61	732	100
居民服务和其他服务业	886	68.79	402	31.21	1 288	100

注：表中的人数是指各行业非正规部门增加 1 亿元产出所带动的就业人数。

二、分行业非正规经济扩张对其他行业就业的影响

为进一步探究各行业非正规部门产出变化对其他行业就业影响的异质性，本研究测算了各行业非正规部门间接就业效应的行业分布。表 8-2 给出了 2017 年 5 个行业非正规部门间接带动各行业就业的信息矩阵。

表 8-2　　分行业非正规部门间接就业效应的行业分布　　单位：人

行业名称	制造业-非正规	建筑业-非正规	批发零售住宿餐饮业-非正规	交通运输仓储邮政业-非正规	居民服务和其他服务业-非正规
农林牧渔业	306	205	123	99	110
采掘业	23	16	5	8	8
制造业-正规	150	156	53	80	78
制造业-非正规	*214*	47	16	24	24
电力燃气水的生产和供应业	9	8	4	8	6
建筑业-正规	0	6	1	1	1
建筑业-非正规	0	*255*	0	0	0
批发零售住宿餐饮业-正规	78	85	41	61	51

续表

行业名称	制造业－非正规	建筑业－非正规	批发零售住宿餐饮业－非正规	交通运输仓储邮政业－非正规	居民服务和其他服务业－非正规
批发零售住宿餐饮业－非正规	84	91	*1 359*	65	55
交通运输仓储邮政业－正规	13	14	13	21	9
交通运输仓储邮政业－非正规	5	5	5	*281*	3
信息传输软件技术服务	2	4	2	4	2
金融业	9	12	10	21	7
房地产业	2	3	8	4	10
租赁和商务服务业	27	30	47	29	24
科学研究技术服务	2	12	2	1	1
水利环境公共设施	2	1	1	2	2
居民服务和其他服务业－正规	5	8	6	11	11
居民服务和其他服务业－非正规	5	7	6	10	*886*
教育	1	1	1	1	1
卫生和社会工作	0	0	0	0	0
文化体育和娱乐	1	1	1	1	1
公共管理社会组织	1	1	0	1	1
间接就业人数	724	713	345	451	402
总就业人数	938	968	1 704	732	1 288

注：表中数据表示各行业非正规部门增加 1 亿元产出而引致的间接就业人数，其中斜体的数字表示相应行业直接吸纳的就业人数。

由表 8－2 可知，各行业非正规部门产出扩张引致的间接就业主要集中于农林牧渔业、制造业、批发零售住宿餐饮业、租赁和商务服务业，而在水利环境公共设施、教育业、卫生和社会工作、文化体育和娱乐、公共管理社会组织等行业的表现微不足道。

第一，各行业非正规部门发展最容易带动农林牧渔业的就业。由表8-2可知，5个行业非正规部门产出扩张对农林牧渔业就业的间接效应均排在第1位，分别为306人、205人、123人、99人和110人。一方面是因为，我国农业生产具备天然的劳动密集型特征，劳动生产率较低，具有“最高”的直接就业效应；另一方面是因为，非正规经济与农业经济之间存在高度的后向关联，各行业非正规部门发展均离不开农产品的供应（刘波和徐蔼婷，2018）。两种力量的叠加，致使非正规经济产出扩张对增加农业就业的影响最明显。

第二，从非正规经济成分较高的5个行业看，制造业和批发零售住宿餐饮业就业较易受其他行业产出变化的影响，建筑业、交通运输仓储邮政业、居民服务和其他服务业就业则不易受其他行业产出变化的影响。由表8-2可知，制造业和批发零售住宿餐饮业受到其他行业的影响大小均位列前5。结合前文的测算结果，这两个行业不仅具备较高的就业总效应，还拥有对其他经济部门产出变化较高的灵敏度。应该说，制造业和批发零售住宿餐饮业非正规部门是产业链中的重点环节，发挥举足轻重的作用，这也是政府提出“保产业链供应链稳定”的原因所在。虽然建筑业非正规部门本身具有较高的就业总效应，但对其他行业产出变化的灵敏度较低。这主要是由建筑业典型的后向关联产业特征所决定。我们还发现非正规经济产出扩张在带动租赁和商务服务业就业方面的表现也较为明显。随着互联网技术发展，电子商务与非正规经济快速融合，非正规经济出现新形态，主动自愿选择非正规就业的人数不断扩大。这一研究为把握就业新常态、制定就业新政策，疏通商务服务业与非正规部门的关联渠道提供了证据。

第三，非正规经济对水利环境公共设施、教育业、卫生和社会工作、文化体育和娱乐、公共管理社会组织等行业就业的影响非常小。由表8-2可知，亿元产出所间接带动的就业人数不超过2人。因为这些行业主要为政府主导型产业，非正规经济成分相对较低，同时与正规经济部门之间的关联也较弱，因而对非正规部门产出扩张的感应度较弱。另外，这些行业的技术密集程度相对较高，单位产出所吸纳的就业人数很少，即直接就业效应低。因此，非正规经济对政府主导型和技术密集型行业的就业影响较小，侧面印证了探究非正规经济就业效应异质性的必要性。

第五节　本章小结

"稳就业"和"保就业"是经济发展的重中之重。随着我国经济由高速增长转向高质量发展阶段，正规经济部门的就业压力持续增加，因而以个体经营和小微企业为主的非正规经济部门在创造就业岗位方面的贡献不容忽视。本章基于 2002 ~ 2017 年非正规经济 SAM 表的投入产出模块数据，从直接和间接两个维度，系统测度了 5 个行业非正规部门对劳动就业的贡献。研究结果显示：(1) 以批发零售住宿餐饮业为主的第三产业非正规部门的直接就业效应高于以建筑业和制造业为主的第二产业非正规部门，而且各行业非正规部门对就业的直接贡献均高于同行业的正规部门；(2) 由于制造业和建筑业非正规部门存在较强的后向关联，因而对就业的间接贡献明显高于以批发零售住宿餐饮业为代表的第三产业非正规部门；(3) 各行业非正规部门产出变化对就业的间接贡献主要集中于农林牧渔业、制造业、批发零售住宿餐饮业、租赁和商务服务业，对建筑业、交通运输仓储邮政业、居民服务和其他服务业等行业的表现不容乐观；(4) 动态来看，制造业、建筑业、批发零售住宿餐饮业、交通运输仓储邮政业、居民服务和其他服务业 5 个行业非正规部门对就业的直接和间接贡献均呈现下降态势。

基于上述结论，本章提出以下建议。第一，建立非正规经济活动统计制度，加强对非正规就业的分类统计和动态监测。非正规经济集中在劳动密集型产业，特别是第三产业。而我国服务业统计制度尚不够健全，大量非正规就业人员尚未纳入政府统计范围，政府统计部门应尽快完善制度，定期统计和监测，从而为有效扩大就业政策覆盖提供数据支撑。第二，完善各行业非正规经济部门与正规经济部门之间的协调机制，畅通非正规经济促进就业的间接途径。非正规经济对就业的贡献与其所处产业链、供应链的位置有关，比如制造业拉动就业的途径主要依靠与其他部门之间的关联，而第三产业非正规部门与其他产业关联较弱，因此政府制定相关政策应因地制宜，不能一刀切。第三，提升非正规劳动者就业技能，健全非正规就业社会保障制度。随着社会经济的发展，正规部门劳动生产率普遍提升，而非正规劳动者因就业技能较低无法满足新岗位的技能需求。相关部门应加强对农民工、下岗失业工人等非正规劳动群体的职业技能培训，切实保障非正规就业劳动者的合法权益，从而实现高质量发展和高质量就业的双赢新局面。

第九章　中国非正规经济的收入效应研究

第一节　引　　言

党的十八大以来，党中央把握发展阶段新变化，把逐步实现全体人民共同富裕摆在更加重要位置。扎实推进共同富裕就是要实现“共同”与“富裕”的有机统一，其中“富裕”是前提、“共同”是导向（李金昌和余卫，2022）。建设共同富裕的首要任务就是缩小收入差距、打造“橄榄型”合理收入分配格局（李金昌和任志远，2023）。作为推动我国经济增长的重要动力，非正规部门发展带来了大量兼具中等收入潜在人群与经济脆弱者双重身份的非正规就业者（张峰、黄玖立和王睿，2016；李根丽和尤亮，2022），在提升我国“扩中”潜力的同时也给收入分配与社会保障提出了挑战（刘世锦等，2022；焦长权和董磊明，2022）。因此，有必要探讨非正规经济在提升居民收入方面的作用，为共同富裕建设提供支持。

现有关于非正规经济收入效应的文献大多基于微观视角展开。（1）一些学者从就业角度分析非正规经济与正规经济的收入差距。基于中国综合社会调查数据，张延吉和秦波（2015）采用倾向值匹配方法，比较了正规就业与非正规就业的收入差异，认为制度保障缺位是非正规受雇者收入偏低的直接原因；丁述磊（2017）利用分位数方法对正规就业与非正规就业的工资差异进行估计与分解，并基于不同分位点上的比较结果证实非正规就业在教育收益率方面的劣势；卢晶亮（2018）基于再中心化影响函数回归的分解方法表明，正规就业与非正规就业之间的工资差距持续扩大，非正规就业比重上升是不平等上升的主要因素。(2)也有学者探讨非正规就业对贫困和收入差距的贡献。罗楚亮(2008)基于中国家庭收入调查数据研究非正规就业对城镇居民贫困的影响,发现从事非正规就业更容易使穷人获益;都阳和万广华(2014)基于中国城市劳动力调查数据的研究发现,非正规经济有利于提高居民收入、降低贫困发生率;薛进军等(Xue et al.,2014)基于2005年和2010年城市住户调查数据,采用Theil指数和Blinder-Oaxaca方法的研究显示,非正规经济对居民收入分配具有负面效应,收入不平等的50%是由非正规就业内部不平等引起;基于有限混合模型,左红(Zuo H,2016)认为我国非正规劳动力有高层和低层之分,高层非正规就业内部不平等是收入不平等扩大的主要原因;马林靖和郭彩梅(2020)的研究显示,自雇型非正规就业和受雇型非正规就业都显著增加无业人员的收入,而创业型非正规就业会明显增加正规就业者收入。

还有一些学者利用宏观SAM表对非正规经济的收入效应展开研究。阿奴希·辛哈、库尔拉姆·西迪基和桑吉塔(2000)基于印度SAM表分析各行业非正规部门对居民收入的乘数效应,指出农业、食品制造业纺织业等行业非正规部门对居民收入的影响效应显著高于其他行业;丹尼尔·蒂勒和莱纳·帕索洛(2003)基于玻利维亚SAM表分析各行业非正规部门对要素收入分配和居民收入分配的影响,结果表明占玻利维亚劳动力总数三分之二的非正规就业在收入方面处于绝对劣势,其收入份额不足总收入的四分之一;基于中国1992~2012年非正规经济SAM表,刘波和李金昌(2017)分析非正规经济对城镇居民收入的影响效应与传导路径,证实非正规经济对城镇高收入组居民收入的乘数效应更强,从而导致居民收入差距的不断扩大。

综观上述文献,使用微观调查数据考察非正规经济对居民收入不平等贡献的研究较为普遍,但这些文献大多未能实现对非正规部门收入效应的行业异质性展开量化研究。基于SAM表的研究范式具备在宏观层面讨论不同行业非正规部门对居民收入影响的可行性,但目前此视角下的相关研究极为有限,且大部分是基于个别年份SAM表的分析,无法反映效应的动态变化。另外,现有关于非正规经济对居民收入传导路径的研究也停留于非正规经济的整体层面,缺乏分行业非正规部门的异质性研究。

鉴于此,本章根据2002~2017年中国非正规经济SAM表,采用SAM

账户乘数与结构化路径分析方法，系统探究制造业、建筑业、批发零售住宿餐饮业、交通运输仓储邮政业、居民服务和其他服务业非正规部门对我国城镇居民收入与农村居民收入的乘数效应与传导路径，并力图在三个方面有所贡献：第一，基于2002～2017年非正规经济SAM表展开研究，从动态视角解析非正规经济对居民收入的影响效应；第二，聚焦非正规经济集中分布的主要行业，从异质性角度探究非正规经济对我国居民收入的乘数效应与传导路径，为政府制定差异化政策提供建议；第三，基于"城镇－农村"对比视角探究非正规经济对居民收入差距的作用效果，搭建非正规经济与共同富裕之间的理论联系，为共同富裕背景下的非正规经济合理发展的方向与实践提供统计支持。

第二节　研究方法

一、SAM账户乘数分析方法

作为综合性的宏观经济数据分析框架，SAM表是研究收入分配问题的有效工具。一个由 n 个内生账户和 x 个外生账户构成的SAM表可表示为：

$$T_{(d,d)}=\begin{bmatrix} T_{nn} & T_{nx} \\ T_{xn} & T_{xx} \end{bmatrix} \tag{9-1}$$

其中，T_{nn}代表内生账户矩阵，T_{xx}代表外生账户矩阵，T_{nx}代表外生账户向内生账户的注入矩阵，T_{xn}代表内生账户向外生账户的漏出矩阵。

对应于本书编制的非正规经济SAM表，内生账户有38个（23个活动账户、3个劳动要素账户、1个资本要素账户、10个居民账户和1个企业账户），外生账户有3个（政府账户、国外账户和投资－储蓄账户）。

令 $A_{(d,d)}=[a_{ij}]_{i,j=1,2,3,\cdots,d}$ 为 $T_{(d,d)}$ 的平均支出倾向矩阵，根据SAM表中行和等于列和的平衡关系，内生账户的收入合计 y_n 可表示为：

$$y_n=A_{nn}y_n+x \tag{9-2}$$

进一步变换得到：

$$y_n=A_{nn}y_n+x=(I-A_{nn})^{-1}x=M_{nn}x \tag{9-3}$$

其中，M_{nn}是账户乘数矩阵，用于测度最终需求冲击下账户 j 对账户 i 的乘数效应。

二、SAM 结构化路径分析方法

SAM 账户乘数仅能反映账户 j 对账户 i 的乘数效应，SAM 结构化路径分析则可以揭示账户之间的传导路径，为政策制定提供依据。账户 j 对账户 i 的影响有直接影响、完全影响和总体影响三种。

直接影响用平均支出倾向衡量：

$$I^D(j \to i) = a_{ij} \tag{9-4}$$

如果账户之间存在中间账户（如 k、z、u），账户 j 对账户 i 的直接影响等于平均支出倾向的乘积：

$$I^D(j \to i) = I^D(j, k, z, u, i) = a_{kj} a_{zk} a_{uz} a_{iu} \tag{9-5}$$

如果账户之间存在反馈效应（如 $u \to k$、$k \to j$），账户 j 对账户 i 存在完全影响：

$$I^T(j \to i) = I^T(j, k, z, u, i) = I^D(j, k, z, u, i) M_1 = a_{kj} a_{zk} a_{uz} a_{iu} M_1 \tag{9-6}$$

其中，M_1 为路径乘数，测度直接影响被回路放大的倍数。

更一般地，如果账户之间存在多条路径（如 $j \to s \to i$、$j \to v \to i$），则两条路径的完全影响分别为：

$$I^T(j \to i) = I^T(j, s, i) = I^D(j, s, i) M_2 = a_{sj} a_{is} M_2 \tag{9-7}$$

$$I^T(j \to i) = I^T(j, v, i) = I^D(j, v, i) M_3 = a_{vj} a_{iv} M_3 \tag{9-8}$$

将式（9-6）、式（9-7）和式（9-8）相加，得到账户 j 对账户 i 的总体影响：

$$\begin{aligned} I^G(j \to i) &= \sum_{p=1}^{3} I^T(j \to i) = \sum_{p=1}^{3} I^D(j \to i) M_p \\ &= I^T(j \to i)_1 + I^T(j \to i)_2 + I^T(j \to i)_3 \\ &= I^D(j \to i)_1 M_1 + I^D(j \to i)_2 M_2 + I^D(j \to i)_3 M_3 \\ &= I^D(j, k, z, u, i) M_1 + I^D(j, s, i) M_2 + I^D(j, v, i) M_3 \\ &= (a_{kj} a_{zk} a_{uz} a_{iu}) M_1 + (a_{sj} a_{is}) M_2 + (a_{vj} a_{iv}) M_3 \end{aligned} \tag{9-9}$$

各路径的完全影响占总体影响的比重即为完全影响占比，用于衡量各路径的重要性。

接下来对最终需求冲击下制造业、建筑业、批发零售住宿餐饮业、交通运输仓储邮政业、居民服务和其他服务业非正规部门对城镇居民收入与农村居民收入的乘数效应与传导路径进行测算与分析。

第三节　非正规经济对居民收入的乘数效应分析

一、非正规经济对居民收入的乘数总效应及行业异质性分析

（一）非正规经济对居民收入乘数总效应分析

首先测算非正规部门影响居民收入的乘数效应，并与正规部门对居民收入的影响乘数进行对比，结果如图 9－1 所示。

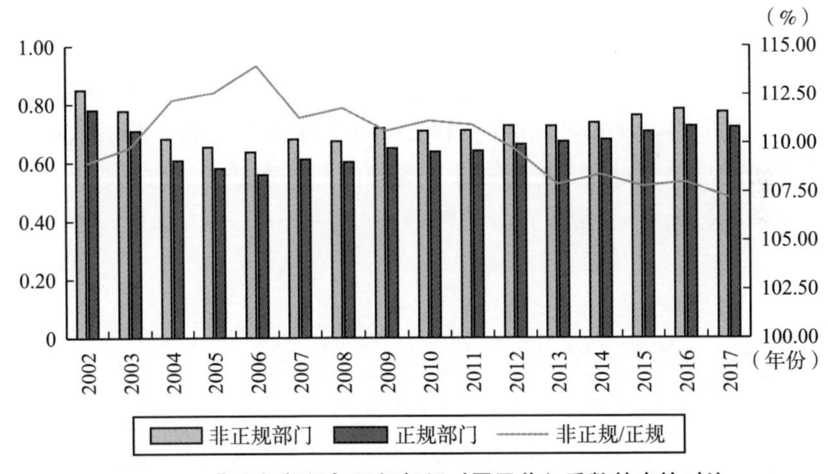

图 9－1　非正规部门与正规部门对居民收入乘数效应的对比

动态来看，非正规部门对居民收入乘数的总效应呈现明显的“先下降后上升”趋势。2002～2006 年非正规部门对居民收入乘数的总效应逐年下降，平均由 0.85 下降为 0.64。究其原因，2006 年《劳动合同法》的起草工作开始重视关于劳务派遣工作形式的规范化管理，2008 年该法案的正式实施则为非正规就业形式建立了法律保障，为非正规部门的发展奠定

了制度基础；“劳务派遣工”与“新生代农民工”的迅速崛起为非正规部门发展提供了大量劳动力（黄宗智，2017）。因此，2007 年后各行业非正规部门对居民收入乘数的总效应不断上升，到 2017 年已经超过 0.77，意味着当非正规部门受到 100 单位的外生最终需求冲击时，居民收入将增加 77 单位以上。

对比来看，非正规经济的居民收入乘数总效应始终高于正规部门，并且这种相对优势的变动趋势与绝对水平之间存在明显的负向关联：当正规部门对居民收入乘数的绝对效应水平递减时，非正规部门的“相对优势”不断加强，凸显了非正规经济对于居民收入增长的“兜底性”作用；而当正规部门对居民收入乘数的绝对效应水平递增时，非正规部门的“相对优势”则不断弱化，但其绝对效应依然为正，成为促进居民收入提升的重要力量。

（二）非正规经济对居民收入乘数总效应的行业差异分析

为详细分析不同行业非正规部门对居民收入影响的异质性，我们分别测算了制造业、建筑业、批发零售住宿餐饮业、交通运输仓储邮政业、居民服务和其他服务业非正规部门 2002～2017 年的居民收入乘数效应（如图 9－2 所示），并对比 5 个行业非正规部门与正规部门对居民收入乘数效应的差异（如图 9－3 所示）。

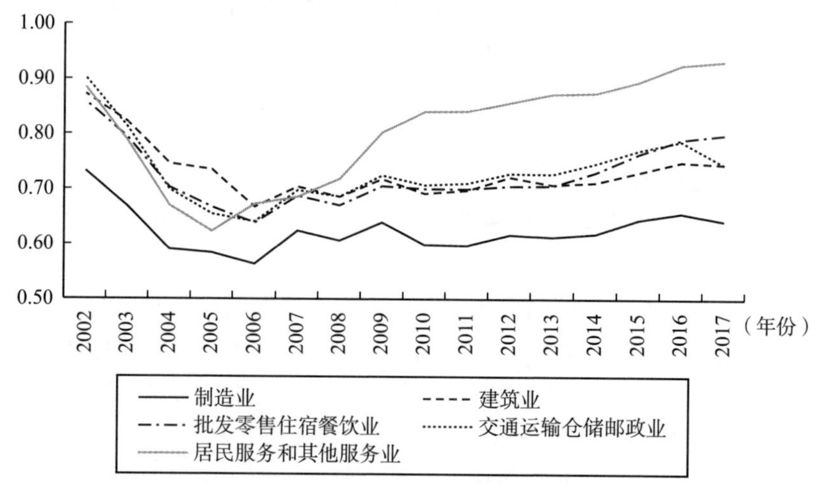

图 9－2　分行业非正规部门对居民收入的乘数效应

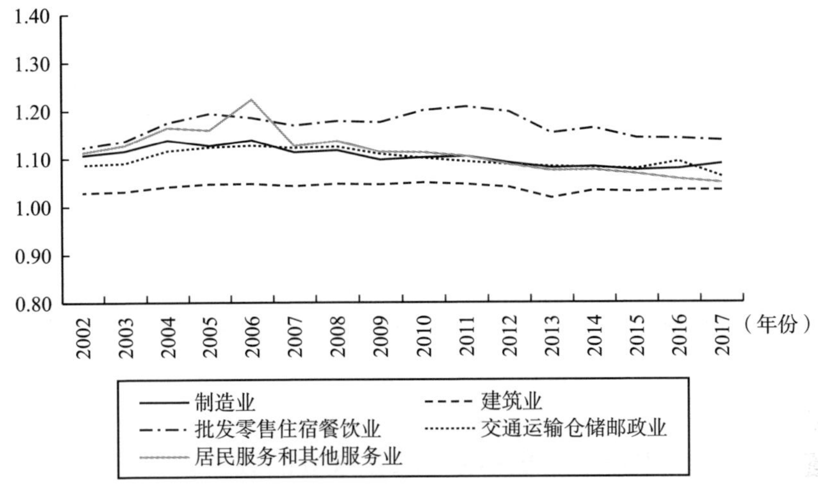

图 9－3　分行业非正规－正规部门对居民收入乘数效应的对比

在绝对水平方面，5 个行业非正规部门对居民收入的乘数效应变动趋势与整体非正规部门保持一致，都经历了以 2007 年为拐点、先下降后上升的发展过程，但对居民收入的乘数效应水平则存在明显差异。由于制造业非正规部门的劳动要素占比相对较小（刘波，2021），该行业非正规部门的居民收入效应在 2002～2017 年平均仅为 0.62 左右，处于非正规部门影响居民收入主要行业体系的“尾部”位置；其余 4 个行业非正规部门在 2002～2017 年的乘数效应至少都在 0.72 以上，并且在 2006 年之前几乎处于相同水平。但 2008 年以来，随着《国务院关于加快发展服务业的若干意见》逐渐落地成型，居民服务和其他服务业非正规部门对居民收入的乘数效应迅速提升，并与建筑业、批发零售住宿餐饮业、交通运输仓储邮政业 3 个行业非正规部门收入乘数的总效应逐步拉开差距，成为非正规部门影响居民收入主要行业体系的“头部”引领，而其余 3 个行业则稳居中间梯队，由此形成非正规部门影响居民收入的三股力量。

在相对优势方面，5 个行业非正规部门的居民收入乘数效应均高于其正规部门，但差异程度并不相同。其中，批发零售住宿餐饮业分布着大量以小规模零售为代表的非正规部门（张军、赵达和周龙飞，2017），其非正规经济成分在 5 个行业中是最高的，因此该行业非正规部门与正规部门的效应差异也最大，说明批发零售住宿餐饮业非正规部门发展比正规部门更能有效提升居民收入。与之相反，建筑业非正规部门与正规部门之间的收入乘数效应差异最小，意味着该行业两种经济成分对增加居民收入发挥了同等作用。其余3个行业的效应差异介于二者之间，且在数值和趋势上保持一致。

总体而言，近年来各行业乘数效应之间差异有缩小趋势，与总量层面非正规部门与正规部门的对比关系一致，说明非正规部门与正规部门在提升居民收入方面均发挥了重要作用。因此，在扎实推进共同富裕的进程中，政府应鼓励并引导非正规经济合理发展，而非取缔或限制非正规经济。

二、非正规经济对居民收入乘数效应的城乡差异分析

（一）非正规经济对农村居民收入的乘数效应

表9－1展示了各行业非正规部门与正规部门对农村居民收入的乘数效应。

表9－1　分行业非正规部门对农村居民收入的乘数效应

年份	制造业		建筑业		批发零售住宿餐饮业		交通运输仓储邮政业		居民服务和其他服务业		均值	
	非正规	正规	非正规	正规	非正规	正规	非正规	正规	非正规	正规	非正规	正规
2002	0.347	0.325	0.417	0.423	0.384	0.367	0.387	0.383	0.376	0.368	0.382	0.373
2003	0.317	0.294	0.394	0.398	0.353	0.331	0.346	0.338	0.332	0.317	0.348	0.336
2004	0.282	0.254	0.359	0.360	0.311	0.279	0.295	0.279	0.279	0.255	0.305	0.286
2005	0.284	0.259	0.358	0.360	0.294	0.262	0.279	0.262	0.259	0.237	0.295	0.276
2006	0.262	0.237	0.280	0.283	0.264	0.234	0.253	0.238	0.253	0.225	0.262	0.243
2007	0.288	0.265	0.290	0.294	0.279	0.25	0.275	0.259	0.267	0.250	0.280	0.264
2008	0.274	0.252	0.274	0.278	0.264	0.237	0.264	0.249	0.266	0.254	0.268	0.254
2009	0.283	0.264	0.281	0.285	0.268	0.243	0.274	0.263	0.286	0.285	0.278	0.268
2010	0.260	0.241	0.265	0.266	0.257	0.227	0.266	0.254	0.289	0.291	0.267	0.256
2011	0.237	0.216	0.241	0.239	0.23	0.197	0.239	0.225	0.260	0.253	0.242	0.226

续表

年份	制造业		建筑业		批发零售住宿餐饮业		交通运输仓储邮政业		居民服务和其他服务业		均值	
	非正规	正规	非正规	正规	非正规	正规	非正规	正规	非正规	正规	非正规	正规
2012	0.254	0.234	0.264	0.261	0.241	0.207	0.254	0.238	0.283	0.275	0.259	0.243
2013	0.26	0.238	0.269	0.262	0.254	0.213	0.262	0.237	0.306	0.279	0.270	0.246
2014	0.262	0.237	0.271	0.256	0.264	0.214	0.268	0.238	0.311	0.273	0.275	0.244
2015	0.272	0.248	0.277	0.263	0.275	0.227	0.274	0.243	0.317	0.281	0.283	0.252
2016	0.272	0.247	0.278	0.264	0.279	0.233	0.270	0.237	0.324	0.294	0.285	0.255
2017	0.263	0.236	0.275	0.259	0.281	0.233	0.254	0.229	0.328	0.297	0.280	0.251

注：表中数据代表相应行业非正规部门与正规部门受到1单位外生最终需求冲击后，农村居民收入增加的单位数，作者根据2002~2017年中国非正规经济SAM表测算得到。

从均值上看，非正规经济与正规经济的变动步调基本一致，对农村居民收入的乘数效应均以2012年为拐点、经历“先降后增”的变化过程。具体而言，非正规经济的乘数效应由2002年的0.382下降至2011年的0.242，而正规经济的乘数效应则由2002年的0.373下降至2011年的0.226。2012年中央农村工作会议围绕农业生产经营体制提出了一系列要求，包括提高农业生产经营组织化程度、完善土地承包经营权流转制度等。这些部署将大量农民从土地中“解放”出来，促使农村劳动力由农业生产涌向其他行业，为农民增收创造了路径（胡祎、杨鑫和高鸣，2022）。因此，2012年以来非正规经济与正规经济对农村居民收入的乘数效应均逐步上升。相比而言，非正规部门对农村居民收入的影响高于正规部门，尤其是在2012年后的增长阶段，这种相对优势表现得更加明显，表明非正规经济发展有助于提升农村居民收入。

分行业看，2002~2017年制造业、建筑业、批发零售住宿餐饮业、交通运输仓储邮政业、居民服务和其他服务业非正规部门对农村居民收入乘数效应的区间分别为[0.237，0.347]、[0.241，0.417]、[0.230，0.384]、[0.239，0.387]、[0.253，0.376]，高于同期正规部门对农村居民收入的乘数效应。从趋势上看，制造业、建筑业、交通运输仓储邮政业的乘数效应一直处于阶梯式下降态势，批发零售住宿餐饮业、居民服务和其他服务业的乘数效应于 2011 年步入上升通道。另外，2009 年前建筑业非正规部门对农村居民收入的乘数效应最大；但受金融危机的影响，更多劳动者选择到门槛较低的居民服务和其他服务业非正规部门就业，导致 2009 年后居民服务和其他服务业非正规部门对居民收入的乘数效应迅速扩张。由于进入壁垒相对较低，第三产业吸纳了相当比重的非正规就业（Imamoglu et al.，2018），在非正规部门发展的进程中对农村居民收入提升发挥了至关重要作用。

为分析非正规经济对农村 5 等分组居民收入乘数效应的异质性，进一步测算了各行业非正规部门对农村 5 等分组居民收入的乘数效应。鉴于制造业在国民经济中的基础性地位以及居民服务和其他服务业非正规部门的发展趋势，这里以这两个行业为例进行分析。

图 9 -4 和图 9 -5 给出了制造业、居民服务和其他服务业非正规部门与正规部门的测算结果。2002 ~2017 年两个行业非正规部门受到 1 单位外生最终需求冲击后，农村居民收入增量由大到小依次为高收入组、中等偏上组、中等收入组、中等偏下组、低收入组。然而，制造业对各组居民收入的乘数效应呈下降趋势，居民服务和其他服务业对各组居民收入的乘数效应呈上升态势。总体而言，各行业非正规部门扩张更有利于提升农村高收入组的居民收入，从而拉大农村居民收入差距。

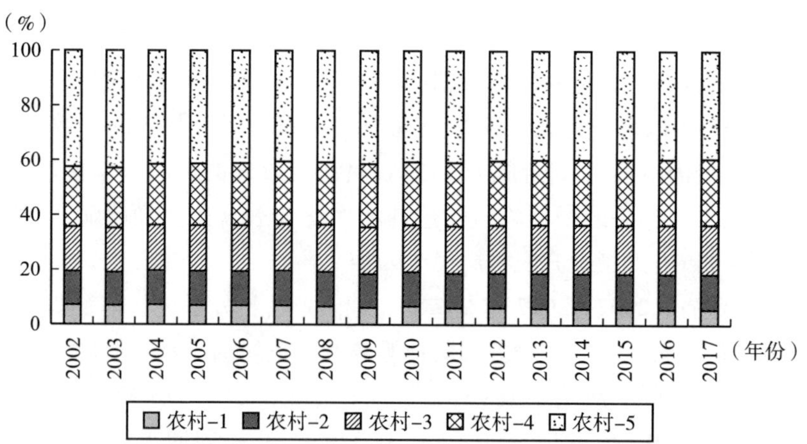

图 9 -4　制造业非正规部门对农村各组居民收入的乘数效应

注：农村 -1、农村 -2、农村 -3、农村 -4、农村 -5 分别代表农村低收入组、中等偏下组、中等收入组、中等偏上组、高收入组。下同。

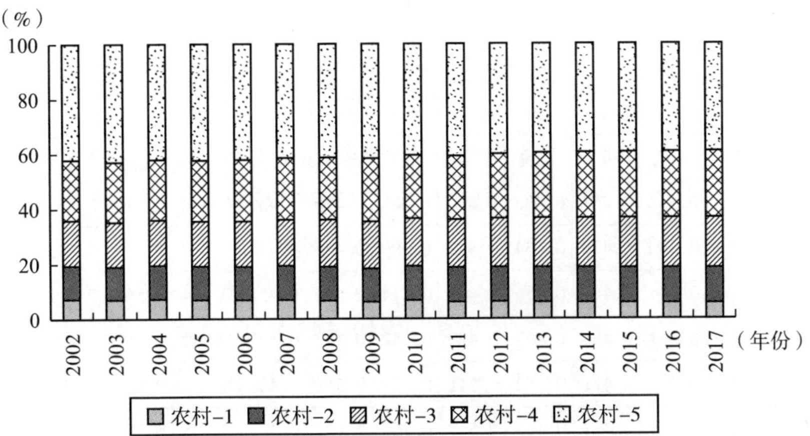

图 9－5　居民服务和其他服务业非正规部门对农村各组居民收入的乘数效应

(二) 非正规经济对城镇居民收入的乘数效应

表 9－2 展示了各行业非正规部门与正规部门对城镇居民收入的乘数效应。

表 9－2　　分行业非正规部门对城镇居民收入的乘数效应

年份	制造业		建筑业		批发零售住宿餐饮业		交通运输仓储邮政业		居民服务和其他服务业		均值	
	非正规	正规	非正规	正规	非正规	正规	非正规	正规	非正规	正规	非正规	正规
2002	0. 385	0. 337	0. 456	0. 425	0. 474	0. 397	0. 516	0. 447	0. 509	0. 427	0. 468	0. 407
2003	0. 351	0. 306	0. 428	0. 399	0. 440	0. 367	0. 466	0. 407	0. 456	0. 381	0. 429	0. 372
2004	0. 308	0. 264	0. 387	0. 357	0. 392	0. 319	0. 404	0. 347	0. 391	0. 320	0. 376	0. 321
2005	0. 300	0. 259	0. 377	0. 343	0. 373	0. 297	0. 375	0. 320	0. 364	0. 301	0. 358	0. 304
2006	0. 301	0. 258	0. 388	0. 354	0. 375	0. 304	0. 388	0. 331	0. 419	0. 325	0. 374	0. 315
2007	0. 336	0. 296	0. 414	0. 381	0. 408	0. 338	0. 423	0. 363	0. 418	0. 359	0. 400	0. 347
2008	0. 333	0. 291	0. 412	0. 377	0. 406	0. 332	0. 423	0. 361	0. 452	0. 378	0. 405	0. 348
2009	0. 357	0. 319	0. 437	0. 402	0. 438	0. 357	0. 451	0. 391	0. 517	0. 437	0. 440	0. 381
2010	0. 339	0. 303	0. 427	0. 393	0. 444	0. 356	0. 441	0. 388	0. 552	0. 465	0. 441	0. 381
2011	0. 361	0. 325	0. 456	0. 429	0. 470	0. 383	0. 472	0. 426	0. 581	0. 509	0. 468	0. 414

续表

年份	制造业		建筑业		批发零售住宿餐饮业		交通运输仓储邮政业		居民服务和其他服务业		均值	
	非正规	正规	非正规	正规	非正规	正规	非正规	正规	非正规	正规	非正规	正规
2012	0.363	0.332	0.457	0.433	0.464	0.383	0.475	0.432	0.574	0.514	0.467	0.419
2013	0.353	0.330	0.439	0.434	0.452	0.399	0.465	0.434	0.567	0.534	0.455	0.426
2014	0.357	0.334	0.441	0.434	0.467	0.414	0.479	0.453	0.564	0.541	0.461	0.435
2015	0.372	0.351	0.454	0.447	0.490	0.442	0.497	0.472	0.579	0.559	0.478	0.454
2016	0.385	0.362	0.471	0.462	0.511	0.460	0.518	0.484	0.602	0.583	0.498	0.470
2017	0.380	0.354	0.471	0.462	0.518	0.469	0.491	0.473	0.605	0.592	0.493	0.470

注：表中数据代表相应行业非正规部门与正规部门受到1单位外生最终需求冲击后，城镇居民收入增加的单位数，作者根据2002~2017年中国非正规经济SAM表测算得到。

从均值上看，非正规部门对城镇居民收入的乘数效应由2002年的0.468逐步下降至2005年的0.358，而后稳步上升至2017年的0.493。在非正规经济对城镇居民收入乘数效应“由降转升”的过程中，《最低工资规定》《劳动合同法》《个体工商户条例》等法律法规的出台从制度层面为非正规经济的“持续向好”发展框定了轨道，使非正规经济成为城镇居民收入增长的重要渠道。与非正规部门的变动趋势保持一致，正规部门对城镇居民收入的乘数效应也由2002年的0.407下降至2005年的0.304，而后直线上升至2017年的0.470。相对而言，非正规经济对城镇居民收入的乘数效应普遍高于正规经济，意味着在促进城镇居民收入增长方面，非正规经济发挥比正规经济更为显著的作用。

分行业看，非正规经济对城镇居民收入的乘数效应存在明显的行业异质性。其中，具有“低门槛”特征的居民服务和其他服务业非正规部门对城镇居民收入增长的促进作用最为突出，而由于近年来我国城镇地区制造业的平均工资水平与增长始终处于较低水平（王文春等，2021），制造业非正规部门在促进城镇居民收入方面的贡献并不理想。具体而言，制造业非正规部门对城镇居民收入的乘数效应介于［0.300，0.385］范围内，均值为0.349，低于平均水平；居民服务和其他服务业非正规部门对城镇居民收入的乘数效应介于［0.364，0.605］范围内，均值为0.509，高于平均水平；而建筑业、批发零售住宿餐饮业、交通运输仓储邮政业3个行业非正规部门对城镇居民收入的乘数效应则接近平均水平。

为考察非正规经济对城镇5等分组居民收入乘数效应的差异，我们同样测算了制造业、居民服务和其他服务业非正规部门对城镇5等分组居民收入的乘数效应。

图9－6给出了制造业非正规部门的测算结果。很明显，制造业非正规部门受到1单位的外生需求冲击后，城镇居民收入增量由大到小依次为高收入组、中等偏上组、中等收入组、中等偏下组、低收入组。动态地看，除高收入组外，其他4组居民收入增量呈现先下降（2005年达到最小值）后上升趋势。就此而言，制造业非正规部门更有利于提升高收入组的居民收入，从而拉大居民收入差距。

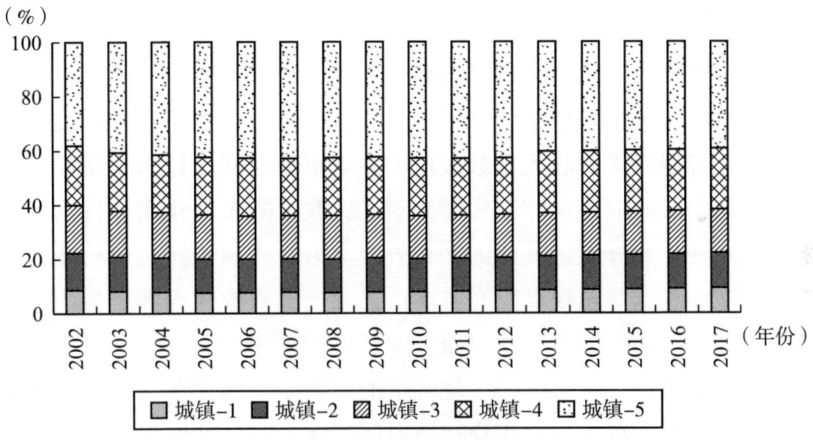

图9－6 制造业非正规部门对城镇各组居民收入的乘数效应

注：城镇－1、城镇－2、城镇－3、城镇－4、城镇－5分别代表城镇低收入组、中等偏下组、中等收入组、中等偏上组、高收入组。下同。

图9－7汇报了居民服务和其他服务业非正规部门对城镇各组居民收入的乘数效应。虽然在结构上看上去无明显差异，即非正规部门受到1单位外生需求冲击后，城镇居民收入增量由大到小依次为高收入组、中等偏上组、中等收入组、中等偏下组、低收入组；但从绝对值上看，相较于制造业，居民服务和其他服务业对城镇各组居民收入的带动效应更强。

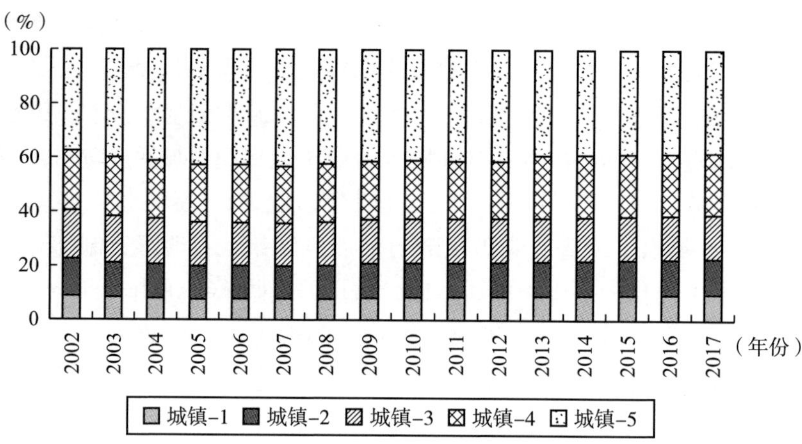

图9-7 居民服务和其他服务业非正规部门对城镇各组居民收入的乘数效应

（三）非正规经济对居民收入乘数效应的城乡比较

比较非正规经济对农村居民与城镇居民收入的乘数效应，可以发现二者在某些方面表现出一定的相似性。一方面，不管是对于农村居民还是城镇居民，非正规经济的收入乘数效应均高于正规经济，且保持明显的增长趋势。因此，政府应重视非正规经济对居民收入的拉动作用，合理引导非正规经济发展、充分发挥其收入增长效应。另一方面，在5个行业中居民服务和其他服务业非正规部门对城乡居民收入的乘数效应都是最大的，在发展非正规经济时应当给予居民服务业格外的关注。

然而，城镇居民收入受非正规经济的影响效应也存在一些有别于农村居民的特殊之处。首先，非正规经济对居民收入的拉动作用不断提升率先发生于城镇地区。非正规经济对城镇居民收入的乘数效应增长更早，由于20世纪90年代的国有经济改革引发了城市经济的重组，使城镇地区出现了大规模的失业人口（蔡昉、都阳和王美艳，2005），从而为非正规经济的发展创造了人力基础，而《关于进一步做好下岗失业人员再就业工作的通知》《国务院关于进一步加强就业再就业工作的通知》等多项政策文件则为城镇地区非正规经济发展提供了制度规范，从而使非正规经济对城镇居民收入的带动效应自2005年起便表现出上升势头；而对于农村居民而言这一时间则要延后至2011年。其次，非正规经济对城镇居民收入的乘数效应更加全面。2005年起制造业、建筑业、批发零售住宿餐饮业、交通运输仓储邮政业、居民服务和其他服务业对城镇居民收入的乘数效应均显著提升。非正规经济对农村居民收入的乘数效应稍显“偏科”，仅有批发零售住宿餐饮业、居民服务和其他服务业对农村居民收入的乘数效应在2011年后有所提高，其余3个行业的乘数效应始终处于下行阶段。最后，各行业非正规部门对城镇居民收入的乘数效应普遍高于对同行业非正规部门对农村居民收入的乘数效应，而且差距不断扩大。意味着，非正规经济在拉动居民收入整体增长的同时，也使得城乡居民收入差距不断扩大。不同于农村居民为了谋生而被动选择非正规部门，城镇居民具备相对优越的资源禀赋能够从事附加值更高的劳动，因此城镇居民具备出于工作自主性与体面劳动感知而主动选择非正规部门的条件（邓彤博和李敏，2021）。

第四节 非正规经济对居民收入的传导路径分析

一、非正规经济对居民收入的传导路径说明

（一）非正规经济对农村居民收入的传导路径设计

根据非正规经济SAM表，虽然各行业非正规部门对居民收入的传导路径有成千上万条，但是当一条路径的弧长超过3时，该路径的影响程度便会很小。因此，本研究根据SAM表的平均支出倾向矩阵和弧长不超过3的原则，关于各行业非正规部门对农村居民收入的传导机制，设计了7条传导路径①：

路径1：非正规经济→非正规劳动→居民；

路径2：非正规经济→正规经济→正规劳动→居民；

路径3：非正规经济→农业经济→农业劳动→居民；

路径4：非正规经济→资本→居民；

路径5：非正规经济→正规经济→资本→居民；

① 需要说明的是，本研究在根据SAM表的平均支出倾向矩阵设计传导路径时，重点考虑非正规部门与同行业正规部门的关联，没有分析非正规部门与其他行业正规部门的关联。

路径6：非正规经济→农业经济→资本→居民；

路径7：非正规经济→资本→企业→居民。

（二）非正规经济对城镇居民收入的传导路径设计

同样，根据SAM表的平均支出倾向矩阵和弧长不超过3的原则，关于各行业非正规部门对城镇居民收入的传导机制，设计了6条传导路径[①]：

路径1：非正规经济→非正规劳动→居民；

路径2：非正规经济→正规经济→正规劳动→居民；

路径4：非正规经济→资本→居民；

路径5：非正规经济→正规经济→资本→居民；

路径6：非正规经济→农业经济→资本→居民；

路径7：非正规经济→资本→企业→居民。

二、非正规经济对农村居民收入的传导路径分析

根据式（9－9）测算了2002～2017年5个行业非正规部门对农村各组居民收入7条传导路径的直接影响、路径乘数、完全影响及完全影响占比[②]。由于相同路径下各组居民收入所受影响差异不大，这里不单独呈现各组居民的乘数效应，仅呈现各行业非正规部门对农村居民收入乘数效应的均值。图9－8至图9－12展示了各行业7条路径完全影响占比的动态变化。

（一）各行业非正规部门对农村居民收入的传导路径变化

对制造业而言，非正规部门主要通过路径3、路径1和路径2对农村居民收入产生影响，其中路径3“非正规经济→农业经济→农业劳动→居民”是制造业非正规部门作用于农村居民收入的最重要路径，说明受我国

① 需要说明的是，城镇不存在“路径3：非正规经济→农业经济→农业劳动→居民”，为保持城镇路径代码与农村路径代码可比，依然保留此路径代码。

② 因篇幅有限，测算得到的共2 800行8列结果数据无法全部列出，有兴趣的读者可以向本书作者索取。

农业与制造业产业关联较高的影响（刘合光、潘启龙和谢思娜，2012），制造业非正规部门与农业经济部门之间的关系也较为紧密，其扩张带动了农业经济发展，提升了农业劳动报酬，有效促进了农村居民收入水平的提高。然而，这条路径的作用效果自2006年开始逐步下降。与之相反的是，路径1的作用于2011年开始不断提升，说明制造业非正规部门雇用了大量农村非正规劳动力，通过提供就业岗位为农村居民增收创造了渠道。相比而言，路径2的作用则一直比较稳定。

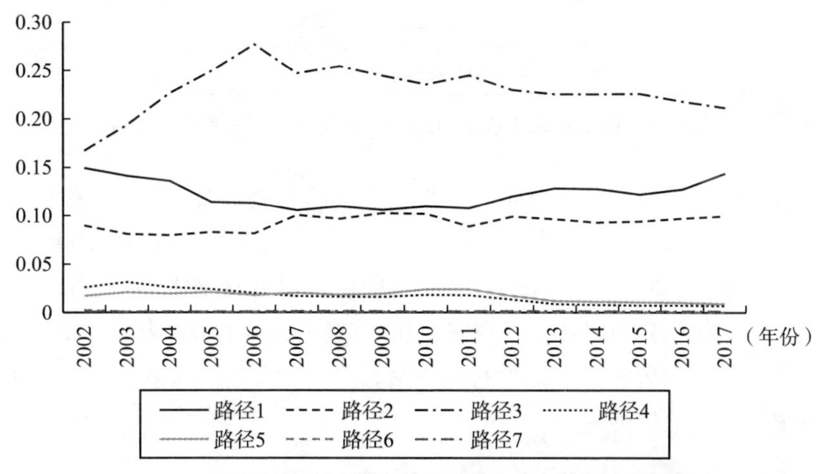

图9－8 制造业非正规部门对农村居民收入的传导路径变化

就建筑业而言，非正规部门主要通过路径1和路径3对农村居民收入产生影响，其中路径1“非正规经济→非正规劳动→居民”是建筑业非正规部门作用于农村居民收入的最重要路径，其完全影响占比由2002年的12.24%稳定上升至2017年的19.79%。而路径3的完全影响占比先由2002年的15.24%上升至2005年的24.25%，显著高于路径1的影响，然后急速下降至2007年的1.31%并稳定在一个低速上升的通道。这表明，尽管同属第二产业，建筑业对农业发展的拉动作用并不明显（张恩英和逄守艳，2011），因此其与制造业非正规部门作用于农村居民收入的核心路径并不相同。

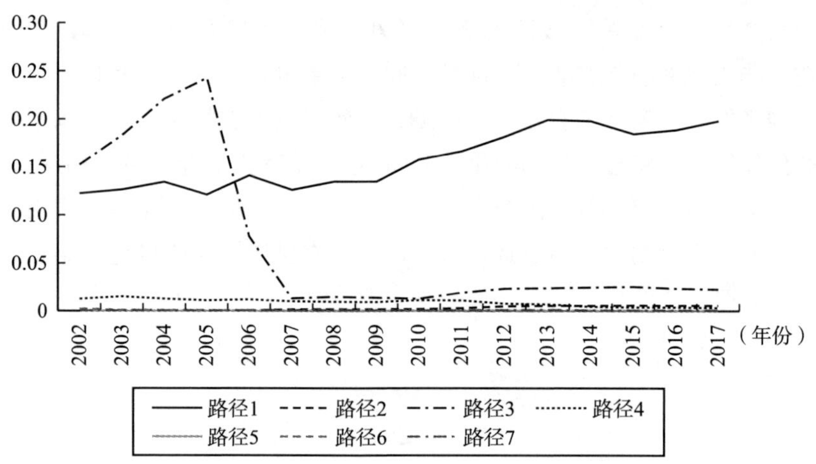

图 9 - 9　建筑业非正规部门对农村居民收入的传导路径变化

就批发零售住宿餐饮业而言，非正规部门主要通过路径 1、路径 3 和路径 4 影响农村居民收入，其中路径 1 的完全影响占比由 2002 年的 22.67% 下降至 2008 年的 18.33%，而后稳步提升至 2017 年的 39.13%。路径 3 的变化趋势与路径 1 呈现完全相反的特征，由 2002 年的 12.74% 上升至 2006 年的 19.93%，而后持续下降至 2017 年的 7.22%。而路径 4 的影响则始终在低位徘徊。

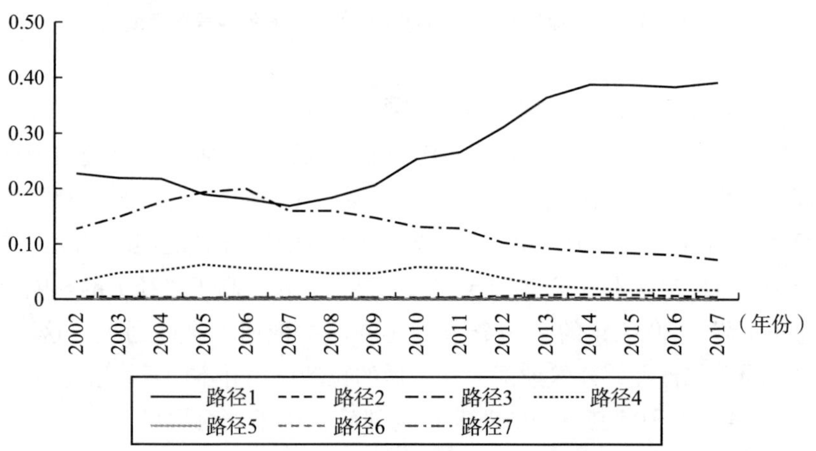

图 9 - 10　批发零售住宿餐饮业非正规部门对农村居民收入的传导路径变化

就交通运输仓储邮政业而言，非正规部门主要通过路径 1、路径 2 和路径

4影响农村居民收入。路径1的完全影响占比2005年起逐渐稳步提升，2017年高达31.48%。路径2和路径4的完全影响占比则一直维持在相对较低的水平。

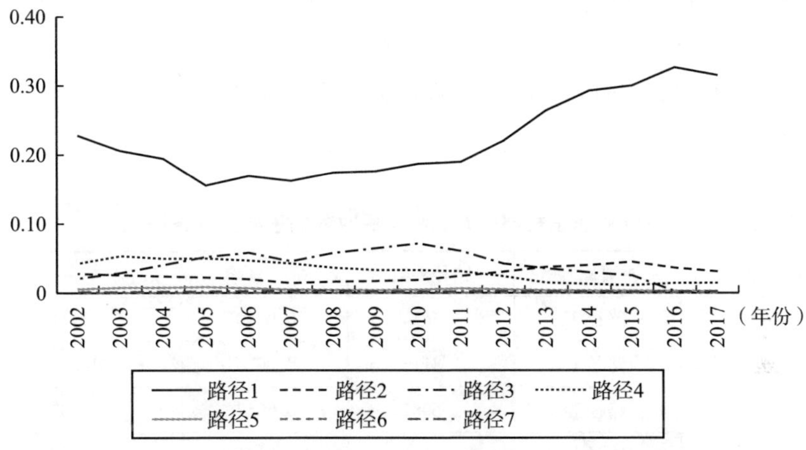

图9－11　交通运输仓储邮政业非正规部门对农村居民收入的传导路径变化

就居民服务和其他服务业而言，非正规部门对农村居民收入的提升渠道主要集中于路径1，该路径的完全影响占比于2017年已经高达45.49%，远远高于其他路径，充分说明准入门槛低、劳动密集型的居民服务和其他服务业非正规部门受到农村居民的热捧。

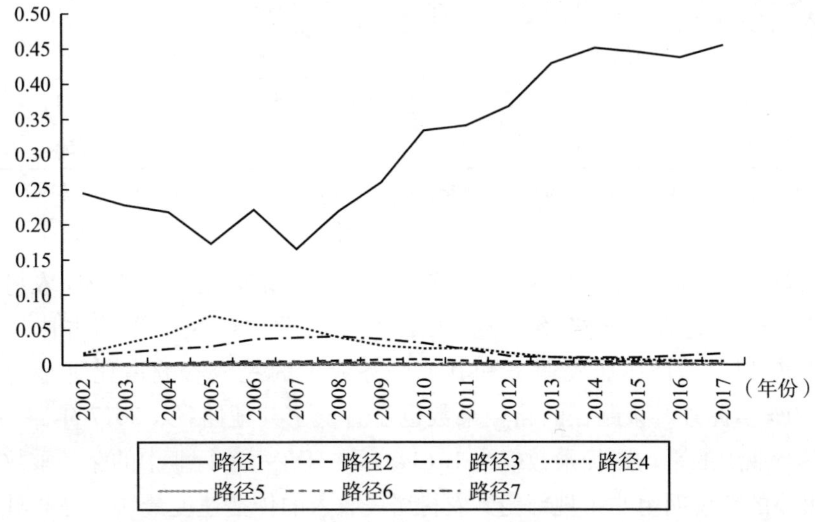

图9－12　居民服务和其他服务业非正规部门对农村居民收入的传导路径变化

（二）非正规经济对农村居民收入的传导路径特征分析

表 9－3 以 2017 年为例详细报告了各行业非正规部门作用于农村居民收入重要路径的路径乘数、完全影响及其占比。不难看出，农村居民依托非正规经济发展实现收入增长的四条重要路径分别为路径 1、路径 3、路径 2 和路径 4。

表 9－3　分行业非正规部门对农村居民收入的重要传导路径

行业名称	重要路径	路径乘数	完全影响	完全影响占比（%）
制造业	路径 3	1. 5634	0. 0110	21. 11
	路径 1	1. 3113	0. 0075	14. 34
	路径 2	2. 6982	0. 0052	9. 92
建筑业	路径 1	1. 0711	0. 0108	19. 79
	路径 3	1. 2821	0. 0012	2. 28
批发零售住宿餐饮业	路径 1	1. 1115	0. 0218	39. 13
	路径 3	1. 3509	0. 0040	7. 22
	路径 4	1. 1485	0. 0012	1. 77
交通运输仓储邮政业	路径 1	1. 0974	0. 0158	31. 48
	路径 2	1. 4528	0. 0015	3. 11
	路径 4	1. 1209	0. 0009	1. 46
居民服务和其他服务业	路径 1	1. 0801	0. 0297	45. 49
	路径 3	1. 3020	0. 0010	1. 60

注：由于不同路径存在较大差异，表中仅提供完全影响占比大于 1% 的路径信息。

路径 1 “非正规经济→非正规劳动→居民”是非正规经济影响农村居民收入最关键的传导路径。该路径在 5 个行业中的完全影响占比均在 10. 00% 以上，且在居民服务和其他服务业中的完全影响占比更是超过 45. 00%。此外，该路径的路径乘数也显著低于其他路径，2017 年路径 1 在各行业中的平均路径乘数仅为 1. 1343，并且在每个行业中的路径乘数均是最小的，说明由非正规部门到农村居民收入的传播速度最快，是兼具效率和效果的最优路径。上述结果充分说明非正规部门对农村居民收入的影响主要通过提供非正规劳动得以实现，非正规经济发展创造大量非正规就业岗位，这些岗位通常具有准入门槛低、劳动密集型特点，吸引大量农村居民，从而为农村居民的收入增长提供最为直接且有效的渠道。

除了直接向非正规部门提供劳动力获得收入，路径3“非正规经济→农业经济→农业劳动→居民”也是促进农村居民收入提升的重要方式。除交通运输仓储邮政业以外，制造业、建筑业、批发零售住宿餐饮业、居民服务和其他服务业非正规部门发展均会对农业经济产生显著带动作用，从而使得农村居民在农业生产中获得更多收入，这说明非正规经济与农业经济之间的协同发展为农村居民增收做出了突出贡献。然而，这种收入增长本质上来源于非正规经济发展引起的宏观经济扩张，因此在作用效果与传导效率方面都稍逊于通过投身非正规部门就业而获得的收入增长。

路径2“非正规经济→正规经济→正规劳动→居民”通过非正规部门与正规部门之间的协调关系带动正规经济发展。该路径主要出现在制造业与交通运输仓储邮政业，并为农村居民提供增收途径。然而，从路径乘数看，路径2的传导速度相对较慢，尤其在2017年制造业非正规部门中路径2的路径乘数高达2.6982。这意味着通过非正规部门与正规部门之间协调关系促进农村居民增收的路径依然存在“堵点”。

路径4“非正规经济→资本→居民”通过资本要素为农村居民收入增长创造条件。该路径主要出现在批发零售住宿餐饮业、交通运输仓储邮政业。这两个行业的突出特征是进入门槛相对较高，需要从业者前期投入一定的成本。但是，相比其他路径，路径4在以上两个行业中的完全影响占比较低，说明其作用效果相对有限。这主要是因为非正规部门本身具有劳动密集型特征，而且农村居民本身能够调动的资本资源相对有限，通过资本要素途径获得收入明显弱于通过劳动要素途径获得收入，一定程度上导致农村居民从非正规经济中获得的回报更低，从而导致城乡差距有所扩大。

三、非正规经济对城镇居民收入的传导路径分析

同样基于式（9－9）测算2002～2017年5个行业非正规部门传导至城镇居民收入6条路径的直接影响、路径乘数、完全影响及完全影响占比。图9－13至图9－17展示了各行业6条路径完全影响占比的动态变化。

（一）各行业非正规部门对城镇居民收入的传导路径变化

就制造业而言，非正规部门对城镇居民收入的影响主要通过路径 1、路径 2、路径 5 和路径 4 来实现。其中，路径 1 反映制造业非正规部门通过雇用非正规劳动实现居民收入提升，其完全影响占比由 2002 年的 35. 07% 减弱至 2017 年的 21. 96%。路径 2 反映制造业非正规部门通过增强与正规部门之间联系实现居民增收，其完全影响占比由 2002 年的 12. 05% 增强至 2017 年的 17. 48%，对冲了路径 1 的下行。相比路径 1 和路径 2，路径 4 和路径 5 的完全影响相对较低，2017 年分别为 2. 43% 和 3. 11%，但依然显著高于同行业同一路径对农村居民收入的完全影响占比。

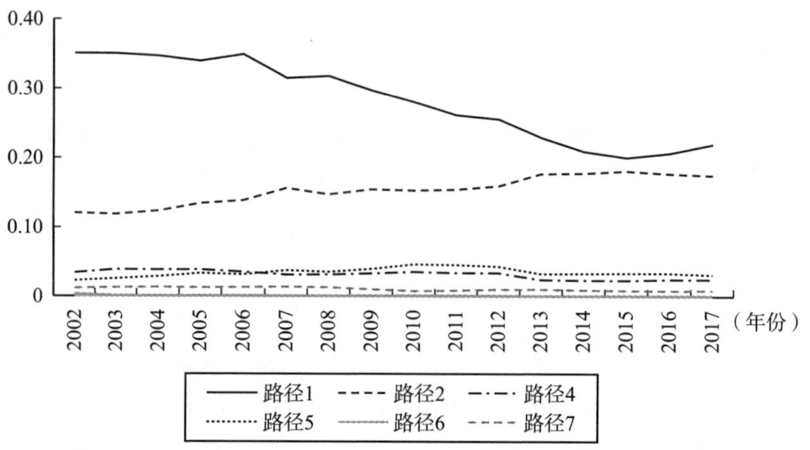

图 9 – 13　制造业非正规部门对城镇居民收入的传导路径变化

就建筑业而言，非正规部门主要通过路径 1 对城镇居民收入产生影响。但该路径近年来呈现一定程度的下降，由 2005 年的 36. 40% 稳步下降至 2017 年的 25. 45%，其他路径的影响都不足 1%。这表明，无论是农村居民还是城镇居民，建筑业非正规部门主要依靠非正规劳动要素实现居民收入增加。对比建筑业非正规部门影响城乡居民收入的效应变化趋势，路径 1 的作用效果呈现鲜明反差，对农村居民收入的影响在增强、对城镇居民收入的影响在减弱。究其原因，我国大量农民工分布在建筑业，获得的劳动报酬显然会增加农村居民收入，而城镇居民在建筑业非正规部门的就业相对较少（蔡昉，2007），从建筑业非正规部门发展中分到的“蛋糕”份额自然更少。

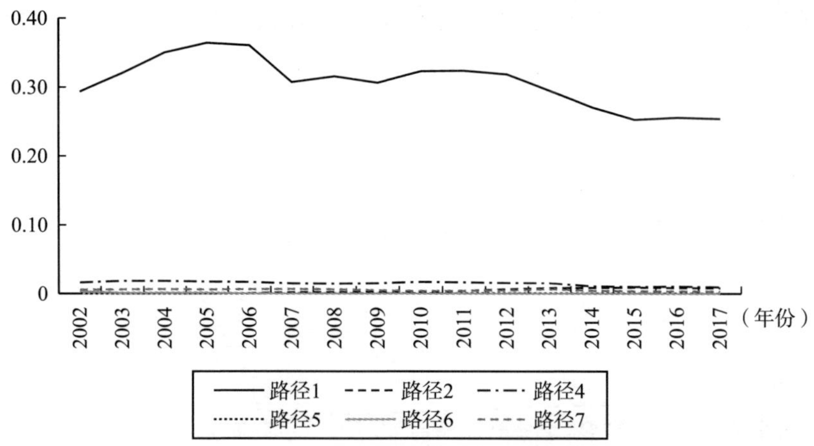

图 9－14　建筑业非正规部门对城镇居民收入的传导路径变化

就批发零售住宿餐饮业而言，非正规部门对城镇居民收入的影响路径主要是路径 1、路径 4 和路径 7。2002～2017 年路径 1 的完全影响占比处在［40.34%，47.89%］范围内，明显高于其对农村居民收入的影响。路径 4 的完全影响占比于 2017 年达到 4.93%，是同期农村居民的三倍。路径 7 则是城镇居民依托批发零售住宿餐饮业发展增收的特有渠道，其完全影响占比相对稳定。

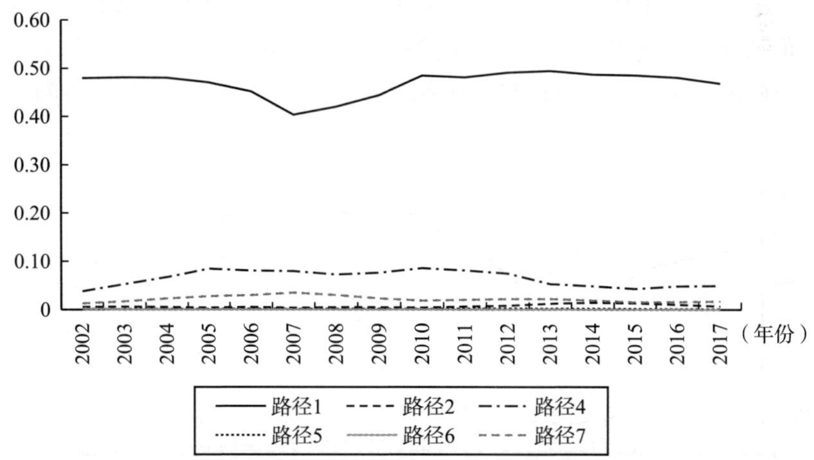

图 9－15　批发零售住宿餐饮业非正规部门对城镇居民收入的传导路径变化

就交通运输仓储邮政业而言，非正规部门主要通过路径 1、路径 2 和路径 4 作用于城镇居民收入。路径 1 的影响相对比较稳定，并于 2017 年达到36.00%。路径2和路径4对城镇居民收入的影响程度相对较低，2017年的完全影响占比分别为4.09%和3.88%，显著高于同行业同一路径对农村居民收入的影响。

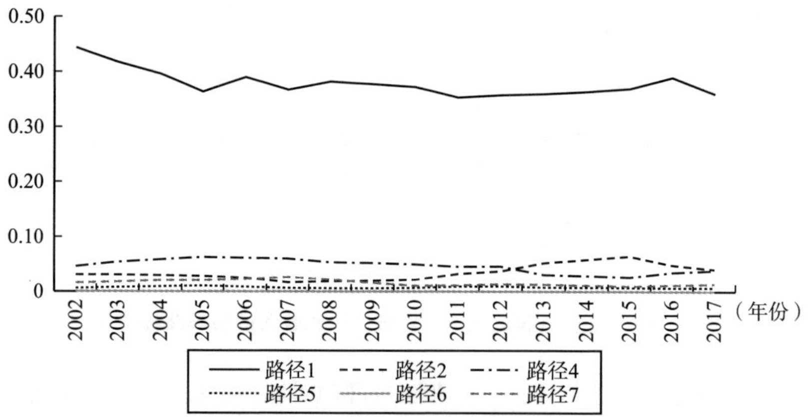

图9-16　交通运输仓储邮政业非正规部门对城镇居民收入的传导路径变化

就居民服务和其他服务业而言，非正规部门主要通过路径1和路径4作用于城镇居民收入。路径1对城镇居民收入的影响效应较强，其完全影响占比2009年开始高于50%，说明该行业非正规部门促进居民收入增长的核心是依靠非正规劳动。路径4也对城镇居民的收入增长起到了一定作用，但从完全影响占比来看，这条路径对城镇居民收入的促进作用相对较低，意味着城镇居民通过该路径从资本要素获得报酬有很大拓展空间。

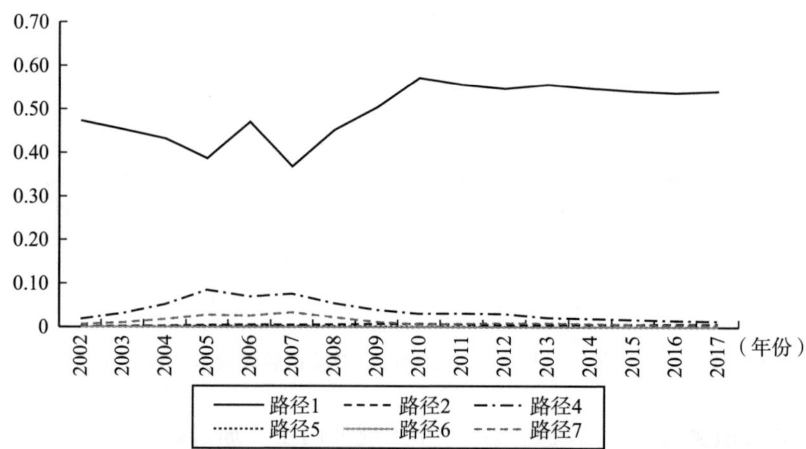

图9-17　居民服务和其他服务业非正规部门对城镇居民收入的传导路径变化

（二）非正规经济对城镇居民收入的传导路径特征分析

如表9-4所示，相较于农村居民，城镇居民从非正规经济发展中获得收入的渠道更加广泛，分布在路径1、路径2、路径4、路径5和路径7等多条路径。具体而言，路径1依然是最关键的一条，在5个行业中的完全影响占比均位列第一，说明非正规经济提升城镇居民收入的最主要渠道也是投身于非正规部门就业。然而，城镇居民通过非正规劳动获得的收入增长明显高于农村居民。比如，批发零售住宿餐饮业中路径1的完全影响占比高达46.82%、居民服务和其他服务业中路径1的完全影响占比更是超过了50.00%。究其原因，城镇居民的人力资本普遍较高，在从事非正规劳动时能够选择进入附加值更高的工作岗位，获得更高的收入。

表9-4　　分行业非正规部门对城镇居民收入的重要传导路径

行业名称	重要路径	路径乘数	完全影响	完全影响占比（%）
制造业	路径1	1.3447	0.0162	21.96
	路径2	2.7001	0.0128	17.48
	路径5	2.5206	0.0029	3.11
	路径4	1.3701	0.0023	2.43
建筑业	路径1	1.1022	0.0235	25.45
批发零售住宿餐饮业	路径1	1.1412	0.0474	46.82
	路径4	1.1708	0.0064	4.93
	路径7	1.4713	0.0017	1.73
交通运输仓储邮政业	路径1	1.1285	0.0345	36.00
	路径2	1.4553	0.0039	4.09
	路径4	1.1463	0.0048	3.88
居民服务和其他服务业	路径1	1.1109	0.0646	54.13
	路径4	1.1321	0.0021	1.37

非正规经济对城镇和农村居民收入传导路径的另一差异体现在资本要素的贡献。路径4、路径5和路径7均是以资本要素为媒介连通非正规经济与居民收入的渠道。居民收入来源与其在收入分布中所处位置有关，对

处在收入分布较高位置的居民来说，财产收入比重会更大，处在收入分布较低位置的居民则主要依靠劳动获取收入（Atkinson，2000）。在我国的收入分配格局中，城镇居民的收入水平普遍高于农村居民，收入来源中资本要素的贡献更多。此外，城乡之间的资本要素配置也存在一定程度不平等，农村更低的资本边际收益使得资本要素通过市场长期向城市流动（王向阳、申学锋和康玺，2022），使得城镇居民能够使用的资本禀赋不断提高，从而更容易从资本要素中获得报酬。

需要指出，非正规经济通过资本要素促进居民收入提升的程度依然不高，相比非正规劳动要素带来的收入增长有较大差距，说明城镇居民依靠非正规经济提升收入仍然依靠非正规就业，资本要素发挥的作用仍有较大的提升空间。

第五节　本 章 小 结

作为我国经济结构的重要组成部分，非正规经济在做大蛋糕和分好蛋糕的过程中均发挥了关键作用。本章聚焦制造业、建筑业、批发零售住宿餐饮业、交通运输仓储邮政业、居民服务和其他服务业等 5 个行业，基于 2002～2017 年中国非正规经济 SAM 表，采用 SAM 账户乘数分析方法与结构化路径分析方法，研究非正规经济对居民收入的影响效应与传导路径，探讨非正规经济发展对于实现共同富裕的影响。结果显示：(1) 非正规经济能够显著提升居民收入，且在正规经济收入效应递减阶段，非正规经济对保障居民收入的兜底性作用更加凸显；(2) 以居民服务和其他服务业为主的第三产业非正规部门对城乡居民收入增长的拉动作用最为显著，以制造业、建筑业为主的第二产业非正规部门对居民增收的贡献相对较小；(3) 城镇居民依托非正规经济发展提升收入的起步更早、行业更广、效果更明显，不断拉大与农村居民之间差距；(4) 非正规经济主要依靠非正规劳动作用于居民收入，并且农村居民从非正规劳动中获得的收入低于城镇居民；受限于农村较为薄弱的资本要素配置，农村居民很难通过资本要素从非正规经济发展中获益。

基于以上结论，本章提出以下对策建议。第一，以包容态度引导非正规经济合理发展。非正规经济具有“促就业、增收入”的积极作用，不能简单粗暴地限制或取缔非正规经济，要采取多元化弹性治理模式引导非正规经济合理发展，为宏观经济持续向好贡献活力。第二，注重非正规就业者的人力资本提升。加大公共职业技能培训供给、支持民办培训机构和线上培训平台规范发展、做好职业技能培训资金保障等多种方式，同时加快培养非正规就业者的数字技能，积极拥抱数字化发展对非正规就业者的挑战。第三，优化资本要素的城乡配置结构。加大对农村地区的资本投入力度、加强县域金融机构的贷款服务、增加投放农村的贷款比例，为农村居民从事非正规经济活动提供启动资金，从而缩小城乡收入差距、助力实现共同富裕。

第十章　结论与展望

第一节　研究结论

本书的研究结论可以总结为六大方面。

第一，关于非正规经济的基本问题。（1）非正规经济问题研究 50 多年来，关于其概念、形成机理与宏观效应的研究还不成熟，关于“非正规经济由非正规部门和非正规部门之外非正规就业人员的经济活动构成”的理论概念已达成共识，但操作概念很不一致。（2）有关非正规经济的形成机理存在三种观点，二元分离主义认为，随着经济的发展，非正规经济会逐渐消失；结构关联主义认为，非正规经济与正规经济之间相辅相成；新自由主义经济学派认为，政府减少不合理干预，非正规经济会释放巨大潜力。（3）作为宏观经济的重要组成部分，非正规经济会通过多种机制对经济增长、劳动就业与居民收入产生影响。

第二，关于非正规经济 SAM 表的编制。（1）非正规经济对宏观经济的作用机理极其复杂，通过商品市场、劳动市场和资本市场与正规经济保持高度的经济关联，SAM 表是识别复杂机理的有效方法，本书设计了非正规经济 SAM 表的基本框架，为中国非正规经济 SAM 表的编制提供理论指导。（2）针对编制 SAM 表的基础数据，本书设计了基于 NOE 视角的资金流量表调整方法和基于矩阵转换技术的投入产出表预测方法，设计了中国非正规经济 SAM 表的基本账户与中国非正规经济 SAM 表的模块化编制方法。（3）采用模块化编制方法，本书分别编制了中国非正规经济 SAM 表的中间使用模块、最初投入模块、最终使用模块、资金流量模块，并对居民账户进行细化和拆分，从而得到连续16年42×42阶的中国非正规经济SAM表，为非正规经济的关联效应、产出效应、就业效应与收入效应研究提供基础数据。

第三，关于非正规经济的关联效应。(1) 制造业、交通运输仓储邮政业非正规部门属于关键产业部门，建筑业非正规部门属于后向主导型产业部门，批发零售住宿餐饮业非正规部门属于前向主导型产业部门，而居民服务和其他服务业非正规部门属于弱关联产业部门。(2) 各行业非正规部门的乘数效应、反馈效应、溢出效应均经历先上升后下降的阶段，并且低于同期的正规部门。整体而言，各行业非正规部门的反馈效应占比微乎其微，乘数效应、溢出效应在各行业之间存在明显差异，建筑业、交通运输仓储邮政业、居民服务和其他服务业非正规部门主要依靠内生发展机制，制造业、批发零售住宿餐饮业非正规部门则依赖产业关联机制。(3) 动态乘数机制在建筑业非正规部门产出增长中占据绝对主导地位，动态关联机制在批发零售住宿餐饮业、交通运输仓储邮政业非正规部门产出增长中占据主导地位，居民服务和其他服务业非正规部门中动态乘数效应与动态溢出效应的作用较为均衡，制造业非正规部门的动态乘数效应在下降，动态溢出效应在上升。

第四，关于非正规经济的产出效应。(1) 各行业非正规部门的需求引致效应均呈现先上升后下降的特征，但拐点时间存在差异；而各行业非正规部门的供给限制效应在2002~2010年存在周期性波动，2010年后稳步下降。(2) 各行业非正规部门的需求引致效应依次为建筑业>制造业>交通运输仓储邮政业>居民服务和其他服务业>批发零售住宿餐饮业，供给限制效应依次为制造业>批发零售住宿餐饮业>建筑业>交通运输仓储邮政业>居民服务和其他服务业，需求引致效应高于供给限制效应，且在行业之间存在显著差异。(3) 非正规经济对宏观经济的影响主要集中于正规部门，非正规部门的产出一旦下降，正规部门的生产将受到较大影响。

第五，关于非正规经济的就业效应。(1) 以批发零售住宿餐饮业为主的第三产业非正规部门的直接就业效应高于以建筑业、制造业为主的第二产业非正规部门，而且各行业非正规部门对就业的直接贡献均高于同行业的正规部门。(2) 由于制造业、建筑业非正规部门存在较强的后向关联，因而对就业的间接贡献明显高于以批发零售住宿餐饮业为代表的第三产业非正规部门。(3) 各行业非正规部门产出变化对就业的间接贡献主要集中于农林牧渔业、制造业、批发零售住宿餐饮业、租赁和商务服务业，对建筑业、交通运输仓储邮政业、居民服务和其他服务业的表现不容乐观。(4) 制造业、建筑业、批发零售住宿餐饮业、交通运输仓储邮政业、居民服务和其他服务业非正规部门对就业的直接贡献与间接贡献均呈现下降态势。

第六，关于非正规经济的收入效应。(1) 非正规经济能够显著提升居民收入，尤其在正规经济收入效应递减时非正规经济对居民收入的兜底性作用更加凸显，为实现共同富裕提供了基础。(2) 以居民服务和其他服务业为主的第三产业非正规部门对居民收入的乘数效应最为显著，以制造业、建筑业为主的第二产业非正规部门对居民收入的贡献相对较小。(3) 城镇居民依托非正规经济发展提升收入的起步更早、行业更广、效果更明显，从而在非正规经济发展过程中不断拉大与农村居民的收入差距。(4) 非正规经济主要依靠非正规劳动作用于居民收入，但农村居民由于人力资本水平较低、劳动技能不足，在从事非正规劳动中获得的收入低于城镇居民；受限于农村较为薄弱的资本要素配置，农村居民很难通过资本要素从非正规经济发展中获益。

第二节　研究展望

一、研究不足

第一，非正规经济 SAM 表的基本结构方面。虽然本书对非正规经济 SAM 表进行了纵向拓展，即编制了连续 16 年的中国非正规经济 SAM 表，但从横向对非正规经济 SAM 表账户进一步细化和分解的研究还未敢触及。这是因为，对非正规经济 SAM 表增设一个账户意味着对大量基础数据的需求，这在包括中国在内的世界各国缺乏非正规经济完整统计资料的背景下较难实现。另外，本书在编制非正规经济 SAM 表时也采用了大量的统计估算方法，这些方法能否准确反映非正规经济与正规经济之间关联以及非正规经济内部关联，亟须进一步结合微观调查数据加以验证。

第二，非正规经济宏观效应方面。本书系统探究了 5 个行业非正规部门的关联效应、产出效应、就业效应与收入效应的异质性与阶段性特征，为中国非正规经济的功能定位提供了事实佐证。然而，非正规经济的宏观效应远不止于此，比如非正规经济在缓解贫困方面的作用。另外，虽然本书考虑了各行业非正规经济的异质性，但随着数字技术的快速发展，非正规经济的内涵和外延都会随之改变，同一行业也会存在新型非正规经济与传统非正规经济的差异，两类非正规经济的关联、产出、就业与收入效应肯定存在不同，需要进一步研究。

二、研究展望

未来将从以下几个方面进行拓展研究。

第一，开展非正规经济专项调查、厘清非正规经济生产结构。非正规经济是一个具有异质性特征的经济活动。同一行业的非正规经济与正规经济之间的生产结构肯定存在差异，不同行业非正规经济的中间投入结构、增加值结构和最终使用结构也存在差异。因此有必要开展非正规经济专项调查，特别是非正规经济较为集中的批发零售住宿餐饮业、制造业、居民服务和其他服务业，从而真正弄清非正规经济的生产结构和发展现状。另外，通过专项调查对制造业进一步细化，弥补本书对制造业细分的不足，从而研究制造业细分行业非正规部门与正规部门在宏观效应方面的差异。

第二，挖掘非正规经济宏观效应异质性和阶段性的原因。本书对非正规经济宏观效应的分析更多侧重异质性和阶段性特征的统计测度，对于测度结果形成机制的解释工作还需加强。未来我们将基于连续年份的非正规经济 SAM 表测算出各行业的结构信息，并结合其他宏观、行业、微观数据，采用面板计量经济模型探究非正规经济宏观效应异质性的原因、揭示这些差异的变化规律。另外，我们将继续探索非正规经济在促进共同富裕和改善环境质量方面的作用，为共同富裕建设和绿色发展转型寻找新视角。

第三，探究新型非正规经济与传统非正规经济的规模与效应。伴随数字技术的快速发展，非正规经济的内涵和外延也会随之改变。某种程度上讲，在统计制度不完善和统计能力无法满足新现象的统计需要时，部分新经济、数字经济活动也是一种新型的非正规经济。一定时期内，新型非正规经济与传统非正规经济的规模和结构会呈现规律性变化，对宏观经济的影响效应也会产生差异。未来我们将结合数字经济特征，将本书设计的方法运用在数字经济领域，尝试编制数字经济投入产出表和数字经济 SAM 表，探究数字经济的规模与宏观效应。

参考文献

[1] 蔡昉，都阳，王美艳. 中国劳动力市场的转型与发育 [M]. 北京：商务印书馆，2005.

[2] 蔡昉，王美艳. 非正规就业与劳动力市场发育——解读中国城镇就业增长 [J]. 经济学动态，2004 (2)：24-28.

[3] 蔡昉. 数字经济时代促进高质量充分就业 [J]. 财经智库，2022 (6)：5-10.

[4] 蔡昉. 中国劳动力市场发育与就业变化 [J]. 经济研究，2007 (7)：4-14.

[5] 常进雄，王丹枫. 我国城镇正规就业与非正规就业的工资差异 [J]. 数量经济技术经济研究，2010 (9)：94-106.

[6] 陈佳莹，赵佩玉，赵勇. 机器人与非正规就业 [J]. 经济学动态，2022 (12)：67-83.

[7] 陈瀛，彭婉. 中国的可再生能源投资与就业 [J]. 政治经济学季刊，2021 (2)：133-156.

[8] 邓彤博，李敏. 非正规就业人员工作自主性与体面劳动感知——情绪耗竭和超时劳动的视角 [J]. 经济管理，2021 (11)：104-120.

[9] 丁金宏，冷熙亮，宋秀坤，等. 中国对非正规就业概念的移植与发展 [J]. 中国人口科学，2001 (8)：8-15.

[10] 丁述磊. 非正规就业对居民主观幸福感的影响——来自中国综合社会调查的经验分析 [J]. 经济与管理研究，2017 (4)：57-67.

[11] 都阳，万广华. 城市劳动力市场上的非正规就业及其在减贫中的作用 [J]. 经济学动态，2014 (9)：88-97.

[12] 范金，胡汉辉. 社会核算矩阵不同更新方法的比较研究 [J]. 统计研究，2010 (2)：77-82.

[13] 范金，万兴，胡汉辉．添加保零约束对改进投入产出表更新方法的比较研究［J］．预测，2008（2）：55－61.

[14] 范金，万兴．投入产出表和社会核算矩阵更新研究评述［J］．数量经济技术经济研究，2007（5）：151－160.

[15] 范金，杨中卫，赵彤．中国宏观社会核算矩阵的编制［J］．世界经济文汇，2010（4）：103－119.

[16] 冯利英，明苗苗．内蒙古非正规就业状况及对经济增长贡献的实证分析［J］．内蒙古财经学院学报，2012（6）：7－11.

[17] 高敏雪，李静萍，许健．国民经济核算原理与中国实践（第4版）［M］．北京：中国人民大学出版社，2019.

[18] 高敏雪．环保投入产出表的编制与应用［J］．统计研究，1997（4）：36－38.

[19] 葛阳琴，谢建国．需求变化与中国劳动力就业波动——基于全球多区域投入产出模型的实证分析［J］．经济学（季刊），2019（4）：1419－1442.

[20] 郭为，厉新建，许珂．被忽视的真实力量：旅游非正规就业及其拉动效应［J］．旅游学刊，2014（8）：70－79.

[21] 何冰，刘钧霆．非正规部门的竞争、营商环境与企业融资约束——基于世界银行中国企业调查数据的经验研究［J］．经济科学，2018（2）：115－128.

[22] 何志强，刘兰娟．GRAS方法的改进及对比研究——基于社会核算矩阵调平和投入产出表更新［J］．数量经济技术经济研究，2018（11）：142－161.

[23] 胡鞍钢，马伟．现代中国经济社会转型：从二元结构到四元结构（1949－2009）［J］．清华大学学报：哲学社会科学版，2012（1）：16－29.

[24] 胡鞍钢，杨韵新．就业模式转变：从正规化到非正规化——我国城镇非正规就业状况分析［J］．管理世界，2001（2）：69－78.

[25] 胡鞍钢，赵黎．我国转型期城镇非正规就业与非正规经济（1990－2004）［J］．清华大学学报：哲学社会科学版，2006（3）：111－119.

[26] 胡翠，纪珽，陈勇兵．贸易自由化与非正规就业——基于

CHNS数据的实证分析［J］. 南开经济研究，2019（2）：3-24.

［27］胡祎，杨鑫，高鸣．要素市场改革下农户非农就业的增收逻辑［J］. 农业技术经济，2022（7）：78-95.

［28］黄耿志，张虹鸥，薛德升，姚华松．中国城镇非正规经济与城镇化发展的倒U型关系［J］. 经济地理，2019（11）：76-83.

［29］黄茂兴，张建威．中国推动城镇化发展：历程、成就与启示［J］. 数量经济技术经济研究，2021（6）：3-27.

［30］黄乾，原新．非正规部门就业：效应与对策［J］. 财经研究，2002（2）：52-58.

［31］黄乾．农村劳动力非正规部门就业的经济学分析［J］. 中国农村经济，2003（5）：28-32.

［32］黄苏萍，王雅林，朱咏．我国东北地区非正规就业与经济增长关系研究［J］. 中国软科学，2009（S2）：119-123.

［33］黄宗智．中国被忽视的非正规经济：现实与理论［J］. 开放时代，2009（2）：51-73.

［34］黄宗智．中国的非正规经济［J］. 文化纵横，2021（6）：64-74.

［35］黄宗智．中国的非正规经济再思考：一个来自社会经济史与法律史视角的导论［J］. 开放时代，2017（2）：153-163.

［36］黄宗智．重新认识中国劳动人民——劳动法规的历史演变与当前的非正规经济［J］. 开放时代，2013（5）：56-73.

［37］蒋萍．也谈非正规就业［J］. 统计研究，2005（6）：34-38.

［38］焦长权，董磊明．迈向共同富裕之路：社会建设与民生支出的崛起［J］. 中国社会科学，2022（6）：139-160.

［39］金一虹．非正规劳动力市场的形成与发展［J］. 学海，2000（4）：91-97.

［40］黎煦，高文书．我国进城农村劳动力非正规就业相关问题分析［J］. 人口与经济，2010（6）：13-19.

［41］李宝瑜，李原，王晶．中国社会核算矩阵编制中的流量转移方法研究［J］. 数量经济技术经济研究，2014（4）：68-82.

［42］李宝瑜，马克卫．中国社会核算矩阵编制方法研究［J］. 统计

研究，2011（9）：19－24.

［43］李宝瑜，马克卫．中国社会核算矩阵延长表编制模型研究［J］．统计研究，2014（1）：23－32.

［44］李宝瑜，张靖．GDP 核算口径下投入产出表调整与预测方法研究［J］．数量经济技术经济研究，2012（11）：149－160.

［45］李宝瑜．中国国民收入流量表研究［J］．统计研究，2001（6）：14－18.

［46］李恩平，王莫寒．非正规就业与非正规经济关系浅析［J］．经济问题，2009（6）：23－25.

［47］李根丽，尤亮．非认知能力对非正规就业者工资收入的影响［J］．财经研究，2022（3）：124－138.

［48］李建军．基于国民账户均衡模型的未观测经济规模测算［J］．中央财经大学学报，2008（6）：24－28.

［49］李金昌，刘波，徐蔼婷．非正规部门、非正规就业与非正规经济研究的进展与展望［J］．经济统计学（季刊），2013（1）：58－75.

［50］李金昌，刘波，徐蔼婷．中国贸易开放的非正规就业效应研究［J］．中国人口科学，2014（4）：35－45.

［51］李金昌，任志远．共同富裕背景下中等收入群体的界定标准与合理规模研究［J］．统计与信息论坛，2023（2）：16－28.

［52］李金昌，沈晓栋．我国非正规部门宏观效应动态量化分析［J］．统计研究，2011（12）：36－40.

［53］李金昌，徐蔼婷．未被观测经济估算方法新探［J］．统计研究，2005（11）：21－26.

［54］李金昌，余卫．共同富裕统计监测评价探讨［J］．统计研究，2022（2）：3－17.

［55］李强，唐壮．城市农民工与城市中的非正规就业［J］．社会学研究，2002（6）：13－25.

［56］李文政．非正规就业对我国第三产业发展的影响研究［D］．中国海洋大学，2010.

［57］李雅楠，孙业亮，朱镜德．非正规就业与城镇居民收入分配：1991～2009 年［J］．数量经济技术经济研究，2013（8）：78－92.

[58] 林晨，陈斌开．重工业优先发展战略对经济发展的长期影响——基于历史投入产出表的理论和实证研究［J］．经济学（季刊），2018（2）：825－846.

[59] 刘爱兰，王智烜，黄梅波．新常态下中国对非洲出口贸易商品结构的影响因素研究——基于非正规经济的视角［J］．国际贸易问题，2016（2）：122－133.

[60] 刘波，柯静．从投入产出表看非正规经济部门的产出效应［J］．中国统计，2020（4）：28－31.

[61] 刘波，李金昌．非正规经济对城镇居民收入的影响效应与路径研究［J］．经济学家，2017（11）：81－87.

[62] 刘波，李金昌．非正规经济社会核算矩阵的框架设计研究［J］．统计与信息论坛，2018（4）：25－31.

[63] 刘波，徐蔼婷，李金昌．中国非正规部门社会核算矩阵编制研究［J］．经济统计学（季刊），2014（2）：51－67.

[64] 刘波，徐蔼婷．家庭收入对居民非正规就业选择的影响研究——基于 CHNS 数据的发现［J］．调研世界，2014（3）：22－27.

[65] 刘波，徐蔼婷．我国非正规经济投入产出表编制与应用分析［J］．统计研究，2018（2）：109－118.

[66] 刘波．中国非正规经济的就业效应研究——基于投入产出模型［J］．统计研究，2021（2）：87－98.

[67] 刘波．中国非正规经济的统计界定［J］．统计科学与实践，2018（8）：15－19.

[68] 刘波．中国非正规经济社会核算矩阵编制及应用研究［D］．浙江工商大学，2015.

[69] 刘合光，潘启龙，谢思娜．基于投入产出模型的中美农业产业关联效应比较分析［J］．中国农村经济，2012（11）：4－10.

[70] 刘洪，平卫英．我国非正规经济对税收收入影响的实证分析［J］．数量经济技术经济研究，2004（2）：16－22.

[71] 刘洪，夏帆．我国非正规经济规模的定量估测——现金比率法的修正及实证分析［J］．统计研究，2003（10）：34－38.

[72] 刘洪，夏帆．要素分配法估测我国非正规经济的规模［J］．财

政研究，2004（1）：16－19.

［73］刘铠豪，臧旭恒，王雪芳．贸易自由化与家庭消费——来自中国城镇住户调查的微观证据［J］．中国工业经济，2022（3）：57－75.

［74］刘起运．关于投入产出系数结构分析方法的研究［J］．统计研究，2002（2）：40－42.

［75］刘社建．非正规就业的主要模式及未来发展方向［J］．经济体制改革，2007（2）：12－15.

［76］刘世锦，王子豪，姜淑佳，等．实现中等收入群体倍增的潜力、时间与路径研究［J］．管理世界，2022（8）：54－67.

［77］刘妍，李岳云．城市外来农村劳动力非正规就业的性别差异分析——以南京市为例［J］．中国农村经济，2007（12）：20－27.

［78］卢晶亮．城镇劳动者工资不平等的演化：1995－2013［J］．经济学（季刊），2018（4）：1305－1328.

［79］罗楚亮．经济转型、非正规就业与城镇增长的穷人受益性［J］．管理世界，2008（10）：21－29.

［80］吕光明．我国劳动报酬占比测算中的几个数据质量问题［J］．商业经济与管理，2015（5）：88－96.

［81］马克卫，李宝瑜．社会核算矩阵编制中的数据衔接问题研究［J］．统计与信息论坛，2012（6）：3－7.

［82］马克卫．中国社会核算矩阵编制与模型研究［D］．山西财经大学，2012.

［83］马林靖，郭彩梅．非正规就业对居民收入的影响——基于PSM模型的实证分析［J］．调研世界，2020（3）：22－29.

［84］马向前，任若恩．中国投入产出序列表外推方法研究［J］．统计研究，2004（3）：31－34.

［85］彭希哲，姚宇．厘清非正规就业概念，推动非正规就业发展［J］．社会科学，2004（7）：63－72.

［86］屈小博．城市正规就业与非正规就业收入差距及影响因素贡献——基于收入不平等的分解［J］．财经论丛，2011（2）：3－8.

［87］任远，彭希哲．2006中国非正规就业发展报告：劳动力市场的再观察［M］．重庆：重庆出版社，2007.

[88] 孙文博，蒙玉玲．非正规就业对服务业发展的影响分析——基于河北省2003-2012年的数据［J］．技术经济与管理研究，2015（8）：85-88.

[89] 谭琳，李军锋．我国非正规就业的性别特征分析［J］．人口研究，2003（5）：11-18.

[90] 谭显东，胡兆光．投入产出表外推及主导产业研究［J］．华北电力大学学报（自然科学版），2008（3）：84-89.

[91] 田开兰，孔亦舒，高翔，杨翠红．供给侧中国非农就业变动及驱动因素分析［J］．系统工程理论与实践，2018（5）：1132-1140.

[92] 万向东．农民工非正式就业的进入条件与效果［J］．管理世界，2008（1）：63-74.

[93] 万兴，范金，胡汉辉．1997-2002年中国经济社会结构的研究——基于社会核算矩阵更新的分析［J］．统计研究，2007（11）：15-21.

[94] 汪洋．非正规就业对我国经济增长影响分析［J］．经济视角，2007（11）：63-65.

[95] 王海成，郭敏．非正规就业对主观幸福感的影响——劳动力市场正规化政策的合理性［J］．经济学动态，2015（5）：50-59.

[96] 王其文，李善同．社会核算矩阵：原理、方法和应用［M］．北京：清华大学出版社，2008.

[97] 王汝志．非正规就业及其对经济增长的贡献分析［J］．武汉理工大学学报，2009（6）：150-152.

[98] 王韬，马成，叶文奇．投入产出表，社会核算矩阵的更新方法研究［J］．数量经济技术经济研究，2011（11）：112-123.

[99] 王文春，宫汝凯，荣昭，等．房地产扩张对中国制造业工资的影响研究——基于劳动力再配置的视角［J］．经济学（季刊），2021（3）：951-978.

[100] 王向阳，申学锋，康玺．构建城乡要素双向流动机制的实证分析与创新路径——基于以资本要素为核心的视角［J］．财政科学，2022（3）：34-48.

[101] 王亚菲，王瑞，徐丽笑．流动人口消费的就业效应基于多区域投入产出视角［J］．中国人口科学，2020（2）：56-68.

[102] 王永兴，景维民. 中国非正规经济规模的实证研究 [J]. 统计研究，2010 (11)：17 -23.

[103] 魏下海，余玲铮. 我国城镇正规就业与非正规就业工资差异的实证研究——基于分位数回归与分解的发现 [J]. 数量经济技术经济研究，2012 (1)：78 -90.

[104] 吴燕华，李金昌，刘波. 家庭老年照料对女性非正规就业的影响效应研究 [J]. 商业经济与管理，2018 (3)：47 -57.

[105] 吴要武，蔡昉. 中国城镇非正规就业：规模与特征 [J]. 中国劳动经济学，2006 (2)：67 -83.

[106] 吴要武. 非正规就业者的未来 [J]. 经济研究，2009 (7)：91 -106.

[107] 吴玉彬. 非正规就业：农民工就业的新常态 [J]. 天府新论，2016 (1)：110 -115.

[108] 夏炎，杨翠红，陈锡康. 基于可比价投入产出表分解我国能源强度影响因素 [J]. 系统工程理论与实践，2009 (10)：21 -27.

[109] 向攀，赵达，谢识予. 最低工资对正规部门、非正规部门工资和就业的影响 [J]. 数量经济技术经济研究，2016 (10)：94 -109.

[110] 向书坚，朱贺. 自然资源型产业效应与资源瓶颈化解途径研究——基于投入产出表的分析 [J]. 中南财经政法大学学报，2016 (6)：3 -11.

[111] 徐蔼婷，刘波，李金昌. 居民收入分配如何影响非正规经济规模——基于城镇中等收入阶层收入份额的考察 [J]. 经济学家，2012 (4)：29 -36.

[112] 徐蔼婷，刘波. 贸易开放对非正规就业规模影响的实证研究——来自中国省级面板数据的证据 [J]. 商业经济与管理，2014 (6)：86 -96.

[113] 徐蔼婷. 劳动收入份额及其变化趋势 [J]. 统计研究，2014 (4)：64 -71.

[114] 徐利. 中国税收可计算一般均衡模型研究：兼评增值税转型改革对中国经济的影响 [M]. 北京：中国财政经济出版社，2010.

[115] 薛进军，高文书. 中国城镇非正规就业：规模、特征和收入差

距［J］. 经济社会体制比较，2012（6）：59－69.

［116］闫海波，陈敬良，孟媛. 非正规就业部门的形成机理研究：理论、实证与政策框架［J］. 中国人口资源与环境，2013（8）：81－89.

［117］杨灿，郑正喜. 产业关联效应测度理论辨析［J］. 统计研究，2014（12）：11－19.

［118］杨灿明，孙群力. 中国的隐性经济规模与收入不平等［J］. 管理世界，2010（7）：1－7.

［119］杨灿明，孙群力. 中国各地区隐性经济的规模、原因和影响［J］. 经济研究，2010（4）：93－106.

［120］杨凡，潘越. 非正规就业对流动人口职业流动意愿的影响［J］. 人口研究，2019（4）：97－112.

［121］姚宇. 非正规就业现象其积极意义［J］. 中国社会科学院研究生院学报，2008（6）：12－18.

［122］尹晓颖，薛德升，闫小培. "城中村"非正规部门形成发展机制——以深圳市蔡屋围为例［J］. 经济地理，2007（6）：969－973.

［123］尹晓颖，闫小培，薛德升. 快速城市化地区"城中村"非正规部门与"城中村"改造［J］. 现代城市研究，2009（3）：44－53.

［124］余典范，干春晖，郑若谷. 中国产业结构的关联特征分析——基于投入产出结构分解技术的实证研究［J］. 中国工业经济，2011（11）：5－15.

［125］张恩英，逄守艳. 公路建筑业对国民经济相关产业的贡献研究［J］. 统计研究，2011（9）：88－94.

［126］张峰，黄玖立，王睿. 政府管制、非正规部门与企业创新：来自制造业的实证依据［J］. 管理世界，2016（2）：95－111.

［127］张国英. 非正规就业：理论与发展［J］. 学术研究，2012（8）：55－58.

［128］张华初. 非正规就业：发展现状与政策措施［J］. 管理世界，2002（11）：57－62.

［129］张军，赵达，周龙飞. 最低工资标准提高对就业正规化的影响［J］. 中国工业经济，2017（1）：81－97.

［130］张抗私，丁述磊，刘翠花. 非正规就业对居民社会融入的影

响——来自中国劳动力动态调查的经验分析［J］. 经济学家，2016（12）：20－29.

［131］张抗私，刘翠花，丁述磊．正规就业与非正规就业工资差异研究［J］. 中国人口科学，2018（1）：83－94.

［132］张兴华．非正规部门与城乡就业矛盾的缓解［J］. 中国农村经济，2002（3）：61－64.

［133］张延吉，陈祺超，秦波．论城镇非正规就业对经济增长的影响——基于我国31个省区市的面板数据分析［J］. 经济问题探索，2015（3）：82－89.

［134］张延吉，秦波．城镇正规就业与非正规就业的收入差异研究［J］. 人口学刊，2015（4）：92－103.

［135］张彦．对上海市非正规就业规模的估算与分析［J］. 中国人口科学，2009（3）：40－47.

［136］张彦．非正规就业：概念辨析及价值考量［J］. 南京社会科学，2010（4）：62－67.

［137］张钟文，叶银丹，许宪春．高技术产业发展对经济增长和促进就业的作用研究［J］. 统计研究，2017（7）：37－48.

［138］中国2007年投入产出表分析应用课题组．国际金融危机就业效应的投入产出分析［J］. 统计研究，2011（4）：4－10.

［139］周红燕，李文政，张春海．非正规就业集聚对我国第三产业发展的影响及实证研究［J］. 软科学，2011（3）：18－23.

［140］周申，何冰．贸易自由化对中国非正规就业的地区效应及动态影响——基于微观数据的经验研究［J］. 国际贸易问题，2017（11）：13－24.

［141］Afonso S. The impact of the informal economy on R&D, wage inequality and economic growth［J］. Applied Economics Letters, 2017, 24（1）：39－44.

［142］Aitchison J. The statistical analysis of compositional data［J］. Journal of the Royal Statistical Society. Series B, 1982, 44（2）：139－177.

［143］Akkemik K A. Assessing the importance of international tourism for the Turkish economy：A social accounting matrix analysis［J］. Tourism Management, 2012, 33 (4): 790 -801.

[144] Amara M. The linkages between formal and informal employment growth in Tunisia: A spatial simultaneous equations approach [J]. Annals of Regional Science, 2016, 56 (1): 203 -227.

[145] Amaral P S, Quintin E. A competitive model of the informal sector [J]. Journal of Monetary Economics, 2006, 53 (7): 1541 -1553.

[146] Arimah B C. Nature and determinants of the linkages between informal and formal sector enterprises in Nigeria [J]. African Development Review, 2001, 13 (1): 114 -144.

[147] Atkinson A B. The changing distribution of income: Evidence and explanations [J]. German Economic Review, 2000, 1 (1): 3 -18.

[148] Bacharach M. Biproportional matrices & input-output change [M]. CUP Archive, 1970.

[149] Bennihi A S, Bouriche L, Schneider F. The informal economy in Algeria: New insights using the Mimic approach and the interaction with the formal economy [J]. Economic Analysis and Policy, 2021, 72 (12): 470 -491.

[150] Blancas A. Interinstitutional linkage analysis: A social accounting matrix multiplier approach for the Mexican economy [J]. Economic Systems Research, 2006, 18 (1): 29 -59.

[151] Bosch M, Maloney W F. Comparative analysis of labor market dynamics using Markov processes: An application to informality [J]. Labor Economics, 2010, 17 (4): 621 -631.

[152] Bromley R. The urban informal sector: Critical perspectives on employment and housing [M]. Oxford: Pergamon Press, 1979.

[153] Buehn A, Schneider F. Shadow economies around the world: Novel insights, accepted knowledge, and new estimates [J]. International Tax and Public Finance, 2012, 19 (1): 139 -171.

[154] Charmes J. The contribution of informal sector to GDP in developing countries: Assessment, estimates, methods, orientation for the future [C]. 4th meeting of the Delhi Group on informal sector statistics, Saint Quentin and Yvelines: C3ED, University of Versailles, Geneva 28 -30 August, 2000.

[155] Chaudhuri S. Rural-urban migration, the informal sector, urban unemployment, and development policies: A theoretical analysis [J]. Review of Development Economics, 2000, 4 (3): 353 -364.

[156] Chen M A. The informal economy: Definitions, theories and policies [R]. Women in Informal Economy Globalizing and Organizing: WIEGO Working Paper, 2012: 01.

[157] Chong A, Gradstein M. Inequality and informality [J]. Journal of Public Economics, 2007, 91 (1): 159 -179.

[158] Chowdhury S R. Inequality and size of the informal sector during recession: A note [J]. Metroeconomica, 2013, 64 (4): 591 -597.

[159] Cristian M, Claudio B. Constructing a SAMEA to analyze energy and environmental policies in Chile [J]. Economic Systems Research, 2021, 33 (4): 576 -602.

[160] Davies R, Thurlow J. Formal - informal economy linkages and unemployment in South Africa [J]. South African Journal of Economics, 2010, 78 (4): 437 -459.

[161] Davis H C, Salkin E L. Alternative approaches to the estimation of economic impacts resulting from supply constraints [J]. The Annals of Regional Science, 1984, 18 (2): 25 -34.

[162] De Soto H. The mystery of capital: Why capitalism triumphs in the west and fails everywhere else [M]. Basic books, 2000.

[163] De Soto H. The other path: The informal revolution [M]. New York, 1989.

[164] Defourny J, Thorbecke E. Structural path analysis and multiplier decomposition within a social accounting matrix framework [J]. The Economic Journal, 1984, 94 (3): 111 -136.

[165] Dessy S, Pallage S. Taxes, inequality and the size of the informal sector [J]. Journal of Development Economics, 2003, 70 (1): 225 -233.

[166] Dietzenbacher E, Los B, Stehrer R, et al. The construction of world input-output tables in the WIOD project [J]. Economic Systems Research, 2013, 25 (1): 71 -98.

[167] Elgin C, Oztunali O. Shadow economies around the world: Model based estimates [R]. Bogazici University Department of Economics Working Papers, 2012: 05.

[168] Elveren A, Özgür G. The effect of informal economy on income inequality: Evidence from Turkey [J]. Panoeconomicus, 2016, 63 (3): 293-312.

[169] Emini C A, Fofack H. A financial social accounting matrix for the integrated macroeconomic model for poverty analysis: Application to Cameroon with a fixed-price multiplier analysis [M]. World Bank Publications, 2003.

[170] Emini C A. Designing the financial social accounting matrix underlying the integrated macroeconomic model for poverty analysis: The Cameroon country-case [R]. Third draft, University of Yaounde Ⅱ, Cameroon, 2002.

[171] Fernandez-Kelly, Shefner J. Out of the shadows: Political action and the informal economy in Latin America [M]. Pennsylvania: Penn State Press, 2006: 1-19.

[172] Fields G S. A welfare economic analysis of labor market policies in the Harris-Todaro model [J]. Journal of Development Economics, 2005, 76 (1): 127-146.

[173] Fields G S. Rural-urban migration, urban unemployment and underemployment, and job-search activity in LDCs [J]. Journal of Development Economics, 1975, 2 (2): 165-187.

[174] Forbes D. Petty commodity production and underdevelopment: the case of pedlars and trishaw riders in Ujung Pandang, Indonesia [J]. Progress in Planning, 1981, 16 (2): 103-178.

[175] Francesca S, Rosita P, Claudio S, Jacopo Z, Giancarlo I. The suggested structure of final demand shock for sectoral labour digital skills [J]. Economic Systems Research, 2020, 32 (4): 502-520.

[176] Gallardo A, Mardones C. Environmentally extended social accounting matrix for Chile [J]. Environment, Development and Sustainability, 2013, 15 (4): 1099-1127.

[177] Gerxhani K. The informal sector in developed and less developed

countries: A literature survey [J]. Public Choice, 2004, 120 (3): 267 –300.

[178] Giarratani F. Application of an interindustry supply model to energy issues [J]. Environment and Planning A, 1976, 8 (4): 447 –454.

[179] Gibson B, Flaherty D. Employment impact assessments: Integrating the informal sector into social accounting matrices and computable general equilibrium models [R]. ILO working paper, 2020.

[180] Gibson B. The transition to a globalized economy: Poverty, human capital and the informal sector in a structuralist CGE model [J]. Journal of Development Economics, 2005, 78 (1): 60 –94.

[181] Gilchrist D A, St Louis L V. Completing input-output tables using partial information, with an application to Canadian data [J]. Economic Systems Research, 1999, 11 (2): 185 –194.

[182] Günther I, Launov A. Informal employment in developing countries: Opportunity or last resort? [J]. Journal of Development Economics, 2012, 97 (1): 88 –98.

[183] Han S Y, Yoo S H, Kwak S J. The role of the four electric power sectors in the Korean national economy: An input-output analysis [J]. Energy Policy, 2004, 32 (13): 1531 –1543.

[184] Hanson K A, Robinson S. Data, linkages and models: US national income and product accounts in the framework of a social accounting matrix [J]. Economic Systems Research, 1991, 3 (3): 215 –232.

[185] Harris J R, Todaro M P. Migration, unemployment and development: A two-sector analysis [J]. The American Economic Review, 1970, 60 (1): 126 –142.

[186] Harriss J C. Linkages between the formal and the informal sectors in developing countries: A review of literature [R]. ILO Working Papers 992744903402676, 1990.

[187] Hart K. Informal income opportunities and urban employment in Ghana [J]. Journal of Modern African Studies, 1973, 11 (1): 61 –89.

[188] Hart K. Migration and tribal identity among the Frafras of Ghana [J]. Journal of Asian and African Studies, 1971, 6 (1): 21 –36.

[189] Hayden C, Round J I. Developments in social accounting methods as applied to the analysis of income distribution and employment issues [J]. World Development, 1982, 10 (6): 451 -465.

[190] Hemmer H R, Mannel C. On the economic analysis of the urban informal sector [J]. World Development, 1989, 17 (10): 1543 -1552.

[191] Henry A, Luis P, Agustín V. Financial social accounting matrix: A useful tool for understanding the macro-financial linkages of an economy [J]. Economic Systems Research, 2017, 29 (4): 486 -508.

[192] Hernandez G. Building a financial social accounting matrix for Colombia [J]. Applied Economic Studies, 2008, 26 (3): 7 -26.

[193] Ihrig J, Moe K S. Lurking in the shadows: The informal sector and government policy [J]. Journal of Development Economics, 2004, 73 (2): 541 -557.

[194] Imamoglu H, Katircioglu S, Payaslioglu C. Financial services spillover effects on informal economic activity: Evidence from a panel of 20 European Countries [J]. Service Industries Journal, 2018, 38 (11 -12): 669 -687.

[195] International Labour Organization. Women and men in the informal economy: A statistical picture [M]. International Labor Office, 2013.

[196] International Labour Organization. Women and men in the informal economy: A statistical picture (Third Edition) [M]. International Labor Office, 2018.

[197] Jabara C L, Lundberg M K A, Jallow A S. A social accounting matrix for the Gambia [M]. Cornell Food and Nutrition Policy Program, 1992.

[198] Jaynes E T. Information theory and statistical mechanics [J]. Physical Review, 1957, 106 (4): 620 -630.

[199] Jellema T, Keuning S, McAdam P, et al. Developing an accounting matrix for the Euro area: Issues and applications [M]. Springer US, 2006.

[200] Jones M J. Accounting for the environment: Towards a theoretical perspective for environmental accounting and reporting [C]. Accounting Forum. Elsevier, 2010, 34 (2): 123 -138.

[201] Joo D. Determinants of the informal sector and their effects on the

economy: The case of Korea [J]. Global Economic Review, 2011, 40 (1): 21 -43.

[202] Kelley B. The informal sector and the macroeconomy: A computable general equilibrium approach for Peru [J]. World Development, 1994, 22 (9): 1393 -1411.

[203] Keuning S J, Ruuter W A. Guidelines to the construction of a social accounting matrix [J]. Review of Income and Wealth, 1988, 34 (1): 71 -100.

[204] Khan A Q. Comparisons of naive and RAS methods of updating input-output tables: The case of Pakistan [J]. Economic Systems Research, 1993, 5 (1): 55 -61.

[205] Kus B. The informal road to markets: Neoliberal reforms, private entrepreneurship and the informal economy in Turkey [J]. International Journal of Social Economics, 2014, 41 (4): 278 -293.

[206] Kwak S J, Yoo S H, Chang J I. The role of the maritime industry in the Korean national economy: An input-output analysis [J]. Marine Policy, 2005, 29 (4): 371 -383.

[207] Lee M K, Yoo S H. The role of transportation sectors in the Korean national economy: An input-output analysis [J]. Transportation Research Part A Policy & Practice, 2016, 93 (11): 13 -22.

[208] Lenzen M, Gallego B, Wood R. Matrix balancing under conflicting information [J]. Economic Systems Research, 2009, 21 (1): 23 -44.

[209] Lenzen M, Moran D D, Geschke A, et al. A non-sign-preserving RAS Variant [J]. Economic Systems Research, 2014, 26 (2): 197 -208.

[210] Leontief W. Proposal for the use of the input-output approach in the analysis of the structure of interdisciplinary relationships [J]. Economic Systems Research, 1996, 8 (1): 81 -87.

[211] Lewis B D, Thorbecke E. District - level economic linkages in Kenya: Evidence based on a small regional social accounting matrix [J]. World Development, 1992, 20 (6): 881 -897.

[212] Lewis W A. Economic development with unlimited supplies of la-

bour [J]. Manchester School of Economic and Social Studies, 1954, 22 (5): 139 - 191.

[213] Loayza N V. The economics of the informal sector: A simple model and some empirical evidence from Latin America [C]. Carnegie-Rochester Conference Series on Public Policy. North-Holland, 1996, 45: 129 - 162.

[214] Maloney W F. Informality revisited [J]. World development, 2004, 32 (7): 1159 - 1178.

[215] Mandal B, Chaudhuri S. Informal wage, informal price and extortion under migration and tariff reform [J]. Modern Economy, 2011, (2): 38 - 43.

[216] Mazumdar D. The urban informal sector [J]. World Development, 1976, 4 (8): 655 - 679.

[217] McDougall R A. Entropy theory and RAS are friends [R]. GTAP Working Papers, 1999: 6.

[218] Miller R E, Blair P D. Input-output analysis: Foundations and extensions [M]. Cambridge University Press, 2009.

[219] Mishra A. What sustains informality? A study of the interactions between formal and informal sector firms [J]. Journal of Development Studies, 2022, 58 (7): 1403 - 1415.

[220] Mohammad A, Islam A. Are large informal firms more productive than the small informal firms? Evidence from firm-level surveys in Africa [J]. World Development, 2015, 74 (10): 374 - 385.

[221] Moreno-Monroy A I, Pieters J, Erumban A A. Formal sector subcontracting and informal sector employment in Indian manufacturing [J]. IZA Journal of Labor & Development, 2014, 3 (22): 1 - 17.

[222] Morilla C R, Diaz-Salazar G L, Cardenete M A. Economic and environmental efficiency using a social accounting matrix [J]. Ecological Economics, 2007, 60 (4): 774 - 786.

[223] Morrone H. Formal and informal sectors in a social accounting matrix for Brazil [J]. Análise Econômica, Porto Alegre, 2015, 33 (64): 27 - 49.

[224] Moser C O N. Informal sector or petty commodity production: Dualism or dependence in urban development? [J]. World Development, 1978, 6

(9): 1041 – 1064.

[225] Naidoo G P, Fenyes T I. Quantitative linkages between the formal and informal sectors in the South African economy [J]. South African Journal of Economic and Management Sciences, 2003, 6 (4): 693 – 723.

[226] Nakamura Y. The oil and gas industry in the Russian economy: A social accounting matrix approach [J]. Post-Communist Economies, 2004, 16 (2): 153 – 167.

[227] OECD. Measuring the non-observed economy: A handbook [R]. Source OECD National Accounts & Historical Statistics, 2002.

[228] U N, E C, IMF, OECD, WB. System of National Accounts 2008 [M]. New York, 2009.

[229] Ordonez J C L. Tax collection, the informal sector, and productivity [J]. Review of Economic Dynamics, 2014, 17 (2): 262 – 286.

[230] Portes A, Castells M, Benton L A. The informal economy: Studies in advanced and less developed countries [M]. Baltimore: Johns Hopkins University Press, 1989.

[231] Pyatt G, Round J I. Accounting and fixed price multipliers in a social accounting matrix framework [J]. The Economic Journal, 1979, 89 (356): 850 – 873.

[232] Pyatt G, Round J I. Social accounting matrices: A basis for planning [M]. The World Bank, 1985.

[233] Pyatt G, Thorbecke E, Emmerij L. Planning techniques for a better future: a summary of a research project on planning for growth, redistribution and employment [M]. International Labor Office, 1976.

[234] Pyatt G. A SAM approach to modeling [J]. Journal of Policy Modeling, 1988, 10 (3): 327 – 352.

[235] Rada C. Formal and informal sectors in China and India [J]. Economic Systems Research, 2010, 22 (2): 129 – 153.

[236] Rada C, von Arnim R. India's structural transformation and role in the world economy [J]. Journal of Policy Modeling, 2014, 36 (1): 1 – 23.

[237] Rauch J E. Modelling the informal sector formally [J]. Journal of

Development Economics, 1991, 35 (1): 33 -47.

[238] Reinert K A, Roland-Holst D W. A detailed social accounting matrix for the USA, 1988 [J]. Economic Systems Research, 1992, 4 (2): 173 - 188.

[239] Robinson S, Cattaneo A, El-Said M. Updating and estimating a social accounting matrix using cross entropy methods [J]. Economic Systems Research, 2001, 13 (1): 47 -64.

[240] Roland-Holst D W, Sancho F. Relative income determination in the United States: A social accounting perspective [J]. Review of Income and Wealth, 1992, 38 (3): 311 -327.

[241] Rosser J B, Rosser M V, Ahmed E. Income inequality and the informal economy in transition economies [J]. Journal of Comparative Economics, 2000, 28 (1): 156 -171.

[242] Rosser J B, Rosser M V, Ahmed E. Multiple unofficial economy equilibria and income distribution dynamics in systemic transition [J]. Journal of Post Keynesian Economics, 2003, 25 (3): 425 -447.

[243] Round J I. Social accounting matrices and development planning: A fixed-price multiplier model [M]. Development Economics Research Centre, Department of Economics, University of Warwick, 1981.

[244] Rozelle S, Boswell M. Complicating China's rise: Rural underemployment [J]. The Washington Quarterly, 2021, 44 (2): 61 -74.

[245] Saavedra J, Chong A. Structural reform, institutions and earnings: Evidence from the formal and informal sectors in urban Peru [J]. The Journal of Development Studies, 1999, 35 (4): 95 -116.

[246] Santos S. Approach to the socio-economic activity of countries with a social accounting matrices supported by socio-demographic matrices: An application to Portugal [J]. SSRN Electronic Journal, 2014.

[247] Saracoğlu D Ş. The informal sector and tax on employment: A dynamic general equilibrium investigation [J]. Journal of Economic Dynamics and Control, 2008, 32 (2): 529 -549.

[248] Sassen S. The informal economy: Between new developments and

old regulations [J]. Yale Law Journal, 1994, 103 (8): 2289 -2304.

[249] Sassen S. The repositioning of citizenship: Emergent subjects and spaces for politics [J]. CR: The New Centennial Review, 2003, 3 (2): 41 -66.

[250] Seung C K, Waters E C. Measuring the economic linkage of Alaska fisheries: A supply-driven social accounting matrix (SDSAM) approach [J]. Fisheries Research, 2009, 97 (1): 17 -23.

[251] Seung C K. Estimating effects of exogenous output changes: An application of multi-regional social accounting matrix (MRSAM) method to natural resource management [J]. Regional Science Policy and Practice, 2014, 6 (2): 177 -193.

[252] Seung C K. Measuring spillover effects of shocks to the Alaska economy: An inter-regional social accounting matrix (IRSAM) model approach [J]. Economic Systems Research, 2014, 26 (2): 224 -238.

[253] Shannon C E. A mathematical theory of communication [M]. Bell System Tech, 1948.

[254] Singer H W. Dualism revisited: A new approach to the problems of the dual society in developing countries? [J]. The Journal of Development Studies, 1970, 7 (1): 60 -75.

[255] Sinha A, Siddiqui K A, Sangeeta N. SAM multiplier analysis of informal households: Application to an Indian archetype economy [C]. 13th International Conference on Input-Output Techniques, Macerate, Italy, August, 2000: 1 -35.

[256] Stone R. Input-output and National Account [M]. Paris, OECD, 1961.

[257] Straub S. Informal sector: The credit market channel [J]. Journal of Development Economics, 2004, 78 (2): 299 -321.

[258] Tarp F, Roland-Holst D, Rand J. Economic structure and development in an emergent Asian economy: Evidence from a social accounting matrix for Vietnam [J]. Journal of Asian Economics, 2003, 13 (6): 847 -871.

[259] Tarp F, Roland-Holst D, Rand J. Trade and income growth in Viet-

nam: Estimates from a new social accounting matrix [J]. Economic Systems Research, 2002, 14 (2): 157 - 184.

[260] Taylor L, Bacha E L, Cardoso E A, et al. Models of growth and distribution for Brazil [M]. London: Oxford University Press, 1980.

[261] Theil H. Economics and information theory [M]. Amsterdam: North-Holland, 1967.

[262] Thiele R, Piazolo D. A social accounting matrix for Bolivia featuring formal and informal activities [J]. Cuadernos de Economía, 2003, 40 (120): 285 - 318.

[263] Thomas J J. Informal economic activity [M]. Hemel Hempstead: Harvester Wheatsheaf, 1992.

[264] Thomas J J. Surviving in the city: The urban informal sector in Latin America [M]. London: Pluto Press, 1995.

[265] Umed T, Ronald E. Miller, Maaike C. Bouwmeester. A note on the GRAS method [J]. Economic Systems Research, 2013, 25 (3): 361 - 367.

[266] Valodia I, Devey R. Formal-informal economy linkages: What implications for poverty in South Africa? [J]. Law, Democracy & Development, 2011, 14 (1).

[267] Wang H, Wang C, Zheng H, et al. Updating input-output tables with benchmark table series [J]. Economic Systems Research, 2015, 27 (3): 287 - 305.

[268] Wang Y X, Wang N. The role of the port industry in China's national economy: An input-output analysis [J]. Transport Policy, 2019, 78 (6): 1 - 7.

[269] Weeks J. Policies for expanding employment in the informal urban sector of developing economies [J]. International Labour Review, 1975, 111 (1): 1 - 13.

[270] Williams C C. Evaluating cross-national variations in the extent and nature of informal employment in the European Union [J]. Industrial Relations Journal, 2013, 44 (5 - 6): 479 - 494.

[271] Williams C C. Explaining cross-national variations in the commonal-

ity of informal sector entrepreneurship: An exploratory analysis of 38 emerging economies [J]. Journal of Small Business and Entrepreneurship, 2014, 27 (2): 191 -212.

[272] Williams C C, Muhammad S. Martínez S A. Determinants of the level of informality of informal micro-enterprises: Some evidence from the city of Lahore, Pakistan [J]. World Development, 2016, 84 (8): 312 -325.

[273] Wood R. Construction, stability and predictability of an input-output time-series for Australia [J]. Economic Systems Research, 2011, 23 (2): 175 -211.

[274] Wood R. Structural decomposition analysis of Australia's greenhouse gas emissions [J]. Energy Policy, 2009, 37 (11): 4943 -4948.

[275] Xue J, Gao W, Guo L. Informal employment and its effect on the income distribution in urban China [J]. China Economic Review, 2014, 31 (12): 84 -93.

[276] Zheng H, Fang Q, Wang C, et al. Updating China's input-output tables series using MTT method and its comparison [J]. Economic Modelling, 2018, 74 (8): 186 -193.

[277] Zuo H. How does informal employment impact income inequality? [J]. Applied Economics Letters, 2016, 23 (15): 1117 -1120.

后　记

笔者攻读博士期间，对我国非正规经济进行了认真深入的研究，并完成博士论文《中国非正规经济社会核算矩阵编制及应用研究》。论文在非正规经济社会核算矩阵编制研究方面的探索相对较为系统，但囿于种种原因，对于非正规经济宏观效应的研究稍显不足，尤其是对于非正规经济宏观效应的异质性和动态性研究不够全面。于是，笔者决定继续对非正规经济问题进行拓展和深化研究。

幸运的是，2017 年笔者申报的国家社会科学基金青年项目“基于 SAM 框架的非正规经济宏观效应统计研究”（17CTJ001）顺利获批立项，并于 2020 年按期结项。结项后两年多来，根据五位专家的鉴定意见，笔者和研究团队继续对报告的内容进行调整和完善。其间，硕士研究生柯静承担了大量的数据更新和测算分析工作，博士研究生任志远充实了第九章的实证分析，硕士研究生张禹晴、陈传龙和赵佳琪承担了书稿的公式编辑、图形绘制和校对工作。在此对五位同学的辛苦付出表示感谢。本书是国家社会科学基金青年项目的最终成果，同时得到浙江省一流学科 A 类（浙江财经大学统计学）、文化名家暨“四个一批”人才自主选题项目“政府统计相关问题研究”和浙江省域现代化监测与评价实验室联合资助。

诚挚感谢恩师浙江财经大学党委书记李金昌教授对我的支持和帮助！真诚感谢浙江财经大学洪兴建教授、浙江工商大学徐蔼婷教授对本项研究的支持和指导。衷心感谢经济科学出版社经管中心对本书出版予以的大力支持。

本书的写作离不开相关文献作者和出版者的研究成果，相应的参考和引用本书都给出了标注和说明，若有疏漏在此表示真诚的歉意。受学识和水平所限，本书的不足乃至谬误之处，敬请读者和学界同仁批评指正。

刘　波

2023 年 3 月